EDI

Título original: The mini Rough Guide to Edinburgh (2.ª edición)
Autor: Donald Reid
Colaboradores: Julian Ward, Gordon MacLachlan y Ellie Buchanan
Traducción: Rita da Costa

© 2000, Donald Reid

© 1999, Rough Guides Ltd.
62-70 Short Gardens
Londres WC2H 9AB
www.roughguides.com

© 2000, Ediciones B, S.A. en español para España
y países de habla hispana
Bailén, 84 - 08009 Barcelona (España)
www.edicionesb.com

© Crown copyright, para los mapas.
Los mapas que aparecen en la presente obra se basan
en la cartografía del Ordnance Survey y se reproducen aquí
con el permiso del Controller of Her Majesty's Stationery Office.
(Licencia n.º 89871M).

Créditos fotográficos:
Fotografía de portada: Ross Fourtain, Princes Street Gardens,
© Michael Good (Impact) .
Fotografía de contraportada: Castillo de Edimburgo, Index.

1.ª edición: 2000

Impreso en España - Printed in Spain
ISBN: 84-406-9748-1
Depósito legal: B. 24.336-2000

Impreso por Impreso por LIBERDÚPLEX, S.L.
Constitución, 19 - 08014 Barcelona

El equipo editorial ha hecho todo lo posible para confirmar la información
que aparece en esta *Guía Sin Fronteras a Edimburgo*, por lo que no se hace
responsable de los posibles contratiempos que puedan afectar al viajero
como consecuencia de los datos y consejos que contiene la obra.

LLIBRERIA LA TELLA

96.573.17.33

C/ Puríssima. 15

BENISSA

latella@club.worldonline.es

84-406-9748-1

EDIMBURGO

ediciones B

GAIA LIBROS, S.L.

P.V.P. 1.700,00

N 144259   10/11/00

9 788440 697486

EDIMBURGO

Donald Reid

SIN FRONTERAS

SIN FRONTERAS nace con la intención de servir de brújula en cualquier rincón del mundo, y el objetivo de ofrecer la más completa y fiable información cultural, práctica y anecdótica. Con este ideario, deseamos responder a los intereses de viajeros del más amplio espectro. El ávido de aventuras, el que busca comodidad, el sediento de monumentos y cultura, el que realiza un viaje organizado y el independiente que desea descubrir por sí mismo el sabor genuino de la vida local y alejarse de las rutas más convencionales.

Desde los preparativos previos hasta las necesidades del día a día en el lugar de destino, SIN FRONTERAS presenta las herramientas imprescindibles para emprender cualquier periplo. La más completa información sobre el contexto histórico y la actualidad, el arte y todas las facetas de la cultura, así como datos prácticos profusos y detallados: posibilidades de alojamiento, alimentación, transporte y ocio; y abundantes mapas, todo perfectamente actualizado y contrastado.

SIN FRONTERAS inicia su andadura con la adaptación al español de una selección de guías de ciudades, regiones y países publicadas originariamente por The Rough Guide, uno de los sellos anglosajones más prestigiosos. Desde la publicación de su primera guía, en 1982, The Rough Guide supuso una innovación en el ámbito de la literatura práctica de viajes, al incorporar aspectos de la vida contemporánea del país (política, cultura, estilo de vida, entretenimiento y ocio), y al aportar la más completa información al respecto; abundantes detalles prácticos mezclados con toques de humor e irreverencia y un extraordinario entusiasmo.

El autor

Donald Reid nació y creció en Glasgow, cursó Derecho en la Universidad de Edimburgo y abandonó el país nada más terminar sus estudios para no tener que entrar a trabajar en un bufete. Tras recalar en una isla del Caribe y faenar en un barco pesquero en Australia, arribó al puerto de Ciudad de El Cabo en vísperas de las elecciones surafricanas de 1993. Durante 3 años, se dedicó a escribir libros y a colaborar con diversas revistas y periódicos de Suráfrica. Actualmente vive en Edimburgo, y trabaja como escritor y editor independiente. Ha participado en la elaboración de la *Guía Sin Fronteras a Suráfrica*.

Agradecimientos

El autor desea dar las gracias a todos aquellos que le han facilitado información, apoyo, opiniones, buenas pistas, un plato de comida, un café, ideas y entusiasmo, como Jenni Steele y el Edinburgh & Lothians Tourist Board, Neil Campbell, Peter Collingridge, el National Trust for Scotland y la Historic Scotland, así como a Mo y a todos los amigos que le brindaron su colaboración. Gracias también a Ellie, Rob, Paul y Helena por sus contribuciones, y sobre todo a Ruth, sin cuya paciencia y esfuerzo este libro jamás habría visto la luz.

Ayúdanos a actualizar

Hemos intentado hacer esta guía lo más rigurosa y actualizada posible. Sin embargo, las cosas cambian: los lugares agradables poco frecuentados dejan de serlo; los horarios varían; los precios de alojamientos, restaurantes y bares suelen modificarse al alza; se crean nuevas líneas de autobuses y otras quedan fuera de servicio… Si descubres algún dato equivocado o bien crees que hemos dejado fuera alguna información de interés, nos gustaría saberlo, lo tendremos en cuenta en la siguiente edición. Escríbenos a:

Ediciones B, S. A.
Sin Fronteras
C/ Bailén, 84 – 08009 Barcelona

SUMARIO

Introducción   viii

La Guía   1

1   Presentación de la ciudad   3

2   El castillo de Edimburgo   12

3   La Milla Real   24

4   Holyrood y alrededores   50

5   Al sur de la Milla Real   62

6   La Ciudad Nueva   84

7   La periferia   116

8   Excursiones desde Edimburgo   141

Direcciones prácticas   185

9   Alojamiento   187

10 Comida   209

11 Bebida   243

12	Música en vivo y clubes nocturnos	259
13	Teatro, comedia y cine	267
14	Galerías de arte	273
15	Edimburgo gay	278
16	Edimburgo para niños	284
17	Compras	293
18	El Festival de Edimburgo	306
19	Calendario de acontecimientos	329
20	Información práctica	336

El Contexto	341
Breve historia de Edimburgo	343
Edimburgo en el cine	354
Libros	357

| **Índice** | 361 |

Introducción

Anclada entre un conjunto de volcanes extintos y abruptos peñascos que se elevan sobre el paisaje llano de la región de los Lothians, la ciudad de **Edimburgo** goza de un espectacular marco natural sin parangón entre las grandes urbes europeas. Un genial hijo de esta tierra, el escritor Robert Louis Stevenson, afirmó que «ninguna ubicación podría resultar más providencial para la cabeza de un imperio, ninguna más idónea para el cumplimiento de los más nobles propósitos».

En el corazón de Edimburgo conviven la **Old Town** o Ciudad Vieja y la **New Town** o Ciudad Nueva, ambas declaradas Patrimonio de la Humanidad por la UNESCO. Encaramada la primera a la falda oriental del promontorio en cuya cima se eleva el majestuoso castillo de Edimburgo, se trata de una cuadrícula de tortuosas callejuelas que conserva su acentuado carácter medieval. La Ciudad Nueva, en cambio, con sus residencias georgianas y su arquitectura de clara inspiración clásica, es un hito de la planificación urbanística del Siglo de las Luces, cuando Edimburgo vivió su momento de mayor esplendor intelectual. Entre el barrio antiguo y el nuevo se concentran los principales puntos de interés de la ciudad, así como buena parte de su tejido empresarial y comercial. No obstante, a pesar de que a lo largo del último siglo y medio, Edimburgo se ha expandido de forma considerable

desde el núcleo histórico hacia la periferia, no está excesiva-
mente urbanizado y puede presumir de una amplia extensión
de parques y zonas verdes, amén de un legado aparentemente
inagotable de maravillosas vistas panorámicas que sorprenden
al visitante.

La devolución del **Parlamento escocés** a Edimburgo en
1999, después de casi 300 años de gobierno ejercido desde
Londres, ha supuesto una bocanada de aire fresco para la vida
política, empresarial y cultural de la ciudad. Si bien es cierto
que Edimburgo no había perdido el talante, ni los reclamos
de una gran capital —buena prueba de ello son sus museos,
galerías de arte, patrimonio arquitectónico e instituciones
nacionales— para muchos esta preeminencia carecía de verdadero valor por cuanto seguía desempeñando un papel sub-
sidiario frente a Londres. Hoy, sin embargo, ha asumido el
reto de demostrar que es una capital europea dinámica, influyente y plenamente moderna. La reciente inauguración
del importante **National Museum of Scotland** y la promoción de varios proyectos turísticos de largo espectro han
contribuido asimismo a su renovado impulso.

Un acontecimiento que no ha perdido ni un ápice de su
atractivo y poder de convocatoria a lo largo de los años es el
excepcional **Festival de Edimburgo,** el certamen cultural y
artístico más importante del mundo. Se celebra el mes de
agosto y llena todos los escenarios imaginables de la ciudad,
desde los grandes auditorios musicales al más diminuto pub,
con una inabarcable oferta de actuaciones teatrales, conciertos, pases de películas y espectáculos de todo tipo. Cerca de
un millón de visitantes acuden cada año a Edimburgo para la
ocasión. Durante esos días, la ciudad se viste de gala y en sus
calles se respira un ambiente festivo y carnavalesco imposibles
de ver el resto del año, exceptuando las bulliciosas celebraciones de Hogmanay o Nochevieja. No obstante, Edimburgo posee una animada **vida cultural** que no se detiene jamás
y que se traduce en una amplia oferta de arte dramático,

música en vivo y diversos acontecimientos literarios y artísticos que llenan el calendario. Entre las numerosas galerías de arte de la ciudad, la National Gallery of Scotland destaca por su inigualable colección de obras maestras de la pintura clásica, mientras que la Scottish National Gallery of Modern Art, prolongación natural de la anterior, exhibe la primera colección de pintura y escultura del siglo XX que se creó en Gran Bretaña.

La ciudad cuenta asimismo con una amplísima oferta de **restaurantes** especializados en las principales cocinas internacionales, amén de concurridas cafeterías. Los característicos *howffs* o pubes de las calles de Edimburgo, inseparablemente unidos a la tradicional industria cervecera y destiladora local, le han valido fama de **paraíso para los buenos bebedores**. Además, la existencia de tres universidades y varios colegios universitarios asegura, durante la mayor parte del año, la presencia estudiantil, un grato contrapeso al carácter adusto y aletargado que a menudo se señala como el talón de Aquiles de esta gran urbe.

Cuándo visitar Edimburgo

El **clima** de la ciudad es típicamente británico, lo que equivale a decir que, exceptuando algún que otro raro día de sol en verano, la humedad y el frío son la tónica habitual. Por su ubicación en la costa oriental de Escocia, la pluviosidad en Edimburgo no es tan elevada como la que se registra en la franja occidental del país, pero son frecuentes las tormentas y los vientos borrascosos que el mar del Norte trae consigo. Otro fenómeno climatológico digno de mención es el *haar* o niebla marina, que en verano, tras unos cuantos días de bonanza y cálidas temperaturas, llega reptando desde el firth de Forth (el estuario del río Forth) y envuelve la ciudad en una espesa bruma. Los meses más fríos del año son enero y febrero, cuando la temperatura diurna no suele sobrepasar los 6 °C y las heladas nocturnas son lo más frecuente. Julio es el mes más cálido, con una temperatura media que ronda los 18 °C, aunque los meses de mayo y septiembre, coincidiendo con el final de la primavera y el principio del otoño, también suelen ser buenas épocas para visitar la ciudad, ya que en dichas fechas el cielo agasaja al visitante con algún que otro día de sol y se evitan las avalanchas de turistas que invaden la Milla Real en temporada alta. Agosto, el mes en que se celebra el Festival de Edimburgo, es una época excelente, pero hay que contar con las aglomeraciones, la escasez de alojamiento y la dificultad para encontrar mesa en los restaurantes.

El clima de Edimburgo

| | °C | | Precipitaciones |
| | Promedio diario | | Promedio mensual |
	máx.	mín.	mm
Enero	6	1	57
Febrero	6	1	39
Marzo	8	2	39
Abril	11	4	39
Mayo	14	6	54
Junio	17	9	47
Julio	18	11	83
Agosto	18	11	77
Septiembre	16	9	57
Octubre	12	7	65
Noviembre	9	4	62
Diciembre	7	2	57

LA GUÍA

1	Presentación de la ciudad	3
2	El castillo de Edimburgo	12
3	La Milla Real	24
4	Holyrood y alrededores	50
5	Al sur de la Milla Real	62
6	La Ciudad Nueva	84
7	La periferia	116
8	Excursiones desde Edimburgo	141

Presentación de la ciudad

Edimburgo se extiende a lo largo de siete colinas que lindan al norte con el firth de Forth (el estuario del río Forth) y al sur con la región de los Lothians. Se trata de una área relativamente amplia, teniendo en cuenta que la población de la ciudad no supera el medio millón de habitantes. Sin embargo, la mayor parte de los parajes y monumentos de interés se encuentran en pleno centro urbano y se pueden visitar a pie, aunque hay que mentalizarse para vencer empinadas cuestas e interminables tramos de escalones.

Sea cual sea la dirección por la que se llega al centro de la ciudad, lo primero que llama la atención es el **castillo de Edimburgo**, que domina todo el paisaje urbano desde la cima de su promontorio volcánico. El castillo sigue funcionando como plaza fuerte y acoge una guarnición de soldados que cada día a la una en punto de la tarde dispara la salva de rigor. Es también el lugar donde se guardan los dos símbolos más emblemáticos del patriotismo nacional: las Honours of Scotland o (joyas de la corona) y la Piedra del Destino. Desde el castillo sale la vía más famosa de Escocia, la Royal Mile o **Milla Real**, que se extiende de oeste a este cruzando el corazón de la **Ciudad Vieja** medieval, donde se halla el Assembly Hall (hogar provisional del rehabilitado **Parlamento escocés**) y la iglesia de **St Giles**, lo más parecido a una catedral que encontrará en el marco rigurosamente igualitario de la iglesia presbiteriana escocesa. Desde la calle principal parten numerosas callejuelas adoquinadas de tortuoso trazado que popularmente se asocian con los bajos fondos de Edimburgo y, sobre todo, con el esquizofrénico Deacon Brodie, el hombre que le inspiró a Robert Louis Stevenson el personaje del *Dr. Jekyll y Mr. Hyde*. La Milla Real desemboca en el **palacio de Holyroodhouse**, que conserva su función histórica de residencia oficial de la monarquía escocesa. Frente al palacio se abre un amplio solar, que ocupará la futura **nueva sede del Parlamento escocés**, cuya inauguración se prevé para el año 2002. Al sur de la Milla Real, el barrio presenta un aspecto menos medieval; no obstante, posee algunos edificios impresionantes, como el **Old College**, de la universidad, una de las últimas obras maestras de Robert Adam, el espléndido palacio de estilo veneciano que acoge el **Royal Museum of Scotland** y el aledaño **National Museum of Scotland**, un espectacular edificio de reciente construcción que combina, con sus sillares de arenisca dorada, tradición y vanguardia.

Justo al norte de la Ciudad Vieja, y separada de ésta por los jardines de Princes Street, se extiende la **Ciudad Nueva**. Su principal arteria, **Princes Street**, discurre paralela a la Milla Real y ofrece maravillosas vistas del casco antiguo, cuyo perfil aparece aquí recortado sobre el horizonte, en tanto las elevadas calles que se extienden hacia el norte se revelan como inesperados miradores asomados al firth de Forth. En esta parte de la ciudad no hay que dejar de visitar los numerosos y magníficos ejemplos de arquitectura neoclásica, entre los que se destacan la **Register House** y la **Charlotte Square,** ambas diseñadas por Robert Adam, así como los edificios de inspiración helénica que coronan **Calton Hill** o la **Royal**

Scottish Academy y la **National Gallery of Scotland**, ambas de William Henry Playfair. La National Gallery alberga una impresionante colección de obras maestras de la pintura europea y siguiendo su estela han surgido otras dos galerías especializadas que completan la oferta artística de esta parte de la ciudad, la **Scottish National Portrait Gallery** y la **Scottish National Gallery of Modern Art;** esta última acoge la primera colección de pintura y escultura del siglo XX que se creó en Gran Bretaña.

Hacia el noroeste de la Ciudad Nueva se halla **Leith**, el histórico barrio portuario de Edimburgo, convertido hoy en el principal foco de expansión de la ciudad. A lo largo de los últimos años, los antiguos almacenes y atarazanas del puerto se han ido transformando en modernos y selectos edificios de viviendas, al tiempo que se han abierto numerosos restaurantes, gracias a lo cual el barrio ha cobrado nueva vida y disfruta hoy de un ambiente muy animado. Permanentemente fondeado en el puerto de Leith se encuentra el velero **Royal Yacht Britannia,** otrora orgullo de la corona británica, abierto hoy al público.

Otro gran ejemplo de la prolífica ingeniería escocesa es el **Forth Rail Bridge**, un puente de ferrocarril que une las dos orillas del firth de Forth. Para apreciar mejor su espectacular estructura metálica, se recomienda contemplarlo desde el río, o bien desde el puente paralelo que une Leith con **South Queensferry**, otro de los barrios periféricos de Edimburgo.

En **Holyrood Park** el visitante encontrará una cautivadora muestra de la belleza salvaje que caracteriza el paisaje natural escocés. Se trata de una gran extensión de bosque que empieza allí donde terminan los dominios del palacio de Holyroodhouse, es decir, en el corazón mismo de la ciudad, y que se halla dominada por el volcán más alto e imponente de Edimburgo, el **Arthur's Seat** (asiento de Arturo). Muy distintos son el **Royal Botanic Garden**, selecto jardín botánico que se encuentra al norte de la Ciudad Nueva, y el **zoológico de Edimburgo**, emplazado en la falda de una colina al oeste de la ciudad.

LLEGADA

El **Edinburgh International Aiport** (℡0131/333 1000) se encuentra en la localidad de Turnhouse, a poco más de 11 kilómetros al oeste del centro urbano, cerca del punto del que arranca la autopista de Glasgow, la M8. Una línea de autobuses recorre regularmente la distancia que lo separa de la estación de Waverley, situada en el centro de la ciudad: los vehículos de Guide Friday's Airbus Express (3,60 libras) y los de LRT's Airline (3 libras) salen cada 15 o 20 minutos y tardan poco menos de media hora en llegar a su destino. El mismo trayecto en taxi cuesta unas 14 libras.

La **estación de ferrocarril de Waverley** (horarios y tarifas, ℡0345/484950), que se encuentra en el corazón mismo de la ciudad, junto al extremo oriental de Princes Street, es la terminal de todas las líneas de **ferrocarril interurbano** de Edimburgo. Ahora bien, todos los trenes que salen con dirección al oeste y al norte se detienen también en la estación de Haymarket, situada en el cruce de Dalry Road y Haymarket Terrace, en el extremo occidental de la ciudad.

La principal **estación de autobuses** interurbanos de Edimburgo se encuentra en St Andrew Square, a pocos minutos andando desde la estación de Waverley. Una de las principales empresas locales de autobuses, First Edinburgh, posee una oficina en la esquina sureste de la estación (lun.-vier., 8.40-17 h; sáb., 9-17 h; ℡0131/557 5061), con información acerca de los horarios y venta de billetes y abonos para varias de las empresas de autobuses urbanos e interurbanos de Edimburgo, como Citylink y National Express.

INFORMACIÓN Y MAPAS

La **oficina de información turística** más importante de Edimburgo se encuentra en lo alto de Princes Mall, junto a Princes Street, cerca de la entrada norte de la estación (jul., lun.-vier., 9-18 h; sáb., 9-17.30 h; dom., 9.30-17 h; resto del año, lun.-vier., 9-17.30 h; sáb., 9-16.30 h; dom. 9.30-14.30 h; ©0131/473 3800). También hay un **mostrador de información** en el aeropuerto (abril-oct., todos los días, 6.30-22.30 h; nov.-marzo, todos los días, 7.30-21.30 h). Además de los servicios de reserva de alojamiento y cambio de divisas, estas oficinas facilitan varias publicaciones de interés para el visitante, incluida una excelente **guía del ocio** quincenal titulada *The List*, que cuesta 1,95 libras y proporciona abundante información sobre las actividades culturales y artísticas que se celebran en Edimburgo y Glasgow. Para más información de tipo práctico, diríjase a **Haggis Office,** en 60 High Street (todos los días, 9-18 h; ©0131/ 557 9393). A pesar de que intentarán venderle una excursión en microbús por tierras escocesas, esta agencia es una buena fuente de información sobre las ofertas de alojamiento más baratas del país. Podrá reservar habitación tanto en la red estatal de albergues de juventud (SYHA) como en los albergues particulares de Edimburgo. Los mejores **planos** del área metropolitana son el *Streetfinder Colour Atlas* y el desplegable *Colour Map*, publicados ambos por la editorial Bartholomew (2,99 libras en ambos casos).

TRANSPORTE URBANO

La mejor forma de desplazarse por el tupido centro urbano de Edimburgo es caminando. Hacerlo en **automóvil** o en **autobús** resulta bastante problemático: los atascos son el pan nuestro de cada día y encontrar una plaza de aparcamiento es una tarea difícil. Ahora bien, para ir del centro a la periferia, la mejor opción es el autobús, aunque el ferrocarril interurbano también llega a uno o dos barrios periféricos del este y noroeste de la ciudad. Los **taxis**, bastante numerosos, resultan útiles a horas intempestivas y en momentos de mucha prisa. La **bicicleta** es un medio de locomoción alternativo para los desplazamientos urbanos, aunque los abundantes desniveles y el adoquinado de las calles pueden llegar a disuadir hasta a los ciclistas más avezados.

Autobuses

Edimburgo cuenta con una buena red de **autobuses**, aunque a veces hasta los lugareños se las ven y se las desean para distinguir la gran variedad de empresas que compiten entre sí por cubrir trayectos muy similares. La empresa Lothian Regional Transport (LRT) es la que ofrece el servicio más completo y sus vehículos de color granate son fácilmente reconocibles. A menos que se especifique lo contrario, todos los autobuses que se mencionan en esta guía pertenecen a dicha empresa. Los billetes se pueden adquirir en el mismo autobús y la tarifa, normalmente, es de 70 peniques (asegúrese de llevar cambio). Una buena inversión, sobre todo si está hospedado a bastante distancia del centro urbano o desea explorar los alrededores, es comprar el abono de 10,50 libras que permite utilizar sin límites los autobuses LRT durante una semana (para adquirirlo, se necesita una foto carné). También hay abonos diarios que cuestan 2,40 libras (4,20 libras con servicio de traslado al aeropuerto). Los horarios y los **abonos** de LRT se encuentran disponibles en la mayoría de los quioscos de prensa y en las taquillas de Waverley Bridge (mayo-oct., lun.-sáb., 8-19 h; dom., 9-16.30 h; nov.-abril, lun.-vier., 9-16.30 h; ©0131/554 4494) o en el 27 Hanover Street (lun.-sáb., 8.30-18 h).

Los autobuses verdes de la empresa Eastern Scottish/First Bus y los de color verde y amarillo de la Lowland Scot-

Visitas guiadas

De la oferta disponible, cabe destacar las **visitas guiadas en autobús** que organiza Guide Friday (©0131/556 2244). Sus autobuses de dos pisos, con el superior descubierto, salen de Waverley Bridge y efectúan un recorrido completo por las calles de la ciudad; los pasajeros pueden bajar y volver a subir después en el siguiente. Los billetes cuestan aproximadamente 7,50 libras esterlinas.

Hay varias empresas que organizan **visitas guiadas a pie** por la ciudad, tanto de día como de noche. Robin's Tours (©0131/225 6593) ofrece, a diario, la Grand Tour que recorre la Ciudad Vieja y la Ciudad Nueva. El punto de partida es el centro de información turística y la visita empieza a las 10 h. Las visitas guiadas de Mercat Tours (©0131/225 6591) parten de Mercat Cross, en High Street, y hacen un itinerario por la Milla Real a intervalos regulares a lo largo de todo el día; sus visitas nocturnas, las «Ghost and Ghoul tours» (algo así como «ronda de los fantasmas y los demonios»), en las que el guía va disfrazado, desvelan algunos de los rincones más misteriosos de la ciudad (todos los días, abril-sept., 19 y 20 h; oct.-marzo, 20 h). Una versión más entretenida y desenfadada de esta visita guiada es la que organiza Witchery Tours (todos los días, 19-22 h; imprescindible reservar con antelación, ©0131/225 6745) que sale de la puerta del Withchery Restaurant, en el 352 Castlehill, en la Milla Real. Y para los que prefieran algo un poco más «terrenal», Geowalks ofrece excursiones a Arthur's Seat; el guía es un geólogo (©0131/228 2410).

Para contemplar la ciudad a vista de pájaro, la empresa Forth Helicopter Services, con sede en el aeropuerto de Edimburgo (©0131/339 8877) organiza unos espectaculares paseos aéreos, que cuestan 29 libras por persona (10 min.) o 45 libras si el itinerario abarca los puentes del Forth (15 min.).

tish/First Bus unen la capital con las ciudades y pueblos aledaños. La mayoría de los itinerarios empieza y concluye en la terminal de autobuses de St Andrew Square. Para trayectos más largos, diríjase a la oficina de reservas de la empresa National Express, que abre sus puertas en la misma terminal. Si desea desplazarse dentro del territorio escocés, llame al ©0990/505050; cruzando la frontera, al ©0990/808080. Los billetes de National Express también se venden en la oficina de la empresa First Edinburgh (véase pág. 6), ubicada en la terminal de autobuses.

Taxis

Aunque la ciudad tiene muchas **paradas de taxis**, sobre todo en los alrededores de Waverley Bridge, es relativamente fácil encontrar uno libre sin necesidad de tener que acudir a ellas. Los vehículos son de color negro y el primer tramo de 1 milla (1,6 km) cuesta 2,50 libras. Los siguientes tramos se cobran a razón de 1,50 libras cada uno. Los números de teléfono de las principales empresas de taxis locales son: Capital Castle Cabs (©0131/228 2555), Central Radio Taxis (©0131/229 2468) y City Cabs (©0131/228 1211).

Automóvil

Aventurarse por las calles del centro de Edimburgo al volante de un automóvil no es muy buena idea, ya que a pesar de que hay aparcamientos de varias plantas, encontrar una plaza libre por lo general implica una búsqueda larga y a menudo infructuosa. Además, en algunas zonas importantes de la ciudad se ha restringido el tráfico rodado: Princes Street es hoy una vía de sentido único y Charlotte Square ha sido objeto de un complejo sistema de regulación del tráfico. Por otra parte, cada vez son más numerosos los carriles de autobuses de color verde, denominados *greenways*, por los que no pueden circular los vehículos particulares en las horas punta. La mayoría de los aparcamientos y parquímetros funciona de 9 a 18.30 h de lunes a viernes, y de 9 a 1.30 h los sábados.

Bicicletas

Gracias a su buena red de carriles para bicicletas, Edimburgo es una ciudad en la que los amantes de este medio de locomoción no se sentirán marginados, aunque los continuos desniveles debidos a su accidentado relieve podrían desalentar a más de uno. La asociación local de amigos de la bicicleta, Spokes (℃0131/313 2114), publica un excelente plano de la ciudad pensado para ciclistas que se puede obtener de forma gratuita en la mayoría de las tiendas especializadas en este deporte. Para alquilar una **bicicleta**, diríjase a Central Cycles, 13 Lochrin Place (℃0131/228 6333) o a Scottish Cycle Safaris, 29 Blackfriars Street (℃0131/556 5560), donde encontrará de todo, desde verdaderas antiguallas a las más sofisticadas bicicletas de montaña, amén de accesorios tan útiles como alforjas y sillines para niños.

El castillo
de Edimburgo

Desde la cima de su pedestal volcánico, la imponente silueta del **castillo de Edimburgo** domina el paisaje de toda la ciudad. A la vista de las escarpadas paredes de roca maciza que lo rodean por tres de sus lados, no hace falta tener mucha imaginación para comprender la importancia estratégica de esta fortaleza —y por lo tanto de Edimburgo— en la historia de Escocia. Quienes quisieran atacarla, hoy sólo los turistas, se veían forzados a acceder a ella por el flanco oriental, desde el cual se extiende la Milla Real en dirección a Holyrood.

La amalgama de estilos arquitectónicos que conviven en el castillo pone de manifiesto la gran variedad de funciones que ha cumplido a lo largo de la historia, y también el gran desarrollo que tuvo aquí la arquitectura defensiva y militar. La edificación más antigua del recinto, la **St Margaret's Chapel**, data del siglo XII, y las incorporaciones más recientes, de la segunda década del siglo XX. Nada resta del período en que la fortaleza fue utilizada como residencia de la corte real escocesa, durante el reinado de Malcolm III (el monarca que derrocó a Macbeth en el año 1057), y apenas queda huella de

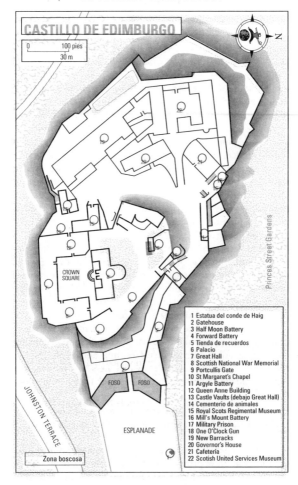

CASTILLO DE EDIMBURGO

0   100 pies
30 m

N

CROWN
SQUARE

Princes Street Gardens

FOSO   FOSO

JOHNSTON TERRACE

ESPLANADE

Zona boscosa

1 Estatua del conde de Haig
2 Gatehouse
3 Half Moon Battery
4 Forward Battery
5 Tienda de recuerdos
6 Palacio
7 Great Hall
8 Scottish National War Memorial
9 Portcullis Gate
10 St Margaret's Chapel
11 Argyle Battery
12 Queen Anne Building
13 Castle Vaults (debajo Great Hall)
14 Cementerio de animales
15 Royal Scots Regimental Museum
16 Mill's Mount Battery
17 Military Prison
18 One O'Clock Gun
19 New Barracks
20 Governor's House
21 Cafetería
22 Scotish United Services Museum

las defensas construidas durante el período más convulso de su historia, las guerras de independencia. Durante esta dilatada etapa, la fortaleza cayó en manos inglesas, fue reconquistada en varias ocasiones, y finalmente, en el año 1313, los propios escoceses decidieron desmantelar sus defensas, que sólo volverían a ser levantadas en 1356, cuando tras el regreso del rey David II de su cautiverio en Inglaterra, se inauguró un efímero interludio de estabilidad política. A partir de entonces, dotada de una doble función defensiva y residencial, se fue convirtiendo gradualmente en el arquetipo del castillo escocés. El último episodio bélico que se produjo en ella se remonta a 1745, cuando las tropas de Carlos Eduardo Stuart, el Joven Pretendiente, todavía fresco el recuerdo de su victoria en Prestonpans, protagonizaron una intentona algo desganada de vencer a sus defensores. En el transcurso de las décadas siguientes, los avances de la industria armamentística fueron mermando la importancia defensiva del castillo, pero el movimiento romántico habría de rescatarlo como un gran monumento nacional. El ambicioso «plan de mejora», que de haberse materializado lo habría convertido en una ampulosa evocación decimonónica de la Edad Media, al final fue descartado, pero quedan algunos de los elementos que se llegaron a construir, como la actual torre de entrada.

Hoy, el castillo sigue siendo una importante plaza fuerte utilizada por los regimientos escoceses del ejército británico. De ahí que, además de los guardias impecablemente ataviados que custodian la entrada principal, no sea raro ver a oficiales y soldados cumpliendo con sus quehaceres cotidianos.

El castillo de Edimburgo abre todos los días: abril-oct., 9.30-18 h; nov.-marzo, 9.30-17 h; 6,50 libras.

Tal vez le apetezca unirse a una de las **visitas guiadas** que se organizan en el propio castillo y escuchar el relato de su historia, plagada de episodios bélicos en los que no faltan detalles truculentos como el aceite hirviendo y el tronar de los cañones al alba. Si lo prefiere, puede visitarlo con ayuda de las **guías sonoras** disponibles en la taquilla que encontrará nada más trasponer la puerta de acceso a la fortaleza. Tanto las visitas guiadas al modo tradicional como las guías sonoras están incluidas en el precio de entrada.

La Esplanade

Al castillo se accede a través de la **Esplanade** o explanada, una plaza de armas construida en el siglo XVIII y rodeada cien años más tarde con unas murallas ornamentales de las que se destaca la del flanco sur por sus magníficas vistas de las colinas de Pentland. Esta zona del castillo es la elegida para representar la concesión más descarada al *kitsch* y al tópico turístico que verá en la ciudad. Se trata del Edinburgh Military Tattoo, parada militar ceremonial que se celebra cada noche durante el Festival de Edimburgo (véase pág. 326). El aspecto negativo del Festival es que, durante casi todo el verano, el paisaje urbano de Edimburgo queda desfigurado por las altas gradas que se instalan para acomodar a los espectadores de este y otros espectáculos que tienen por escenario el castillo.

En el extremo noreste de la plaza de armas encontrará dos elementos ornamentales que evocan tiempos infaustos: una **fuente** de estilo Art Nouveau empotrada en la pared del Weaving Centre muestra varias cabezas femeninas entrelazadas por una serpiente y señala el lugar donde, entre los años 1479 y 1722, murieron quemadas en la hoguera cerca de 300 mujeres acusadas de practicar la brujería. Cerca de allí, una estatua ecuestre del **mariscal de campo conde de Haig** evoca la controvertida figura de este noble edimburgués que comandó las tropas británicas durante la Primera Guerra Mundial y cuya singular estrategia de ataque —consistente en ordenar a los soldados que saltaran las barricadas y se introdujeran sin más en las trincheras enemigas— produjo un número de bajas sin precedentes hasta entonces.

Las defensas inferiores

La **Gatehouse** o bastión de entrada al castillo data de la penúltima década del siglo XIX y sostiene el último puente levadizo que se construyó en Escocia. Más tarde, sería adornado con esculturas de porte heroico de sir William Wallace y Robert I Bruce.

Si continúa avanzando colina arriba, traspasará el umbral de **Portcullis Gate** (puerta del rastrillo), un elegante portalón renacentista que quedó algo deslucido después de que en el siglo XIX se le superpusiera una construcción, la conocida **Argyle Tower**, a la que no faltan siquiera las ya entonces anacrónicas saeteras. La torre tomó su nombre de Archibald, noveno conde de Argyll, que según cuenta la leyenda fue recluido en una habitación por encima del Portcullis Gate antes de ser ejecutado en el año 1685.

El recorrido prosigue hasta **Argyle Battery**, fortificación provista de seis cañones y levantada en el siglo XVIII por orden del teniente general Wade. A él se debe también la construcción de una red de carreteras y puentes militares que aún hoy forma parte de la infraestructura de transporte de las Highlands escocesas. Avanzando hacia poniente se encuentra **Mill's Mount Battery**, desde cuya explanada el disparo de un cañón saluda diariamente a los habitantes de Edimburgo a la una en punto de la tarde. Este famoso ritual conocido como One O'Clock Gun, surgido de la necesidad de avisar a las embarcaciones que cruzaban el firth de Forth, hoy ha quedado reducido a una mera indicación horaria para los trabajadores del centro de la ciudad. Ambas fortificaciones ofrecen maravillosas vistas panorámicas que se extienden desde Princes Street y la Ciudad Nueva hasta los pueblos costeros y las colinas de Fife, cuyo perfil se adivina al otro lado del Forth.

Desde allí, un empinado y tortuoso camino conduce hasta **Governor's House,** mansión construida en la década de 1740 según los cánones de la arquitectura tradicional escocesa, algo que se aprecia en los muros estucados y los tejados con remate escalonado. Una parte de la mansión se ha habilitado como comedor para los oficiales de la guarnición, mientras que las estancias del ala septentrional siguen cumpliendo su función original como residencia del gobernador. Por detrás de este edificio se alza la construcción independiente más grande del castillo, los **New Barracks** o cuarteles de la guarnición, levantados en la última década del siglo XVIII en el más austero estilo neoclásico. A partir de este punto, la carretera sube serpenteando hacia la ciudadela, que se halla en el punto más elevado de Castle Rock; se accede a ella por la puerta conocida como **Foog's Gate.**

St Margaret's Chapel

Situada en el extremo oriental de la ciudadela, **St Margaret's Chapel** es el edificio más antiguo de la fortaleza, y probablemente también de Edimburgo. Aunque en otros tiempos se creyó que esta capilla había sido construida por orden de la reina santa a la que le debe su nombre, y más tarde incluso se llegó a sugerir que se eleva sobre el lugar de su muerte, acaecida en el año 1093, el estilo arquitectónico de la capilla pone claramente de manifiesto que es tres décadas más moderna, por lo que seguramente fue el rey David I quien ordenó erigirla en honor de su difunta madre. Utilizada como polvorín a lo largo de trescientos años, esta diminuta capilla de estilo normando fue recuperada para la práctica religiosa en el año 1934, tras las obligadas tareas de restauración. Mientras su aspecto exterior es despojado y austero, del interior cabe destacar la elaborada decoración en zigzag del arco que separa la nave del presbiterio.

Las almenas que se alzan frente a la capilla ofrecen las mejores vistas de la fortaleza. Su trazado se ve interrumpido por la **Lang Stairs**, la escalera que permite acceder a la terraza superior del castillo desde Argyle Battery, por el paso lateral de Portcullis Gate. Justo por debajo de las almenas encontrará un pequeño **cementerio** muy pulcro, última morada de las mascotas de los soldados. Siguiendo hacia el este, se rodea la parte superior de dos bastiones de la fortaleza, Foreward Battery y **Half Moon Battery** (bastión de la medialuna). Esta última se eleva sobre el antiguo emplazamiento de la torre de David, escenario del triste episodio conocido como **Black Dinner** (cena negra): corría el año 1440 cuando el guardián del castillo, sir William Crichton (tutor del rey Jacobo II, hijo del asesinado Jacobo I, que a la sazón contaba tan sólo nueve años), organizó una cena en la torre a la que invitó al conde de Douglas, posible aspirante al trono, y a su hermano menor. Tras un magnífico festín, llegó a la mesa, para espanto de los comensales, una cabeza de buey, símbolo de condena a muerte. Los dos hermanos fueron acusados de traición a la corona y ejecutados en la explanada del castillo.

Crown Square

Justo detrás del Half Moon Battery se encuentra el **Castle Well** o pozo del castillo, que tiene 33 metros de profundidad. Lo bordeará de camino a la zona conocida como **Crown Square** (plaza de la corona), la más elevada y segura de todo el recinto. Entre las construcciones que rodean este patio cabe destacar el Royal Palace o palacio real y el salón de banquetes utilizado por Jacobo IV y su nieta María Estuardo, popularmente conocida como Mary, Queen of Scots (María, reina de los escoceses). El palacio real es el lugar donde en la actualidad se guardan a buen recaudo las Honours of Scotland o joyas de la corona escocesa.

El palacio

El **palacio**, un edifício sorprendentemente sencillo levantado en torno a una torrecilla octagonal que alberga una escalera en su interior, ocupa el flanco oriental de Crown Square. Iniciado en la década de 1430, debe su actual aspecto renacentista al rey Jacobo IV, aunque después habría de ser remodelado para María Estuardo y su consorte Henry, cuyas iniciales entrelazadas (MAH) figuran en la inscripción que corona una de sus puertas. En el siglo XIX, la torrecilla fue elevada para albergar el principal mástil del castillo. Una vez en el interior, una de las estancias más interesantes es el diminuto dormitorio con techo de madera labrada que se encuentra en el extremo sureste del edificio. Fue allí donde María Estuardo dio a luz a su hijo Jacobo VI. Al igual que las restantes estancias, esta habitación fue totalmente reformada en 1617 para acoger el regreso triunfal del rey Jacobo, aunque aquélla sería la última ocasión en que el palacio serviría de residencia real.

El ala septentrional está totalmente dedicada a una minuciosa presentación audiovisual de las **Honours of Scotland**; las joyas de la corona propiamente dichas se exponen en la Crown Room (sala de la corona), que cierra la exposición. Estas magníficas alhajas, las únicas piezas de orfebrería anteriores a la Restauración que se conservan en el Reino Unido, constituyen uno de los símbolos más venerados del sentimiento nacional escocés. Las lució por última vez Carlos II en su ceremonia de coronación como rey de Escocia, que tuvo lugar en el año 1651. Dicha coronación despertó la ira de Oliver Cromwell, que como venganza intentó deshacerse de ellas ordenando que las fundieran. Sin embargo, alguien las sustrajo del castillo antes de que llegaran al crisol del herrero y las ocultó en una remota iglesia rural. Más tarde, las joyas se emplearon como símbolo del monarca ausente en las sesiones del Parlamento escocés hasta que en 1707, firmada el Acta de Unión con

La Piedra del Destino

La **Piedra del Destino** (también conocida como la «piedra de Scone») es el nombre por el que se conoce la «almohada de Jacob», la piedra sobre la que descansaba la cabeza de este personaje bíblico mientras soñaba con una escalera de ángeles que subía de la Tierra al Cielo. Pero la historia de esta reliquia se halla rodeada de misterio; se sabe con seguridad que un grupo de misioneros la trasladó de Irlanda a Dunadd, y que de allí pasó a Dunstaffnage, donde en el año 838 Kenneth MacAlpine, rey de los escoceses de Dalriada, la reclamó para luego confiar su custodia a los monjes de la abadía de Scone. Allí permaneció casi 5 siglos, período durante el cual fue utilizada como trono de coronación de todos los reyes de Escocia.

En 1296, llevado de una insaciable ansia de posesión, Eduardo I arrebató a los monjes lo que pensó que era la Piedra del Destino y ordenó instalarla en la abadía de Westminster, donde habría de permanecer durante un período de 7 siglos, sólo interrumpido de forma efímera en 1950, cuando un grupo de nacionalistas escoceses la sustrajo y la ocultó en Arbroath durante varios meses. En diciembre de 1996, tras un periplo desde Londres, jalonado de complejas ceremonias, la piedra sagrada fue finalmente devuelta a Escocia, en uno de los muchos gestos simbólicos con los que el gobierno conservador pretendió en vano convencer al pueblo escocés de las infinitas bondades de la unión con Inglaterra. Para estupor de los habitantes de Perth y de los encargados del palacio de Scone, y ante la general indiferencia del pueblo escocés, la Piedra del Destino fue trasladada al castillo de Edimburgo.

Sin embargo, la autenticidad de la piedra ha sido y es objeto de debate, pues hay quien sostiene que el monolito original estaba profusamente labrado, mientras que el actual no es sino un sencillo bloque de arenisca. Muchos creen que los astutos monjes de Scone endosaron esta piedra al rey inglés y que la verdadera almohada de Jacob se halla oculta en una cámara subterránea cuyo paradero es un misterio para todos, salvo unos pocos elegidos.

Inglaterra, fueron puestas a buen recaudo en un cofre bajo llave. El cofre se perdió, por lo que durante un siglo las joyas permanecieron en paradero desconocido y llegaron incluso a darse por desaparecidas. En 1818 una investigación impulsada por sir Walter Scott logró recuperarlas.

De las tres piezas que componen el tesoro de la corona escocesa, la más antigua es el **cetro**, rematado por una esfera de cristal de roca y decorado con varias figuras: la Virgen, el Niño Jesús, san Jaime y san Andrés. El original lo recibió Jacobo IV de manos del papa Alejandro VI en el año 1494; más tarde Jacobo V encargó su remodelación a los mejores orfebres escoceses. Más exquisita aún es la **espada** real, una deslumbrante obra maestra del Quattrocento italiano forjada por el platero Domenico da Sutri y que el papa Julio II le regaló a Jacobo IV. Tanto la empuñadura como la vaina llevan grabado el emblema personal del Papa: un roble con sus bellotas, símbolo de Cristo resucitado, así como un grupo de delfines, símbolo de la Iglesia. La **corona**, elaborada para Jacobo V por el orfebre escocés James Mosman, lleva incrustadas piedras preciosas, así como el anillo de oro que perteneció a Robert I Bruce; está rematada por un orbe y una cruz esmaltados. Las joyas de la corona se exponen en una urna de cristal. Recientemente su disposición se ha visto alterada para hacer sitio a una nueva pieza, la **Piedra del Destino** (véase recuadro adjunto).

El Great Hall y el Scottish United Services Museum

El flanco meridional de Crown Square está ocupado por el **Great Hall,** construido durante el reinado de Jacobo IV como salón de banquetes y ceremonias. Hasta 1639, fue el lugar de reunión del Parlamento escocés, pero a partir de entonces se utilizó como cuartel y más tarde como hospital. Durante esta última etapa, el techo de vigas en voladizo —el más antiguo de la ciudad— permaneció oculto, y sólo se recuperó a fines del siglo XIX, cuando el salón fue totalmente redecorado en el más enfático estilo románico.

En el flanco occidental del patio se encuentra el dieciochesco Queen Anne Building (edificio de los aposentos de la reina Ana), que alberga parte del **Scottish United Services Museum**. Las restantes obras que componen los fondos de este museo se exponen en lo que antaño fue un hospital, situado más allá de la mansión del gobernador, cuya construcción data de las postrimerías del siglo XIX (véase pág. 17). El museo dedica exposiciones individuales a cada uno de los regimientos del ejército escocés, incluidas la marina y las fuerzas aéreas. Una de las piezas más insólitas es una maqueta de *The Great George*, un buque construido por los prisioneros franceses que permanecieron encarcelados en el castillo durante el siglo XVIII y principios del XIX.

En 1755, la iglesia de St Mary, situada en la cara norte de Crown Square, fue transformada en un cuartel que, a su vez, sería hábilmente reconvertido en el sobrio **Scottish National War Memorial**, monumento erigido en memoria de los 150.000 escoceses que perdieron la vida en la Primera Guerra Mundial.

Otros puntos de interés

Desde Crown Square es posible descender a **The Vaults** (los sótanos), una serie de cámaras subterráneas construidas por orden de Jacobo IV con el fin de proporcionar una base uniforme a las magníficas edificaciones situadas sobre ellas. Más tarde, fueron utilizadas como dependencias carcelarias para prisioneros extranjeros, que dejaron en los muros un rico legado de inscripciones. La más significativa de todas es una caricatura de lord North, primer ministro durante la guerra de independencia de Estados Unidos, colgado de una horca. En una de estas estancias se conserva el célebre **Mons Meg,** el cañón utilizado en el cerco del siglo XV, que podía disparar una bala de 225 kilos y arrojarla a una distancia de más de 3 kilómetros. Este cañón fue empleado en un buen número de asedios pero, debido a su descomunal tamaño, resultaba imposible desplazarlo más de 5 kilómetros por día, por lo que pronto se vio relegado a un papel meramente ceremonial. En 1754, el Mons Meg fue trasladado a la Torre de Londres, donde permaneció hasta que sir Walter Scott persuadió a Jorge IV de la conveniencia de devolverlo a sus legítimos propietarios con ocasión de una visita oficial del monarca a tierras escocesas en 1822.

Frente a la entrada a las mazmorras del castillo se encuentra la **Military Prison**, edificio levantado en 1842 en medio de un encendido debate público en torno al diseño y función de las instituciones penitenciarias. Aunque por lo general se ha utilizado como cárcel militar, durante la Primera Guerra Mundial más de un civil dio también con sus huesos en las celdas de esta prisión. Entre sus huéspedes más ilustres se destaca el marxista John Maclean, fundador del Partido Republicano de los Trabajadores. Aunque sus celdas fueron diseñadas para mantener a los prisioneros incomunicados, resultan menos austeras de lo que cabría esperar.

La Milla Real

L
a **Royal Mile** o **Milla Real** es el nombre por el que se conoce la carretera que surca la accidentada ladera de la colina del castillo y comunica la fortaleza con el palacio de Holyroodhouse. En el año 1724, Daniel Defoe la describió como «la calle más ancha, larga y espléndida, por sus edificios y número de habitantes, no sólo de Gran Bretaña, sino del mundo entero».

Esta vía, estrechamente vinculada a la historia de Escocia durante varios siglos, sigue desempeñando un indiscutible papel protagonista en la vida política del país. Prueba de ello es que haya sido elegida para albergar la nueva sede del Parlamento escocés, hoy instalado de modo provisional en el Assembly Hall hasta que en el año 2002 sus señorías se trasladen definitivamente al nuevo edificio que está en fase de construcción en la propia Milla Real, junto al extremo de Holyrood.

La Milla Real —que, como su nombre indica, mide una milla (1,6 km) de longitud— es una calle adoquinada que se divide en cuatro tramos distintos: **Castlehill, Lawnmarket, High Street** y **Canongate**. A derecha e izquierda de estas secciones se abren y ramifican, como si de una espiga se tratara, una serie de abigarradas callejuelas y empinados pasajes a los que se accede a través de pasadizos abovedados conocidos como *pends*. Tras la construcción de la Ciudad

Nueva, que se completó en la primera década del siglo XVII, esta zona se fue degradando hasta quedar convertida en un barrio miserable, repleto de tugurios infectos. No obstante, poco a poco se fue rehabilitando y hoy sus calles vuelven a ser disputados lugares de residencia. Aunque un tanto deslucida por un exceso de tiendas de recuerdos bastante chabacanas y alguna que otra construcción moderna poco respetuosa con el entorno arquitectónico, la Milla Real sigue siendo una de las zonas más pintorescas de la ciudad y quienes se aventuren a explorar sus vericuetos, difícilmente se sentirán decepcionados.

CASTLEHILL

Plano 3, C8.

El angosto tramo inicial de la Milla Real recibe el nombre de **Castlehill** (colina del castillo). El primer edificio que se ve nada más abandonar la explanada del castillo, en la acera norte, es el **Edinburgh Old Town Weaving Centre** (lun.-sáb., 9-17.30 h; dom., 10-17 h), hoy convertido en una fábrica textil y que antaño se utilizó como depósito de agua para abastecer la Ciudad Vieja. Este centro fabril de clara orientación comercial consta de una serie de grandes establecimientos en los que se venden *kilts* o faldas escocesas, tapices y otros artículos típicos de la industria textil nacional, mientras en las plantas inferiores un ejército de ruidosos telares traquetea sin cesar. Puede bajar a echarles un vistazo de cerca si lo desea, e incluso poner a prueba su destreza en el arte de tejer (la visita cuesta 4 libras y no incluye guía), o bien hacerse una foto ataviado al más puro estilo escocés tradicional (7 libras).

Por detrás del Weaving Centre se elevan las torrecillas rojiblancas de **Ramsay Gardens**, seguramente uno de los conjuntos arquitectónicos urbanos más pintorescos del mundo. El edificio más antiguo de Ramsay Gardens es la residencia co-

nocida como Goose Pie House, en la que vivió Allan
Ramsay, poeta del siglo XVIII, autor de *El pastor gentil* y padre
del célebre retratista homónimo. Durante la revuelta jacobita
de 1745, mientras Ramsay se mantenía a una prudente distancia del revuelo desatado en la capital, su casa fue utilizada
por los soldados de Carlos Eduardo Stuart para disparar contra los centinelas del castillo. Los demás edificios del bloque se
construyeron a lo largo de la última década del siglo XIX y son
obra de Patrick Geddes, pionero de la moderna planificación
urbanística, que creó estas primorosas viviendas en un intento de atraer a la clase media de vuelta a las principales calles
del casco antiguo de Edimburgo. Geddes aspiraba a conseguir
que «el lúgubre gris de nuestras ciudades se tiña de los azures
puros y que sus calles envueltas en humo se iluminen con el
brillo de la esperanza renacentista». Posteriormente, y en vista de la escasa acogida que mereció su proyecto, decidió probar suerte allende las fronteras escocesas, concretamente en
Francia y en la India. En Edimburgo, el sólido legado de
Geddes se tradujo en la recuperación de la Ciudad Vieja; las
residencias estudiantiles que fundó en el cercano Milne's
Court, hoy aún siguen en funcionamiento.

De vuelta en Castlehill, frente al Weaving Centre, se alza la
llamada **Cannonball House**, que toma su nombre de la bala de cañón que hay incrustada en uno de sus muros. Según la
leyenda, tan singular ornamento es el resultado de un caño-
nazo poco certero disparado desde la plaza fuerte del castillo
contra el campamento del príncipe Carlos Eduardo Stuart en
Holyrood. La verdad, sin embargo, es bastante más prosaica:
la bala señala la altura a la que pasaban las cañerías del primer
sistema de agua corriente que abasteció la ciudad. El edificio
contiguo alberga el **Scotch Whisky Heritage Centre** (todos los días, jun.-sept., 9.30-18 h; oct.-mayo, 10-17.30 h; visitas guiadas, 3,25 libras y 4,95 libras), donde le enseñarán
todo lo que hay que saber sobre la bebida nacional escocesa.
La visita incluye un curioso paseo en «tonel» a través de la

historia del whisky —narrada, todo hay que decirlo, de un modo poco sugerente—, y concluye con la degustación de un *dram* o trago de whisky. El recorrido más largo incluye también una minuciosa explicación sobre diversos aspectos relacionados con la producción del whisky aunque, si el tema le interesa, nada como visitar una verdadera destilería. La tienda de recuerdos, en cuyas estanterías se exponen docenas de marcas de whisky, dará a los profanos en la materia una idea de la enorme variedad y diversidad existente.

Al otro lado de la calle se eleva la **Outlook Tower** (todos los días, abril-oct., lun.-vier., 9.30-18 h; sáb. y dom., 10-18 h; nov.-marzo, 10-17 h; 3,95 libras), un edificio del siglo XVII que se ha convertido en una de las principales atracciones turísticas de Edimburgo desde que en 1853, fue elegido para instalar en él una **cámara oscura** (dispositivo de proyección de imágenes dentro de un recinto privado de luz). De hecho, constituye una excelente carta de presentación de la ciudad, ya que permite contemplar una serie de imágenes panorámicas proyectadas sobre una pantalla blanca y acompañadas por una narración de fondo. El mejor momento para visitar la cámara oscura es a mediodía, cuando hay menos sombras. El mirador instalado en el balcón de la torre ofrece una de las mejores vistas de Edimburgo. Aparte de las mencionadas proyecciones podrá contemplar también, exposiciones de daguerrotipia, holografía, fotografías de la ciudad, que datan de la época victoriana, y mapas topográficos realizados entre 1780 y 1860.

Unos cuantos números más allá se encuentra el **Assembly Hall**, construido en el año 1859 para acoger las reuniones de la escindida Iglesia Libre de Escocia. En la actualidad, es el lugar donde se celebra la Asamblea General anual de la Iglesia de Escocia, aunque desde mayo de 1999 las reuniones eclesiásticas se han visto reemplazadas por las sesiones del Parlamento escocés, provisionalmente ubicado aquí, hasta que concluyan las obras de su nueva sede (véase recuadro,

CASTLEHILL

pág. 30). Contemplado desde la Milla Real, el edificio del Assembly Hall no es nada del otro mundo, aunque la fachada septentrional está presidida por dos soberbias torres gemelas cuyas siluetas se recortan en el cielo sobre la Ciudad Vieja.

Antes de la construcción del Assembly Hall, los representantes eclesiásticos locales solían reunirse en la iglesia que se eleva al otro lado de la calle, un imponente edificio de color negro cuyos espléndidos ornamentos de estilo neogótico son de Augustus Pugin, uno de los arquitectos que diseñaron la sede actual del Parlamento londinense. La majestuosa aguja que corona la torre de esta iglesia —antaño conocida como Tolbooth Kirk— es la más alta de Edimburgo y su perfil se distingue fácilmente desde cualquier rincón de la ciudad. En el año 1981, la congregación gaélica que frecuentaba la iglesia dejó de acudir a ella y en 1999 se convirtió en una de las sedes permanentes del Festival Internacional de Edimburgo (todos los días, desde las 8 h hasta una hora variable de la noche). Rebautizada como **The Hub** (el centro), hoy es un espacio consagrado a todo tipo de actuaciones, ensayos y exposiciones, provisto de una taquilla en la que se pueden adquirir las entradas para el Festival y para cualquier acontecimiento cultural que se celebre en la ciudad a lo largo del año. En la planta baja abre también sus puertas el luminoso *Hub Café* (todos los días, 8-23 h), entre cuyas paredes amarillas se sirven bebidas y aperitivos; dispone de una gran terraza de verano. El centro cultural ha adquirido obras de arte que se encuentran permanentemente expuestas en sus instalaciones. Así, en la escalera principal se exponen más de doscientas esculturas de 30 cm de altura, obra del escultor escocés Jill Watson, que representan a los artistas del Festival y su público. Igualmente digno de mención es el vestíbulo principal de la planta superior, donde los elaborados trabajos en madera de estilo neogótico y el techo de bóveda alta se ven complementados por un fabuloso mural multicolor. Durante el mes de agosto y principios de septiembre, este vestíbulo acoge a diario el **Festival Club** (todos los días, 10-2 h; cuota de socio, 5 libras por día o 25 libras por semana), reunión social de alto voltaje en la que se da cita la flor y nata del Festival.

LAWNMARKET

Plano 3, D8.

Más allá de The Hub, la Milla Real se ensancha para dar paso al segundo tramo de la vía, conocido como **Lawnmarket** (literalmente «mercado de batista»), que en otros tiempos acogió un mercado de ropa blanca. La palabra *lawn* se deriva de «Laon», ciudad francesa de la que procedían muchas de las telas que se vendían aquí. Desde el extremo septentrional de Lawnmarket se accede a **Milne's Court**, una plazoleta cuyas viviendas primorosamente restauradas albergan hoy varias residencias de estudiantes. En este espacio se eleva de manera provisional una incongruente construcción de acero y cristal: se trata de la entrada pública a la cámara de debate del Parlamento escocés (lun.-vier., 10-12 h y 14-16 h; entrada gratuita; véase también recuadro, pág. siguiente). La plazoleta aledaña a ésta, la **James Court**, fue uno de los lugares de residencia más codiciados de Edimburgo antes de la construcción de la Ciudad Nueva; entre sus antiguos residentes se cuentan personajes de la talla de David Hume y James Boswell.

Abandonando las calles laterales y volviendo a Lawnmarket, se encuentra **Gladstone's Land** (abril-oct., lun.-sáb., 10-17 h; dom., 14-17 h; 3,20 libras), una magnífica mansión de seis plantas que toma su nombre de Thomas Gledstane [sic], mercader que en el año 1617 adquirió una modesta vivienda en este lugar y la transformó en el edificio que hoy se puede contemplar. Se cree que la familia Gledstane residía en la tercera planta y alquilaba las restantes a otros mercaderes, practicando una forma de arrendamiento que aún hoy goza de cierto arraigo en la ciudad. La arcada que preside la planta baja, único ejemplo auténtico que ha llegado a nuestros

LAWNMARKET

El Parlamento escocés

En 1998, un referéndum brindó al pueblo escocés la oportunidad de decidir si deseaba contar con un Parlamento propio, independiente de Westminster. El 75 % de los votantes se manifestó a favor, y por primera vez desde la firma en el año 1707 del Acta de Unión entre Inglaterra y Escocia se constituyó un **Parlamento nacional escocés**. Tras las elecciones al Parlamento, celebradas al año siguiente, se formó un gobierno de coalición integrado por los diputados laboristas y liberales de la cámara legislativa escocesa. **Donald Dewar**, líder del grupo laborista, fue elegido primer ministro. El principal partido de la oposición es el Scottish National Party (SNP), encabezado por Alex Salmond, que postula la independencia total de Escocia respecto al Reino Unido. El restituido Parlamento escocés consta de 129 escaños y sus competencias abarcan la mayoría de los intereses nacionales más inmediatos, como la educación, la sanidad y el transporte, mientras que Westminster retiene el control de aspectos como las relaciones externas, la defensa nacional y los programas macroeconómicos.

Si bien la administración conjunta de laboristas y liberales se ha caracterizado hasta ahora por la adopción de líneas de actuación política afines al gobierno laborista de Londres, el Parlamento escocés tiene potestad para aprobar contenidos legislativos divergentes respecto al poder central, y es precisamente en ciertas materias susceptibles de producir discrepancias —entre las que se incluyen temas tan delicados como la reforma agraria, la educación o incluso la caza del zorro— que el nuevo Parlamento autonómico deberá demostrar su competencia.

Hasta el año 2002, la sede del Parlamento será el **Assembly Hall** o sala de reuniones de la Iglesia presbiteriana de Escocia, sita en la calle Lawnmarket. Después, se trasladará de modo de-

finitivo a sus nuevas dependencias en Holyrood (véase pág. 56).
Se puede asistir a los **debates** del Parlamento desde la cámara
pública del Assembly Hall; las entradas se venden en el mostrador de información que se encuentra nada más traspasar la entrada pública al Parlamento, a la que se accede por Milne's
Court (véase pág. anterior) en el **centro de información** habilitado por el Parlamento escocés en la esquina de George IV
Bridge y High Street. También es posible reservar entradas
—con una antelación máxima de una semana— telefoneando al
✆0131/348 5000.

días de lo que antaño fue una característica común de las
construcciones de la Milla Real, ha sido restaurada para que
vuelva a evocar su función original como puesto de mercado.
Varias de las restantes estancias de la vivienda se han amue-
blado y decorado al estilo antiguo con el fin de recrear el día
a día de una familia edimburguesa acomodada de fines del
siglo XVII. La denominada Cámara Pintada, con su arteso-
nado de madera y sus elaborados frisos en las paredes, es una
de las más impresionantes. En otras, las piezas de porcelana holandesa y china, así como los lienzos holandeses del
siglo XVII firmados por Jacob Ruisdael, entre otros, subrayan
la importancia del comercio con Europa continental y Oriente. Pero Gladstone's Land no sólo permanece abierta a los visitantes, sino que también los acoge como huéspedes (véase
pág. 202).

A pocos pasos de allí, una escalera permite bajar hasta Lady
Stair's Close, donde encontrará la **Lady Stair's House** (lun.-
sáb., 10-17 h; dom., 14-17 h durante el Festival; entrada gratuita), residencia que toma su nombre de la bella y malhabla-
da dama de la alta sociedad dieciochesca, en cuyas peripecias
vitales se inspiró Walter Scott para escribir el cuento *El espejo
de mi tía Margaret*. Esta residencia, cuya construcción se remonta a la década de 1620, alberga hoy un anodino museo

LAWNMARKET

dedicado a la tríada de grandes escritores escoceses compuesta por Scott, Burns y Stevenson. Podrá contemplar una estrambótica colección de objetos personales cuyas etiquetas suelen ir precedidas de apostillas del tipo «según se cree...», «según se dice...» y otras que no se limitan a poner en duda la autenticidad de las piezas expuestas, y la niegan directamente. Entre las reliquias de la colección figuran mechones de pelo, bastones, unos cuantos recuerdos de la estancia de Stevenson en Samoa y algunas rarezas como una manzana de mármol barnizado ofrecida por Robert Burns a su esposa Jean Armour. No se pierda el cuadro que cuelga en la habitación dedicada a Burns, titulado *Parliament Square and Public Characters of Edinburgh*, ya que le permitirá hacerse una buena idea del trazado urbanístico de la zona de St Giles en el siglo XVIII. En el patio exterior contiguo a la casa, el **Makars' Court** (cuyo nombre proviene de la palabra *maker*, «hacedor», empleada por los escoceses para referirse a alguien que «hace» poesía o prosa), busque las citas de los doce escritores más célebres de Escocia grabadas en las losas del suelo.

El pasaje de Riddle's Close, que sale del lado sur de Lawnmarket, conduce a **Riddle's Court**, la plazoleta por la que se accede al pasaje **MacMorran's Close**, que debe su nombre a Baillie MacMorran, un acaudalado comerciante que vivió aquí y que murió asesinado en 1595 mientras trataba de apaciguar una revuelta estudiantil.

Los estudiantes se atrincheraron en el interior de la escuela para exigir una semana de vacaciones, y cuando MacMorran llegó al lugar de los hechos dispuesto a poner orden, William Sinclair, que más tarde habría de ser conocido como sir William Sinclair of Mey le disparó un tiro en la cabeza. Un poco más abajo se encuentra **Brodie's Close**, calle que toma su nombre del que fuera padre de uno de los personajes más estrafalarios de Edimburgo, **Deacon William Brodie** (véase recuadro, pág. siguiente), ciudadano ejemplar de día, e impenitente ladrón de noche.

Lawnmarket termina allí donde la Royal Mile se cruza con el puente George IV y Bank Street. En esta calle se encuentran las **oficinas centrales del Bank of Scotland**, una monumental construcción de arenisca cuyas cúpulas italianas y columnas de estilo corintio se elevan majestuosas por encima de los jardines. El Bank of Scotland abrió sus puertas en el año 1695 y es la entidad bancaria comercial más antigua del Reino Unido; aún conserva el nombre y sus estatutos fundacionales. En el año 1745 tuvo lugar uno de los episodios más pintorescos de la larga historia de este banco, cuando sus responsables

Deacon Brodie

De cara al exterior, William Brodie, hombre de aguzado ingenio, edil de Edimburgo, ebanista de profesión y presidente de la logia de artesanos y albañiles de la ciudad, era un respetable miembro de la sociedad edimburguesa de fines del siglo XVIII. Sin embargo, al igual que muchos de sus contemporáneos, también estaba involucrado en una serie de actividades menos decorosas. Acudía con asiduidad a las peleas de gallos y a varios clubes en los que se entregaba sin medida ni contemplaciones al alcohol, al juego y al fornicio. Para financiar todas estas actividades, siempre llevaba consigo una pequeña porción de masilla que empleaba para fabricar moldes de las llaves que encontraba colgadas en las casas que visitaba. Después, encargaba copias de las llaves a un herrero local y entraba a robar con toda desfachatez. Tras un audaz golpe a la oficina del servicio de aduanas, sita en Chessel's Court (Canongate), en el que se hizo con un entonces nada despreciable botín de 16 libras, Brodie huyó a Holanda. Delatado por uno de sus cómplices, cayó en manos de la justicia y se vio arrastrado de vuelta a Edimburgo, donde en el año 1788 sería condenado a morir en una horca que él mismo había construido. Brodie mantuvo la compostura hasta el último momento y llegó incluso a redactar un absurdo testamento que concluía con la siguiente exhortación: «Recomiendo a todos los ladrones, estafadores y jugadores, sea cual fuere su linaje y condición, que velen por el bienestar de los suyos abandonando toda práctica ilícita y convirtiéndose en ciudadanos ejemplares.»

Las andanzas de Brodie sirvieron de inspiración a numerosos literatos, entre ellos a R. L. Stevenson, de cuya pluma nació *El extraño caso del doctor Jekyll y mister Hyde*. Algo más sorprendente resulta el hecho de que Muriel Spark describiera a su Joan Brodie como descendiente directa del repudiado edil.

se vieron obligados a enviar al castillo 80.000 libras en billetes para impedir que cayeran en manos del príncipe Carlos Eduardo Stuart y sus tropas, considerados una verdadera amenaza para la estabilidad de la nación. El interior del edificio es obra de Robert Reid y Richard Crichton, discípulos ambos de Robert Adam, aunque su aspecto exterior actual debe mucho a David Bryce, que en el año 1862 amplió la construcción original y le añadió unas cúpulas nuevas y remates. El vestíbulo de la oficina bancaria, con vistas a Princes Street, permite hacerse una idea de la opulencia del interior. En la planta baja se ha instalado un pequeño museo (jun.-agos., lun.-vier., 10-16.45 h; entrada gratuita) que alberga una curiosa colección de balanzas, monedas, talonarios y otras reliquias numismáticas, entre ellas una serie de billetes falsos que datan de 1716.

PARLIAMENT SQUARE

Plano 3, E9.

Nada más cruzar el puente de George IV y Bank Street, encontrará a mano derecha la Parliament Square o plaza del Parlamento, dominada por la majestuosa High Kirk of St

Giles (véase pág. 37) y la sucesión de fachadas neoclásicas de **Law Courts**. El diseño original de estos edificios se debe a Robert Adam, uno de los cuatro hermanos nacidos en el seno de una familia de arquitectos (su padre, William Adam, diseñó Hopetoun House; véase pág. 139), cuyo trabajo contribuyó en gran medida a llenar de gracia y elegancia la Ciudad Nueva de Edimburgo. Debido a una imprevista escasez de fondos, Adam no pudo completar la obra, por lo que la fachada actual se acabó siguiendo los planos de Robert Reid, responsable del sector norte de la Ciudad Nueva, que emuló fielmente el lenguaje arquitectónico de Adam, aunque jamás alcanzó la sutileza del maestro. William Stark, un arquitecto más extravagante, diseñó la **Signet Library**, el edificio de la biblioteca que ocupa el flanco occidental de la plaza y cuyo interior destaca por su belleza. Su soberbio vestíbulo ceñido por una columnata es la perfecta encarnación de los ideales de la Ilustración. Por desgracia, y a excepción de alguna que otra rara jornada de puertas abiertas, sólo se puede visitar previa solicitud (para más detalles, póngase en contacto con la oficina de información turística de Edimburgo).

Frente a la fachada meridional de St Giles se encuentra el **Parliament House** (lun.-vier., 9-17 h), un edificio construido en la década de 1630 para albergar el Parlamento escocés. Conservó esta función, hasta que en 1707, a raíz de la firma del Acta de Unión, pasó a manos del gremio jurídico para convertirse en la sede del colegio de abogados de Escocia, papel que hoy aún desempeña. El vestíbulo del edificio da paso al impresionante **gran salón**, del que se destaca, sobre todo, su exuberante techo de vigas en voladizo y las ménsulas de piedra delicadamente labradas que las sostienen y que sirven también de soporte a una serie de figuras grotescas y fieles reproducciones de varios castillos, entre ellos el de Edimburgo. En el otro extremo de la estancia, una pequeña **exposición** ilustra la historia del edificio y de la plaza ale-

PARLIAMENT SQUARE

daña, aunque resulta bastante más entretenido observar el cotidiano trajín de los abogados, tocados algunos de ellos con la tradicional peluca blanca, que se reúnen en corros y se dispersan entre susurros, a menudo tras haber cumplido con la ancestral costumbre de deambular por el salón principal para evitar que sus confidencias lleguen a oídos de quienes han preferido sentarse en uno de los bancos que se alinean junto a las paredes.

La mayoría de las salas del juzgado cuenta con una tribuna pública desde la cual se puede asistir a las audiencias que allí se celebran; pregunte a los conserjes del vestíbulo cómo llegar hasta allí.

Fuera, en la plaza, se alza una **estatua ecuestre del rey Carlos II** de tamaño natural, en la que el monarca aparece ataviado con una toga de emperador romano. De nuevo en High Street, incrustado a modo de mosaico en la calzada, a los pies de un rimbombante monumento al quinto duque de Buccleuch, se encuentra el célebre **Heart of Midlothian**. Inmortalizada en la conocida novela homónima de Walter Scott, esta piedra cordiforme señala el lugar donde antiguamente se hallaba la cárcel de Tolbooth; entre los lugareños es tradición escupir sobre ella para conjurar los malos augurios. Junto al extremo oriental de St Giles se encuentra **Mercat Cross**, donde en otros tiempos se celebraron las ejecuciones públicas y también acontecimientos algo más venturosos, como el regreso de la reina María Estuardo en el año 1561. Cuenta la leyenda que, en el momento del anhelado regreso de la soberana, un milagro hizo que empezara a manar vino de los brazos de la cruz que dio nombre a esta plaza. Apenas si queda huella de aquel período —la cruz original se vino abajo en 1756 y sólo fue reconstruida en 1885 gracias al mecenazgo de William Gladstone—, pero la plaza sigue siendo el escenario predilecto para la lectura de edictos y proclamas, como la que anuncia la disolución del Parlamento al final de cada legislatura.

PARLIAMENT SQUARE

High Kirk of St Giles

Plano 3, E8. Abril-sept., lun.-vier., 9-19 h; sáb.-dom., 9-17 h; oct.-marzo, lun.-sáb., 9-17 h; dom., 13-17 h; entrada gratuita.

El lugar que ocupa hoy la **High Kirk of St Giles** (iglesia presbiteriana de St Giles), erigida en el centro de Parliament Square, ha sido suelo consagrado desde el siglo IX, y aunque quedan secciones de la iglesia normanda construida en este emplazamiento a principios del siglo XII, el trazado básico de St Giles data de fines del siglo XV. Pese a que sólo fue sede episcopal en dos efímeros y desdichados períodos del siglo XVII, popularmente se la conoce como catedral. Fue desde St Giles que John Knox (véase recuadro, pág. 45) emprendió y dirigió la Reforma escocesa. En el año 1637, según cuenta una de las leyendas más célebres de la ciudad, el intento de imponer a los edimburgueses el devocionario de la Iglesia

SAINT GILES

Thistle Chapel

Órgano

Coro

Nave principal

1. The Burns Window
2. Burne-Jones Window Scots Greys Memorial
3. Chepman Aisle Montrose Memorial
4. Oriel Window R. L. Stevenson Memorial

anglicana y, por tanto, el dominio episcopal inglés, encendió de tal forma la ira de Jenny Geddes, humilde vendedora del mercado local, que arrojó su escabel al clérigo mientras pronunciaba las palabras que le han valido la inmortalidad: «¡Fuera, fuera! ¿Cómo os atrevéis, necio impostor, a ofender mis oídos con vuestras falsas predicaciones?», al tiempo que conminaba al resto de la congregación allí reunida a expulsar al sacerdote del edificio. En la nave septentrional de la iglesia, un letrero señala justo el lugar donde Jenny montó en cólera.

A principios del siglo XIX, St Giles fue objeto de una más que necesitada pero drástica remodelación, en virtud de la cual su fachada se vio revestida con una piedra de textura lisa que le confiere cierta dignidad georgiana, pero que aniquila casi por completo su encanto medieval. El único elemento de la iglesia que sobrevivió incólume a la restauración fue una torre de fines del siglo XV, cuya imponente aguja en forma de corona está compuesta por ocho arbotantes.

El **interior** de la iglesia ha sobrevivido mucho mejor al paso del tiempo. Se destacan sobre todo los robustos pilares que sostienen la torre y que son, al menos en parte, legado de la época normanda. En el siglo XIX, St Giles acogió una serie de monumentos funerarios —resultado de la pretensión de convertir la iglesia en una suerte de grandioso panteón nacional similar a la abadía de Westminster—, así como diversas vidrieras de estilo prerrafaelita. La más notable de todas, diseñada al alimón por Edward Burne-Jones y William Morris, representa a los profetas del Antiguo Testamento y al pueblo israelita cruzando el Jordán y se puede contemplar en la fachada de la **nave septentrional**. La fabulosa vidriera adyacente, la **West Window** (ventana occidental), data de 1985 y está dedicada al poeta Robbie Burns, hecho que dio pie a una gran controversia, ya que el insigne trovador escocés, gran amante de la bebida y las mujeres, distaba mucho de ser un ejemplo según la estricta moral presbiteriana. También digno de mención es el elegante bajorrelieve de Robert Louis Stevenson que se encuentra en el ala sur de la iglesia, obra del escultor estadounidense Augustus Saint Gaudens. Aunque el diseño original representaba al escritor reclinado sobre el lecho, fumándose un cigarrillo, lo que se ve hoy es a Stevenson recostado en un diván y sosteniendo en la mano una pluma. Frente a este bajorrelieve se encuentra el monumento al marqués de **Montrose**, comandante de las tropas de Carlos I en Escocia, que en 1650 fue capturado, ejecutado y cruelmente desmembrado.

En el extremo sureste de la iglesia encontrará la **Thistle Chapel** (capilla del cardo) construida en el año 1911 por orden de sir Robert Lorimer como oratorio privado para los 16 caballeros de la Muy Noble Orden del Cardo. Conscientemente deudora de la capilla de St George del castillo de Windsor, no deja de ser una exquisita pieza de artesanía de la que se destacan la elaborada bóveda de crucería, los enormes rosetones que cuelgan del techo y la barroca decoración de la sillería del coro.

HIGH STREET Y ALREDEDORES

Plano 3, E8.

El tercer tramo propiamente dicho de la Milla Real se conoce como **High Street** y se extiende a lo largo de dos manzanas, divididas a derecha e izquierda por la intersección de North Bridge y South Bridge.

El primer edificio digno de mención en la zona norte de High Street es el **High Court of Justiciary** (Tribunal Supremo de Escocia), presidido por una estatua del filósofo David Hume, uno de los hijos predilectos de la ciudad, que parece tiritar de frío bajo la toga romana que luce por todo atuendo. Un poco más adelante, frente a Mercat Cross, se encuentra el edificio en forma de herradura que alberga el Ayuntamiento, el **City Chambers**, proyectado por John

Robert Louis Stevenson

El célebre escritor **Robert Louis Stevenson** (1850-1894), natural de Edimburgo, fue un niño enfermizo y solitario cuya imaginación se desarrolló al calor de las leyendas populares calvinistas que le contaba su institutriz. En 1875, Stevenson decidió abandonar el mundo de las leyes para dedicar todas sus energías a la literatura.

Durante su etapa de estudiante, destacó como ensayista, género al que habría de contribuir con más de cien títulos a lo largo de su vida. Entre sus primeros éxitos editoriales se cuentan dos **libros de viajes**, *Un viaje al continente* y *Andanzas con una borrica por las Cevennes*, caleidoscópicos apuntes de sendas visitas a Francia realizadas entre los años 1878 y 1879. Fue allí donde conoció a Fanny Osbourne, una dama estadounidense que se había separado de su marido y viajaba con sus dos hijos. El viaje que emprendió el escritor para reunirse con su amada en San Francisco le sirvió de inspiración para escribir su principal aportación al género del ensayo, *El aprendiz de emigrante*, vívido retrato de la gran oleada migratoria que hubo en el siglo XIX de Europa a Estados Unidos.

Tras contraer matrimonio con Fanny, una vez que ésta se hubo divorciado de su anterior marido, Stevenson emprendió la difícil tarea de buscar un lugar de residencia favorable a su delicada salud, búsqueda que lo llevaría hasta Suiza, la Riviera francesa y las Highlands escocesas. Fue por esas fechas cuando empezó a cultivar el **género novelístico**, y en 1881 alcanzaría un reconocimiento inmediato con la publicación de *La isla del tesoro*, un relato de aventuras de gran carga moral inicialmente concebido como un entretenimiento para su hijastro. En 1886 vio la luz la obra más célebre de cuantas escribió, un **relato corto** titulado *El extraño caso del doctor Jekyll y mister Hyde*, una alegoría de la doble realidad, mezcla de esplendor y miseria, que se vivía en las calles de la Ciudad Vieja de Edimburgo, amén de un análisis sobre la obsesión calvinista por el sentimiento de culpa y la condenación del alma. Ese mismo año publicó la novela histórica *Secuestrado*.

En el año 1887 Stevenson abandonó definitivamente Gran Bretaña para acabar fijando su residencia en Samoa; a pesar de eso, Escocia siguió siendo su principal fuente de inspiración. Desde su exilio voluntario escribió *Catriona*, novela concebida como la continuación de *Secuestrado*, y estaba trabajando en otras dos novelas de ambientación escocesa cuando, en 1894, murió de una hemorragia cerebral. Fue enterrado en la cima del monte Vaea, que se eleva sobre el océano Pacífico.

Adam, hermano de Robert Adam. Se construyó para acoger a la Royal Exchange o cámara de comercio de la ciudad, pero los mercaderes de Edimburgo nunca acabaron de integrarse en él, prefiriendo realizar sus negocios al aire libre, en la calle, por lo que acabó convirtiéndose en la sede del Ayuntamiento. Por detrás, la fachada que da a Cockburn Street tiene doce plantas, necesarias para compensar el abrupto desnivel del terreno.

Bajo el edificio del Ayuntamiento aún se conserva el pasaje donde yace el **Mary King's Close**, construido a principios del siglo XVI. Durante muchos años permaneció cerrado debido a la epidemia de peste que asoló la ciudad en el año 1645, y más tarde, en 1753, la construcción del edificio consistorial lo sepultó del todo. Tras el estallido de la Segunda Guerra Mundial, algunos tramos fueron habilitados como refugios antiaéreos, y en la actualidad Mercat Tours (véase pág. 9) organiza regularmente breves visitas guiadas a esta suerte de «ciudad perdida», cuyo atractivo turístico no se halla exento de cierto morbo. Las visitas parten del edificio del Ayuntamiento o City Chambers. Un poco más abajo, en la misma calle, se encuentra **Anchor Close**, el lugar donde tenía su imprenta

William Smellie, artífice de la primera edición de la Enciclopedia Británica, que vio la luz en el año 1768.

En el cruce del flanco meridional de High Street y South Bridge se encuentra la **Tron Kirk**, durante muchos años el principal punto de encuentro de los edimburgueses para celebrar la Nochevieja. Más tarde, los cambios en este tipo de celebraciones fueron desplazando la animación hacia otras partes de la ciudad. Construida en la década de 1630 para dar acomodo a la congregación presbiteriana que fue desalojada de la iglesia de St Giles cuando ésta se convirtió en sede episcopal, Tron Kirk ha tenido una historia algo accidentada: a fines del siglo XVIII, su nave lateral fue demolida para poder construir el puente de South Bridge, y la aguja original del edificio no sobrevivió al Gran Incendio de 1824. Aun así, la iglesia siguió sirviendo de lugar de oración hasta el año 1952, cuando fue definitivamente clausurada. Hoy, después de más de cuarenta años, ha vuelto a abrir sus puertas convertida en sede del Old Town Information Centre (Pascua-mayo, jue.-lun., 10-13 h y 14-17 h; jun.-sept., todos los días, 10-19 h).

Las excavaciones realizadas en el interior de la iglesia han dejado al descubierto varios tramos de una antigua calle, la **Marlin's Wynd**. Los escalones adoquinados y los vestigios de las viejas construcciones que otrora albergaron librerías y mercados evocan con extraordinaria fidelidad el pasado de Edimburgo, lo que hace de este lugar una visita obligada del paseo por la Milla Real. La oficina de información comparte edificio con el **Edinburgh Old Town Renewal Trust**, fundación dedicada a la conservación y restauración del patrimonio histórico artístico de la capital, que ofrece al visitante una serie de exposiciones divulgativas sobre la historia de la Ciudad Vieja.

Más allá del cruce de North Bridge y South Bridge, de nuevo en la acera norte de High Street, se encuentra el pasaje de **Paisley Close**, presidido por el busto de un niño con una inscripción que reza: «¡Sacadme de aquí, chicos, que no he muerto todavía!» Éstas fueron las palabras masculladas en el año 1861 por un muchacho que quedó atrapado bajo los escombros de un edificio de viviendas que se desmoronó aquí. El monumento rinde homenaje al equipo de rescate que logró salvarle la vida.

En el pasaje siguiente, **Chalmer's Close,** se eleva la **Trinity Apse**, nostálgico recordatorio de la renacentista Holy Trinity Collegiate Church, antaño uno de los edificios más impresionantes de Edimburgo, que fue demolido en 1848 para ampliar la estación de ferrocarril de Waverley. Los sillares de la antigua iglesia fueron cuidadosamente numerados y almacenados en Calton Hill, para que fuera posible levantarla de nuevo en el futuro, pero la desaparición de numerosas piezas antes de que se reunieran los fondos necesarios para ello, hizo que sólo se pudiera reconstruir el ábside. En su interior se encuentra el **Brass Rubbing Centre** (lun.-sáb., 10-17 h; dom., 14-17 h durante el Festival; entrada gratuita), donde podrá poner a prueba su habilidad en el arte del calco por frotación de cruces pictas (de los pictos, pueblo indígena de Escocia) y medallones medievales (a partir de 1,20 libras).

En la acera opuesta de High Street abre sus puertas el **Museum of Childhood** (mismo horario que el Brass Rubbing Centre; entrada gratuita), un museo de la infancia fundado por un excéntrico concejal de la ciudad que, paradójicamente, no ocultaba su aversión a los niños. Aunque juraba y perjuraba que el museo era un archivo documental destinado a los adultos, lo cierto es que siempre han sido los niños sus más entusiastas visitantes, cosa que no es de extrañar dada la gran variedad de casas de muñecas, osos de peluche, títeres y otros juguetes antiguos que allí se exponen. El retorcido sentido del humor del concejal sale a flote en algunos de los letreros que acompañan a los objetos expuestos, y queda más patente que nunca en la ventana ornamental que ordenó construir junto a la entrada del museo en honor a **Herodes**.

Frente al museo se encuentra la **Moubray House** (actualmente cerrada al público), construida en el 1462. En ella se hospedó **Daniel Defoe** durante su estancia en la capital escocesa al servicio de los intereses de Inglaterra en 1706, en vísperas de la firma del Acta de Unión.

- -

La casa de John Knox, situada al final de la High Street, linda con el Netherbow Arts Centre, centro de arte dramático que bulle de actividad mientras dura el Festival de Edimburgo. Durante el resto del año, alberga exposiciones de arte y fotografía. También cuenta con una popular cafetería en la que se sirven almuerzos.

- -

John Knox's House

Plano 3, G8. Lun.-sáb., 10-16.30 h; 1,95 libras.

El edificio contiguo a la Moubray House es la célebre y muy fotografiada **John Knox's House**, una construcción de tres plantas cuyos característicos balcones de madera se proyectan sobre High Street. Elementos como la escalinata por la que se accede al interior de la vivienda, los ornamentos de inspiración bíblica y el reloj de sol coronado por un altorrelieve que representa a Moisés, dan fe de la opulencia pretérita de la Milla Real. La vivienda, cuya construcción se ha fechado hacia principios del siglo XVI, fue parcialmente destruida por el ejército inglés en 1544 y desde entonces ha sido objeto de numerosas restauraciones. Aunque se cree que Knox la habitó entre 1560 y 1572, si nos atenemos a los hechos, la relación de la casa con este apellido se limita a las postrimerías del siglo XVIII, cuando albergaba la librería conocida como «Knox the Booksellers». Lo que sí se sabe a ciencia cierta es que James Mosman, orfebre al servicio de Su Majestad la reina María Estuardo, residió en este edificio, pues las iniciales

John Knox

El reformista **John Knox** nació en la región escocesa de East Lothian hacia el año 1510. Ordenado sacerdote en 1540, trabajó como tutor y colaboró con **George Wishart**, el primer líder protestante que tuvo cierta repercusión en Escocia. Tras la muerte de éste, que fue condenado a la hoguera por herejía en 1546, Knox estableció contactos con el grupo que había asesinado al cardenal David Beaton y tomado su castillo de St Andrews en represalia por la muerte de Wishart. Al año siguiente, el grupo cayó en manos de los franceses. Knox se vio reducido a la esclavitud y fue enviado a galeras hasta que, en el año 1548, los ingleses le devolvieron la libertad.

El año en que la católica María Tudor accedió al trono de Inglaterra (1553), él huyó a Ginebra, donde no tardó en convertirse a los postulados radicales del protestantismo a ultranza que propugnaba Calvino. Fue entonces cuando escribió el tratado que más enemigos le habría de costar, una cruel invectiva que arremetía contra las tres mujeres de confesión católica que a la sazón gobernaban Escocia, Inglaterra y Francia.

Cuando se le permitió regresar a Escocia, en 1555, se convirtió en el líder espiritual de la Reforma y firmó una alianza con Isabel I, la reina protestante, sin la cual no hubiera sido posible la proclamación del protestantismo como religión oficial de Escocia en el año 1560.

El rápido despliegue de las tropas inglesas contra la guarnición francesa atrincherada en Edimburgo, supuso un golpe mortal para las aspiraciones francohispanas de restablecer el catolicismo en tierras de Escocia e Inglaterra. Y aunque al año siguiente fue coronada la católica María Estuardo como reina de Escocia, todo parece indicar que Knox supo salirse con la suya y jamás dio el brazo a torcer en sus enfrentamientos con la soberana.

Antes de su muerte, acaecida en 1572, empezó a planear la organización de la Iglesia presbiteriana escocesa. Entre otras medidas, propuso aniquilar el poder episcopal y atribuir un papel más destacado a los seglares, así como implantar un sistema de educación a escala nacional que habría de ser obligatorio para todos los jóvenes y gratuito para los más pobres. Su legado final fue la obra póstuma *Historia de la Reforma religiosa en el reino de Escocia*, en la que trata de justificar el trabajo de toda una vida.

IM y MA (correspondientes a los nombres de Mosman y de su esposa Mariota Arres) aún se conservan en la fachada occidental.

El **interior** de la casa, relativamente despojado, presenta la distribución laberíntica típica de las viviendas de la Ciudad Vieja y alberga un modesto **museo** en el que se expone material relacionado con la vida y obra de Knox, incluidas las primeras ediciones de sus escritos (entre los que se cuentan títulos tan insólitos como *Réplica a un gran número de cavilaciones blasfemas*), y también las obras de algunos de sus más destacados contemporáneos. En la primera planta se ha instalado, en memoria de James Mosman, una maqueta que reproduce el taller de un orfebre. En la segunda planta verá chimeneas adornadas con bellos azulejos flamencos (aunque su disposición es un tanto caótica), paredes revestidas de madera y frescos en los techos. El conjunto es una réplica bastante fidedigna de una vivienda edimburguesa del siglo XVI.

CANONGATE

Plano 3, H8.

En la zona vertebrada por Canongate que, desde 1128, y a lo largo de más de 700 años, fue un burgo independiente, oficialmente separado de la capital escocesa, se invirtieron, a

CANONGATE

partir de 1950, muchos esfuerzos para restaurar su deteriorada arquitectura. En los últimos tiempos los trabajos se han centrado sobre todo en los alrededores de Holyrood, donde actualmente se está levantando la nueva sede del Parlamento escocés, así como varios hoteles y oficinas.

En la acera norte de la calle, de camino a Holyrood, se encuentran dos grandes edificios de viviendas comunales, el **Shoemaker's Land,** en el n.º 197, y el **Bible Land**, que ocupa los inmuebles 183-187, construidos ambos en el momento de máximo esplendor de la Ciudad Vieja a expensas del gremio de cordeleros, uno de los más poderosos de Edimburgo. El emblema del gremio, una navaja coronada y flanqueada por querubines, preside sus entradas.

Junto a la entrada a Canongate, en la acera orientada al sur, se halla la **Chessel's Court**, una construcción de mediados del siglo XVIII con unas extravagantes chimeneas de inspiración rococó. Se la conoce sobre todo por haber sido la sede del extinto Excise Office (servicio de aduanas), escenario del robo que daría pie a la detención y ejecución de Deacon Brodie (véase recuadro, pág. 33).

Un poco más adelante, en la acera opuesta de la calle, se encuentra el **Canongate Tolbooth**, edificio coronado por un campanario en forma de torre que en el pasado fue ocupado por la administración de la ciudad y más tarde sirvió de cárcel. Hoy alberga **The People's Story** (lun.-sáb., 10-17 h; dom., 14-17 h, durante el Festival; entrada gratuita), un animado museo dedicado a los oficios y vida cotidiana de las gentes de Edimburgo a través de los siglos, con documentos sonoros y visuales que ilustran varios aspectos del día a día en la ciudad, entre los que no falta el típico pub escocés. El edificio aledaño, **Canongate Kirk**, fue construido en la década de 1680 para acoger a la congregación expulsada de la abadía de Holyrood (véase pág. 55) cuando ésta fue requisada por Jacobo VII (Jacobo II de Inglaterra) para entregársela a la Orden del Cardo. La iglesia posee un sorprendente trazado arcaico por su aspecto todavía renacentista, pero fue levantada sobre una planta cruciforme que difícilmente se debió de avenir en aquella época con los ideales y preceptos de la fe protestante.

Desde el camposanto aledaño, uno de los más distinguidos de la ciudad, se obtienen unas soberbias vistas de Calton Hill. Entre los personajes ilustres que se encuentran sepultados aquí, cabe destacar a Adam Smith, padre de la moderna economía política, Agnes McLehose (más conocida como la «Clarinda» de Robert Burns) y Robert Fergusson, considerado por muchos el poeta más insigne que ha dado Edimburgo, fallecido a la temprana edad de 24 años. La lápida que preside su tumba fue donada por Burns, ferviente admirador suyo y autor de su epitafio.

Frente a Canongate Kirk se eleva la **Huntly House** (lun.-sáb., 10-17 h; dom., 14-17 h, durante el Festival; entrada gratuita). El edificio principal, cuya construcción se remonta a fines del siglo XVI, fue adquirido por el gremio de herreros en 1647 y convertido en un bloque de apartamentos. En el año 1927 fue objeto de una remodelación, y desde entonces ha sido utilizado como **museo de historia de la ciudad**. Entre sus principales atractivos se incluye una estrafalaria colección de antiguos letreros de comercios, algunos de ellos del siglo XVIII, así como las exposiciones sobre los oficios tradicionales de la zona —vidrieros, plateros, ceramistas, relojeros—, además de una retrospectiva sobre la carrera militar del conde de Haig. En sus salas también es posible contemplar el documento original del National Covenant de 1638 (véase recuadro, pág. 70). La ciencia moderna ha sido incapaz de confirmar si, como asegura la leyenda, alguno de los firmantes del tratado utilizó su propia sangre para firmarlo.

En la misma acera de la calle, el angosto pasaje de Crichton's Close conduce a la **Scottish Poetry Library** (lun.-vier., 12-18 h; sáb., 12-16 h, durante el Festival; entrada gratuita), pequeño reducto de elocuencia arquitectónica moderna rodeado de monstruosas edificaciones y proyectos urbanísticos concebidos a gran escala. Para la fachada oriental del edificio se ha aprovechado una sección de la antigua muralla de la ciudad, mientras que en las restantes se ha conseguido un diseño atractivo y vanguardista, resultado de combinar materiales como el ladrillo, la madera, el cristal, la piedra de Caithness y los azulejos de color azul. La biblioteca, que fue trasladada de la Milla Real a este lugar en 1999, contiene la colección más exhaustiva de poesía escocesa de todo el país. Los visitantes pueden entrar y leer a su antojo libros, revistas y folletos, o bien escuchar grabaciones de poemas recitados en inglés, escocés y gaélico. De vez en cuando, a lo largo del año, se celebran en ella lecturas de poemas y otros acontecimientos literarios.

El último tramo de la Milla Real vive en la actualidad un proceso radical de transformación, espoleado por la decisión de ubicar, al final de la calle, frente al palacio de Holyroodhouse, la nueva sede del Parlamento escocés. Así pues, muchos de los antiguos, inmensos y en su mayoría abandonados almacenes y naves industriales que ocupaban esta zona están siendo reconvertidos o demolidos para dar paso a nuevos hoteles y oficinas (para más información, véase pág. 56). No obstante, la mayoría de los edificios de interés histórico se están conservando, entre ellos varias mansiones del siglo XVII situadas en el extremo oriental de Canongate. Éste es el caso de la **Panmure House**, que durante algún tiempo fue la residencia de Adam Smith. Al final de la calle, en la esquina con la calle residencial **Whitehorse Close,** se elevaba antaño el mesón del que partían las diligencias a Londres, un edificio que resumía todas las características más notables de la arquitectura tradicional escocesa: tejados de remate escalonado, buhardillas, plantas superiores sobresalientes y escaleras externas de trazado curvilíneo.

Holyrood
y alrededores

Justo donde acaba Canongate, el último tramo de la Milla Real, empieza el barrio real de **Holyrood**, que acoge dos edificios emblemáticos: el palacio de Holyroodhouse, construido en el siglo XVII, residencia oficial del monarca durante sus visitas a la ciudad, y la abadía de Holyrood, edificada en el siglo XII. En la actualidad, toda la zona está cambiando a pasos agigantados debido a la construcción frente al palacio de la nueva sede del **Parlamento escocés**. Los trabajos están en marcha y su conclusión se prevé para el año 2002. En los alrededores han empezado a surgir nuevos hoteles, edificios de oficinas y atracciones turísticas.

Los orígenes de Holyrood se remontan al siglo XII, como se registra en un manuscrito del siglo XV que aún se conserva en el palacio: cuenta la leyenda que el monarca David I, hijo de Malcolm III y de santa Margarita, un día que salió de caza, fue atacado por un ciervo que, tras derribarle de su caballo, se dispuso a embestirlo. Desesperado, el rey trató de protegerse sujetándole la cornamenta pero al abrir los ojos se dio cuenta de que lo que estaba sosteniendo era un crucifijo, ya que el animal había desaparecido. Esa noche, escuchó en sueños una voz que le ordenó «levantar un hogar para los canónigos devotos de la Cruz». El rey obedeció al dictado divino y en el año 1128 fundó una **abadía** a la que bautizó con el nombre de Holyrood (*holy* significa «santa» y *rood* es sinónimo de «cruz»). Otra explicación —más plausible, desde luego— para el origen de la abadía es que David, el más pío de todos los reyes escoceses, sencillamente hubiera adquirido una reliquia identificada como la de Vera Cruz y hubiera decidido construir un lugar adecuado para albergarla. Durante el reinado de Jacobo II, se le añadió a la abadía una nueva ala, destinada al uso exclusivo de la corte. Por su ubicación, enclavada en un valle recóndito, la realeza prefería mil veces la abadía al desabrigado castillo como lugar de residencia. Jacobo IV habría de transformar la residencia real en un verdadero palacio, que a su vez sería reemplazado por un edificio más grandioso bautizado como **palacio de Holyroodhouse**, construido por orden de Carlos II, aunque éste jamás llegó a residir en él. De hecho, el palacio permaneció poco menos que vacío hasta que la reina Victoria empezó a visitar regularmente el reino de Escocia, costumbre que sus descendientes han perpetuado.

Más allá del palacio se encuentra el fabuloso **Holyrood Park**, una gran extensión de bosque casi silvestre y apacibles lagos dominada por la imponente silueta del **Arthur's Seat**, el volcán extinto desde cuya cima se obtienen unas extraordinarias vistas de la ciudad. Un paseo por el parque separa el palacio de la encantadora aldea de **Duddingston**, que cuenta, entre otros atractivos, con una iglesia parroquial del siglo XII y la casa en la que, según se cuenta, pernoctó el príncipe Carlos Eduardo Stuart en vísperas de la batalla de Prestonpans.

EL RECINTO DEL PALACIO

Plano 3, K8.

En el flanco norte de **Abbey Strand**, carretera que forma una suerte de vía procesional entre Canongate y Holyrood, se eleva **Abbey Lairds**, una mansión de cuatro plantas levantada en el siglo XVI, antaño hogar de aristócratas y que hoy alberga a la servidumbre real durante la estancia veraniega de la corte en el palacio.

Según reza la leyenda, María Estuardo solía acudir a un edificio cercano, conocido como **Queen Mary's Bath House**, para bañarse en vino blanco. Sin embargo, es bastante más probable que se tratara de un pabellón de verano o un palomar. Muy similar en cuanto a estilo arquitectónico es la conocida **Croft an Righ**, una pintoresca vivienda en forma de L situada en un rincón tranquilo y normalmente ignorado que queda junto al muro oriental del recinto palaciego. El extremo este de los jardines del palacio acogió en otros tiempos un hospicio, el St Anne's Yards, que a principios del siglo XIX daba cobijo a más de cien personas.

Holyroodhouse es un palacio en activo, por lo que permanece cerrado al público siempre que se celebra algún acto oficial. Normalmente, estos cierres ocupan un par de semanas a mediados de mayo y las primeras dos semanas de julio. En «temporada baja» (nov.-marzo), el personal que se encarga de su mantenimiento organiza visitas guiadas.

EL PALACIO DE HOLYROODHOUSE

Plano 5, B3. Todos los días, abril-oct., 9.30-17.15 h; nov.-marzo, 9.30-15.15 h; 5,50 libras.

Tal cual está, el **palacio de Holyroodhouse** es en su mayor parte una construcción del siglo XVII. Ahora bien, la torre del antiguo palacio se incorporó hábilmente al nuevo edificio para dar cuerpo al ala noroeste, mientras que en el extremo opuesto se levantó una casi idéntica para otorgar equilibrio a todo el conjunto.

El **patio**, delimitado en sus cuatro flancos por fachadas de tres plantas, es un ejemplo temprano del estilo palladiano y todo un alarde de purismo neoclásico que da al conjunto una armonía y unidad absolutas.

Las dependencias que componen los aposentos reales, los denominados **State Apartments**, están decoradas con paneles de madera, tapices, retratos y pinturas, todo ello coronado por la magnífica labor de estuco que recubre los **techos**. En el Morning Drawing Room (salón de día) se exponen los retratos de Jorge IV y del príncipe Carlos Eduardo Stuart, vencedor y vencido, lado a lado sobre la misma pared. No obstante, la estancia más impresionante del palacio es la denominada **Great Gallery** (gran galería), que ocupa la totalidad de la primera planta del ala norte. En el año 1745, durante la estancia del príncipe Carlos Eduardo, este salón fue el elegido para la celebración de un inolvidable

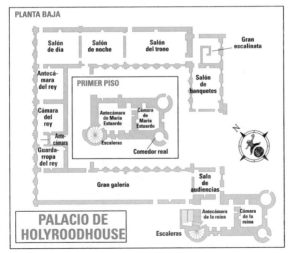

banquete, recreado con todo lujo de detalles por Walter Scott en su novela *Waverley*, y aún hoy se utiliza para celebrar grandes eventos. En las paredes de la galería encontrará 89 retratos encargados en el siglo XVII al pintor flamenco Jacob de Wit con el fin de ilustrar el linaje de la monarquía escocesa, desde sus míticos orígenes en el siglo IV a.C. El resultado —ajeno, sin duda, a la voluntad del artista— es sencillamente hilarante. Queda claro que su imaginación fue puesta a prueba hasta límites insospechados por la imposición de retratar tantos rostros distintos, sin tener ni la más remota idea de cuál era el aspecto real de los sujetos retratados. Al parecer, De Wit recorrió las calles de la Ciudad Vieja en busca de modelos para los primeros y más desconocidos rostros de la estirpe real escocesa. Aun así, uno de los rasgos faciales más recurrentes en el conjunto de los retratos es la prominente nariz que de modo inevitable recuerda la del mecenas que le encargó el proyecto, Carlos II. En la estancia adyacente, **King's Closet** (cámara del rey), el cuadro *El hallazgo de Moisés,* obra del mismo pintor, ilustra el vínculo bíblico que une todos los retratos, ya que la familia real escocesa se proclama descendiente de Escota, la hija del faraón egipcio que descubrió a Moisés entre los juncos del Nilo.

Las dependencias más antiguas del palacio, los **Historical Apartments,** datan del siglo XVI y su interés reside sobre todo en que sirvieron de residencia a María Estuardo, y en que en ellas se produjo el asesinato de David Rizzio, secretario personal de la reina, víctima de un complot urdido por el mismísimo consorte real, lord Darnley. El italiano recibió 56 puñaladas y su cuerpo fue arrastrado desde el pequeño tocador real hasta la **Outer Chamber** (antecámara), pasando por la **Queen's Bedchamber** (cámara de María Estuardo). Hasta hace pocos años, los visitantes podían contemplar en el suelo lo que se suponía eran manchas de sangre, pero en la actualidad se sabe que dichas manchas —hoy desaparecidas— eran falsas. En un armario de esta misma cámara se exponen

bordados y labores de tapicería realizados por la propia reina durante los largos días de su cautiverio en Inglaterra. Otra de las piezas destacadas de la exposición es su **retrato en miniatura**, obra de François Clouet, pintor de la corte francesa.

HOLYROOD ABBEY

Plano 5, B2.

En el recinto del palacio se encuentran las ruinas deliciosamente evocadoras de la **Holyrood Abbey**. De la iglesia original que ordenó construir el rey David I no queda más que la portada del ángulo sureste del edificio. La mayor parte de lo que hoy se ve es fruto de una reconstrucción realizada a fines del siglo XII y principios del XIII, en estilo gótico temprano.

Las ruinas de la **fachada occidental**, incluida una de las torres gemelas y el portal delicadamente esculpido, permiten hacerse una idea del esplendor que tuvo el conjunto. Por desgracia, el edificio quedó casi totalmente destruido durante el período de la Reforma. Carlos I emprendió su restauración, y trató de devolverle la armonía perdida ordenando la apertura de la gran ventana de la fachada este y la incorporación de un nuevo tejado de piedra. No obstante, el hundimiento de la cubierta en el año 1768 causó graves destrozos a las partes que aún quedaban en pie. Para entonces, la congregación de Canongate ya disponía de otro lugar de oración y los proyectos de reconstrucción cayeron poco a poco en el olvido.

EL NUEVO PARLAMENTO ESCOCÉS

Plano 5, B2.

Frente al palacio, entre Canongate y Holyrood Park, se extiende el inmenso solar en construcción que habrá de albergar la nueva sede del **Parlamento escocés**. Durante décadas, los defensores de una mayor autonomía legislativa para Escocia abogaron por ubicarlo en el edificio del Old Royal High School, situado en Calton Hill (véase pág. 105). Sin embargo, cuando la devolución de la autonomía fue ya un hecho inminente, el Scottish Office anunció de pronto que dicho edificio era demasiado pequeño para acomodar las dependencias del nuevo Parlamento y las oficinas que de él dependerían, y sugirió como alternativa otros emplazamientos, entre ellos, hasta el degradado barrio portuario de Leith. Con el tiempo, la zona de Holyrood donde hoy se está construyendo el edificio para alojarlo —antes ocupada por una destilería que había cerrado sus puertas— se fue consolidando como el lugar idóneo. El ganador del concurso público convocado para adjudicar el diseño de la flamante nueva sede del Parlamento fue la sociedad compuesta por el arquitecto catalán Enric Miralles (fallecido en julio de 2000) y la firma de arquitectos RMJM, con sede en Edimburgo. El proyecto arquitectónico presentado por Miralles y sus socios, cuya maqueta se expone en el Scottish Parliament Visitor Centre, en George IV Bridge (véase pág. 31), consta de una serie de edificaciones en forma de pétalo que —para bien o para mal— han sido comparadas con barcas puestas del revés. La nueva sede del Parlamento costará alrededor de 100 millones de libras y se espera que las obras concluyan en el año 2002. Hasta entonces, sus señorías seguirán reuniéndose en la Sala de Asambleas de la Iglesia presbiteriana de Escocia (véase pág. 27).

OUR DYNAMIC EARTH

Plano 5, B3.

Aunque el nuevo Parlamento será sin duda el edificio de nueva planta más grande que se haya levantado en esta histórica zona de la ciudad, no será ni por asomo el único recién llegado. Frente al solar en construcción, al otro lado de Holyrood Road, lo que parece un enorme acerico blanco erizado de vigas metálicas alberga el **Our Dynamic Earth** (abril–oct., todos los días, 10-16 h; nov.–marzo, miér.–sáb., 10-17 h; 5,95 libras, niños 3,5 libras, familias 16,5 libras), un sofisticado centro de ocio concebido para el esparcimiento de toda la familia, en parte museo científico y en parte parque temático, que ahonda en el conocimiento del mundo natural, repasa las teorías existentes sobre la creación de la Tierra y examina las distintas formas de vida que la habitan. Los visitantes entran en una suerte de «máquina del tiempo», en forma de ascensor, que los transporta a un pasado de hace 15.000 millones de años para contemplar la creación del universo, reproducida en cinemascope mediante sofisticados efectos videográficos. Acompañan la proyección una inquietante melodía de fondo, y una voz profunda y solemne que comenta las imágenes. Las salas siguientes ilustran la formación de la Tierra y los continentes con ayuda de potentes efectos sonoros y de un suelo que tiembla bajo los pies, mientras la serena inmensidad de los glaciares y océanos llega al espectador por medio de magníficas imágenes rodadas para la gran pantalla. La sala dedicada a las «Víctimas y supervivientes» repasa la historia de la vida en la Tierra, desde los pantanos que sirvieron de caldo de cultivo a las primeras bacterias, hasta las reproducciones a escala real de algunas de las más insólitas criaturas que antaño habitaban nuestro planeta. Más adelante, las regiones polares y las junglas tropicales son objeto de una imaginativa recreación en la que no faltan pantallas interactivas y efectos especiales.

HOLYROOD PARK

Plano 5.

Holyrood Park, también conocido como Queens's Park, es el parque natural que anida en el corazón mismo de la capital escocesa y que constituye uno de los principales atractivos de la ciudad. En un área cuyo diámetro no supera los 8 kilómetros se concentra una apabullante variedad de paisajes

De excursión por Holyrood Park

Uno de los paseos más populares por Holyrood Park es subir a la **cima de Arthur's Seat**, el punto más elevado de la ciudad. La ruta más sencilla sale del aparcamiento situado junto a **Dunsapie Loch**. La escalada propiamente dicha, menos ardua de lo que parece, dura unos 20 minutos y empieza con una suave pendiente que se va haciendo cada vez más pronunciada. También es posible iniciarla desde **Duddingston**, que se halla unido con el punto de partida de Dunsapie por un largo tramo de escalones y un empinado sendero.

Una ruta más larga pero también más gratificante es la que empieza en la entrada misma del parque, junto al palacio de Holyroodhouse. Desde este punto, hay que cruzar Queen's Drive y enfilar el sendero que rodea St Margaret's Well en dirección a St Margaret's Loch y St Anthony's Chapel. Antes de llegar a la capilla, el sendero tuerce hacia el sur y se interna en la cañada poco profunda de **Dry Dam**. A partir de este punto, el terreno dibuja una pendiente de contorno regular por la cara norte de Arthur's Seat que culmina en la cima del monte. La excursión dura aproximadamente 1 hora 30 minutos.

Otra ruta alternativa, igual de bonita, es la que recorre el camino de **Radical Road,** que avanza al pie de la Salisbury Crags, una cadena de formaciones rocosas basálticas que llega a alcanzar 120 metros de altura. Se puede tomar este sendero, tanto desde Holyrood como desde Newington; el descenso se convierte en un grato paseo por los arcenes alfombrados de hierba que flanquean Queen's Drive. Los más audaces y amantes de la soledad, pueden cruzar la cima de los peñascos, aunque es mejor no acercarse demasiado a los bordes, ya que se corre el peligro de resbalar o provocar un desprendimiento de tierra.

Si quiere saber más sobre la formación y composición de Arthur's Seat, únase a una de las **excursiones en grupo** que organiza Geowalk; el guía es un geólogo debidamente cualificado. Las excursiones duran una 1 hora 30 minutos, y salen todos los miércoles, viernes y domingos a las 14 h, del aparcamiento situado junto a la entrada de Holyrood (☏0131/555 5488; 5 libras).

—montañas y peñascos, páramos y ciénagas, cañadas, lagos y planicies— que configuran una suerte de microcosmos en el que está representada la rica gama de paisajes de Escocia. El punto más elevado del parque natural es la cima de Arhur's Seat, el promontorio volcánico situado en la parte sur, y su altiva supremacía es la causa de que a menudo los edimburgueses empleen su nombre para referirse al parque. Éste se encuentra rodeado en toda su extensión por una única carretera asfaltada, la **Queen's Drive**.

Desde la entrada al recinto del palacio, avanzando por Queen's Drive en el sentido de las agujas del reloj, a unos 10 minutos a pie, se encuentra el lago artificial de **St Margaret's Loch**, construido en el siglo XIX. Un poco más arriba encontrará las maltrechas ruinas de **St Anthony's Chapel**, otro privilegiado mirador. Desde este punto, la carretera avanza en un solo sentido y serpentea hasta **Dunsapie Loch**, un nuevo lago artificial en cuyas quietas aguas se refleja un imponente peñón.

Arthur's Seat

Plano 5, D6.

El majestuoso volcán extinto de **Arthur's Seat** o «asiento de Arturo», que se eleva 250 metros por encima del nivel del mar, es sin duda el accidente físico más notable de Edimburgo; visto desde poniente, sugiere la silueta de un enorme león agazapado. No existe ninguna explicación fehaciente para el origen de su nombre. Poco sentido tendría, desde luego, rela-

ARTHUR'S SEAT

cionarlo con el legendario rey de Camelot. Una teoría más plausible sugiere que el nombre es una forma derivada de la perífrasis gaélica *Ard-na-Said*, que significa «altura de las flechas» y habría sido acuñado a principios del siglo XII, cuando esta extensión boscosa era una zona de caza.

Varios son los caminos que conducen a la cima de Arthur's Seat, pero el más rápido es el que parte de Dunsapie Loch (véase recuadro, pág. 58). Una vez conquistada la cima, las vistas no defraudan, pues se ve toda la ciudad y buena parte del firth of Forth. En un día claro, se pueden divisar incluso las montañas más meridionales de las Highlands escocesas. En julio de 1829 el compositor Félix Mendelssohn lo subió, y comentó la experiencia en los siguientes términos: «¡Aquí todo es tan hermoso! Al atardecer, una fresca brisa llega desde el mar y todos los objetos se perfilan con suma nitidez sobre el cielo gris; en las ventanas, las luces brillan con fulgor.»

DUDDINGSTON

Plano 5, F6.

Avanzando por Queen's Drive, la carretera que rodea Arthur's Seat, el visitante llega a una rotonda desde la que sale un desvío que conduce a una segunda rotonda. Si toma la primera salida, pasará por debajo de **Samson's Ribs** (las costillas de Sansón), un grupo de columnas basálticas sorprendentemente evocadoras de las columnas de la isla de Stafia, en el archipiélago de las Hébridas, y llegará a **Duddingston Loch**, el único lago natural del parque, convertido hoy en refugio de varias especies de aves. Por encima del lago, en las lindes mismas del parque, verá una iglesia, **Duddingston Kirk**, encaramada a la falda de la montaña. Preside una de las aldeas tradicionales mejor conservadas de Edimburgo, cuya construcción se remonta en parte al siglo XII. Junto a la entrada de la iglesia se conserva un *loupin-on-stane* o plataforma empleada para subir a lomos de las monturas y, colgando de la pared, el collarín y la cadena de hierro que se utilizaban antaño para castigar a los pecadores. Según la leyenda, en 1745 —en vísperas de su victoria en la batalla de Prestonpans— el príncipe Carlos Eduardo Stuart se hospedó en el **8 Duddingston Causeway**, una vivienda de aspecto humilde construida en 1721. Es posible llegar a Duddingston a pie cruzando Holyrood Park. Para volver al centro de la ciudad, no tiene más que tomar el autobús 42/46 en cualquier dirección desde Duddingston Road West, aunque primero, quizá le apetezca hacer un alto en el camino y refrescarse el gaznate en el excelente Sheep Heid Inn (véase pág. 257).

Al sur de la Milla Real

Antes de que se construyeran los viaductos de George IV Bridge y Southbridge, la principal arteria de la Ciudad Vieja al sur de la Milla Real, era **Cowgate**, que debe su nombre (literalmente, «puerta de las vacas») a que antes era el paso obligado para conducir el ganado hasta el mercado de la ciudad. Unida a la zona de Holyrood por su extensión oriental, Holyrood Road, Cowgate se ha convertido hoy en una calle sombría, incluso durante las horas de sol, debido a los elevados edificios que flanquean sus aceras. Además, aparte de **St Cecilia's Hall** y de la **Magdalen Chapel**, poco tiene que ofrecer al visitante diurno. Por el contrario, de noche, sus numerosos clubes nocturnos la convierten en una de las calles más animadas de la ciudad, aunque el ambiente que se respira por aquí puede resultar un tanto sórdido. El extremo occidental de la calle conduce a la amplia plaza de **Grassmarket**, situada al pie de Castlehill y custodiada por los escarpados riscos de la falda meridional del monte, donde durante siglos se celebró la feria de ganado de la ciudad. Esta plaza fue también testigo de ejecuciones y de otros episodios truculentos de la historia de Edimburgo, como las andanzas de Burke y Hare, los famosos profanadores de tumbas. Un poco más al oeste se encuentra el **barrio de los teatros**, cuya actividad se concentra en dos calles, Lothian Road y Grindlay Street.

Hacia el sur de Grassmarket se elevan **Greyfriars Kirk** y el inconfundible edificio de arenisca que alberga el **National Museum of Scotland**, nuevo santuario de los tesoros más preciados del país. Justo al lado está el **Royal Museum of Scotland**, que acoge una impresionante miscelánea de exposiciones y objetos llegados de todo el mundo. Más allá de este museo se encuentra la **Universidad de Edimburgo**, sin duda el edificio más simbólico de esta parte de la ciudad, cuyos dominios se extienden hasta el barrio de **Southside** y la zona verde conocida como **The Meadows**.

COWGATE

Plano 3, H3.
Aparte de ser una de las calles más antiguas de la ciudad, en su día **Cowgate** fue también una de las más selectas. No obstante, tras la construcción del Southbridge y del George IV Bridge para comunicar las ciudades Vieja y Nueva, quedó sepultada bajo el nivel del suelo. Además, el desvío del suministro de agua de la Ciudad Vieja a la nueva zona residencial provocó graves carencias en las zonas más meridionales de la primera y, en la década de 1840, dio origen a brotes esporádicos de cólera. Hans Christian Andersen, que visitó la ciudad por aquellas fechas, escribió lo siguiente: «la pobreza y la miseria parecen brotar en todo momento de los agujeros que hacen las veces de ventanas».

St Cecilia's Hall

Plano 3, H3. Miér. y sáb., 14-15 h; 3 libras.
En la esquina de Cowgate y Niddry Street se encuentra **St Cecilia's Hall**, la sala de conciertos más antigua de Escocia.

Fundada por la Musical Society of Edinburgh en el año 1763, conoció décadas de prosperidad ininterrumpida hasta que el desarrollo de la Ciudad Nueva empezó a desviar hacia allí a los amantes de la música. Tras haber servido durante algún tiempo como logia masónica, la sala fue adquirida por la Universidad de Edimburgo y en 1966, tras una concienzuda restauración, recuperó su función original.

Para más información sobre la programación musical de St Cecilia's Hall, véase pág. 263.

Por fuera, el edificio no promete mucho. La entrada original, que da a Niddry Street, está ennegrecida y llena de suciedad y la nueva, construida en 1960, parece un mingitorio público. Ahora bien, dentro alberga una hermosa estructura abovedada que ha sido restaurada y ampliada para acoger la **colección Russell** de antiguos instrumentos de teclado, entre los que se incluye una amplia variedad de monocordios, espinetas, clavicordios y clavicémbalos, la mayoría en perfecto estado de conservación, como le demostrarán de buena gana los encargados. Hoy por hoy, la colección es bastante discreta, pero existen planes para enriquecerla en los próximos años con los impuestos que se obtengan de la lotería nacional.

Magdalen Chapel

Plano 3, E4. Lun.-vier., 9.30-16.30; entrada gratuita.

Hacia el extremo occidental de Cowgate se eleva la **Magdalen Chapel**, una hermosa capilla construida entre los años 1541 y 1544 con los fondos donados por Michael MacQueen, destacado prohombre de la ciudad. Los restos mortales de su esposa, Janet Rynd, descansan en una sepultura discretamente ubicada en el extremo sureste del edificio. La capilla alberga un orfanato que, a la muerte de MacQueen, pasó a funcionar bajo los auspicios del gremio de herreros, una hermandad a la que pertenecían casi todos los trabajadores del metal de Edimburgo, incluidos los orfebres. La capilla de santa Magdalena, uno de los puntos clave de la Reforma, fue con toda probabilidad el lugar donde se celebró la primera reunión de la Asamblea General de la Iglesia presbiteriana de Escocia.

En la década de 1620, herreros y orfebres añadieron a la construcción una hermosa torre y un campanario. Más tarde, la convirtieron en sede del gremio y, como era de esperar, la enriquecieron con delicados ornamentos de hierro forjado. Lo más interesante de todo es el conjunto de vidrieras circulares, de brillante colorido y motivos heráldicos, que iluminan el muro orientado al sur. Su valor estriba en que son las únicas vidrieras anteriores a la Reforma que han sobrevivido *in situ*. Especial mención se merece la que ocupa el extremo izquierdo inferior del muro y que representa el escudo de armas de la familia MacQueen; si se fija bien, verá las cabezas de diversos indígenas.

La capilla ha tenido muchos y variados usos a lo largo de los siglos, desde lugar de sepultura de los *covenanters* que fueron ahorcados en Grassmarket (véase recuadro, pág. 70), a sala de exposiciones de los más curiosos artilugios mecánicos durante el siglo XVIII y, más cerca en el tiempo, sede de la Edinburgh Medical Missionary Society. La reciente restauración de la capilla, que hoy se utiliza de forma ocasional para la celebración de conciertos, ha supuesto un punto de inflexión en su larga decadencia.

GRASSMARKET

Plano 3, C4.

En su extremo occidental, Cowgate desemboca en la plaza **Grassmarket**, testigo de algunos de los episodios más oscuros y siniestros de la convulsa historia de Edimburgo. En ella estaba instalado el patíbulo de la ciudad, y en ella estallaron

Los comercios de Grassmarket y Victoria Street

A lo largo de **Grassmarket** y **Victoria Street** encontrará la más ecléctica y pintoresca selección de tiendas de Edimburgo. Cerca del extremo oriental de Grassmarket (el West Bow o «recodo occidental», valga la paradoja), abren sus puertas Armstrongs, que se dedica a la venta de **ropa de segunda mano** —hay desde formales trajes de ceremonia hasta los modelos más desenfadados de los años setenta— y The Cooks Bookshop, librería regentada por Clarissa Dickson —célebre presentadora del programa de televisión *Two Fat Ladies* (Dos damas gruesas)— en la que se venden toda clase de libros relacionados con el arte culinario. No deje de pasar por 40 Victoria Street, donde Robert Cresser fundó en tiempos inmemoriales una diminuta y umbría tienda exclusivamente dedicada a la venta de **escobas y cepillos** de todas las formas y tamaños imaginables. En la acera de enfrente encontrará el célebre *Bow Bar*, uno de los mejores **pubes** tradicionales de Edimburgo, con sus paredes de madera y entrañables espejos antiguos. Un poco más arriba, de nuevo en la acera que da al castillo, un inconfundible y penetrante aroma lo guiará hasta Mellis, selecta **quesería** en cuyas estanterías de madera se apila una increíble selección de quesos, procedentes en su mayor parte de Gran Bretaña. El edificio de enfrente, Byzantium, bastante alto, alberga varias tiendas y puestos de venta de **joyas** y **antigüedades,** amén de una excelente **cafetería** en la última planta.

también numerosas revueltas y otros disturbios a lo largo de los siglos. Fue en Grassmarket, por ejemplo, donde murió linchado, en el año 1736, el capitán Porteous, tras haber dado a sus soldados la orden de abrir fuego sobre la muchedumbre que contemplaba una ejecución pública. En un antiguo pasaje hoy desaparecido que hacía esquina con el extremo oeste de Grassmarket tenían su guarida los célebres profanadores de tumbas William Burke y William Hare, que, además, atraían a la gente a este lugar para darles muerte y vender luego su cadáver al eminente físico Robert Knox. La siniestra actividad de la pareja terminó el día en que Hare delató a su compinche, que fue condenado a muerte en 1829. Hoy, Grassmarket no ha perdido del todo su traza arrabalera, aunque los concurridos bares y restaurantes que jalonan su flanco norte dan fe del notable esfuerzo que se ha hecho por limpiar la imagen de la plaza.

En el extremo noreste verá cinco viejos edificios de viviendas comunales, último vestigio del antiguo **West Bow**, nombre por el que se conocía la calle de sinuoso recorrido que antaño unía esta plaza con la Milla Real. West Bow desapareció en la década de 1840 para dar paso a **Victoria Street**, una calle de trazado curvo flanqueada por edificios de dos niveles: al nivel de la calle se suceden entrañables tiendas antiguas presididas por arcadas; sobre ellas se elevan las tradicionales hileras de viviendas adosadas. Victoria Street sube hasta **George IV Bridge** y la **National Library of Scotland** (lun.-sáb., 10-17 h; dom., 14-17 h; entrada gratuita), que acoge una magnífica colección de manuscritos miniados, incunables y documentos históricos, así como cartas y otros escritos que llevan la firma de las máximas figuras de la literatura escocesa.

LOTHIAN ROAD Y EL SUROESTE

Plano 2, C7.
La zona que se extiende al oeste de Grassmarket, antaño conocida como Portsburgh, era un burgo extramuros que presumía de ser independiente de la capital, aunque en la práctica no era más que un feudo de Edimburgo. A partir de la década de 1880, a raíz de la construcción del Royal Lyceum Theatre en Grindlay Street, la zona se fue convirtiendo pau-

latinamente en un verdadero «barrio del teatro». En fechas más recientes, los alrededores de **Lothian Road**, que discurre en dirección al sur desde el extremo occidental de Princes Street, ha visto surgir un buen puñado de nuevas construcciones, entre las que se destacan dos grandes sedes bancarias y el Edinburgh Conference Centre. El **Museum of Fire** (hay que concertar la visita con antelación; ©0131/228 2401; entrada gratuita), situado en Lauriston Place, junto a la Art School, evoca la historia de la brigada municipal de bomberos más antigua de Gran Bretaña, cuya fundación se remonta al año 1824. El museo alberga una pequeña colección de coches de bomberos, tanto de tracción animal como motorizados. Al sur del museo, en el extremo opuesto al inmenso hospital bautizado como Edinburgh Royal Infirmary y el principal campus universitario de la ciudad, se extienden las amplias zonas verdes de **The Meadows** y **Bruntsfield Links**, que separan la Ciudad Vieja de los elegantes barrios residenciales victorianos de las afueras de Edimburgo. Al sur de The Meadows, una placa conmemorativa que cuelga de la fachada del Sciennes Hill House, en Sciennes Hill Place, da fe del único encuentro constatado entre Robert Burns y sir Walter Scott, que tuvo lugar en el año 1787. Al otro lado de la calle hay un diminuto cementerio judío. Entre los barrios de la periferia se destaca sobre todo el **Morningside**, cuyo ambiente remilgado y formal quedó inmortalizado en la novela *Primeros pasos de Jean Brodie*, de Muriel Spark. A decir verdad, poco ha cambiado desde entonces.

LA ZONA DE GREYFRIARS

Plano 3, E5.
En el extremo suroeste de George IV Bridge se eleva la estatua de **Greyfriars Bobby,** una de las atracciones turísticas más conmovedoras de Edimburgo. Bobby, un perro de la raza terrier, adquirido y adiestrado por un agente de policía que aten-

día al nombre de John Gray, inició a la muerte de éste, acaecida en el año 1858, una larga vigilia junto a su tumba, que no habría de interrumpir hasta su propia muerte, 14 años más tarde. Durante este período, Bobby se convirtió en una celebridad que los vecinos se encargaron de alimentar y cuidar. Incluso llegaron a comprarle un collar especial, que hoy se puede ver en el Huntly House Museum (véase pág. 48), para impedir que se lo llevaran por equivocación a la perrera municipal. Su estatua fue esculpida del natural y erigida poco después de su muerte. La fama de Bobby ha traspasado fronteras gracias a una serie de empalagosos libros y lacrimógenos filmes.

La sepultura junto a la cual Bobby lloraba la muerte de su amo se encuentra en **Greyfriars Kirkyard**, camposanto al que se accede por una verja situada detrás de la estatua y en el cual descansan también numerosas personalidades de la ciudad, como el poeta y novelista **Allan Ramsay** (padre) o el arquitecto **James Craig**, artífice de la Ciudad Nueva. Entre los abundantes y grandiosos monumentos funerarios de los siglos XVII y XVIII que jalonan el cementerio, destaca sobre todo el impresionante mausoleo de la familia Adam, que dio a la ciudad varias generaciones de grandes arquitectos. No obstante, Greyfriars Kirkyard se asocia principalmente con la larga lucha por la implantación de la **religión presbiteriana** en Escocia, ya que en 1638 fue el escenario elegido para la firma del National Covenant; en 1679 cerca de 1.200 firmantes de dicho acuerdo fueron encarcelados en un recinto que había junto al extremo suroeste del cementerio. Junto al muro septentrional se eleva el **monumento a los mártires**, erigido en el año 1706, cuya inscripción —añadida más tarde, en 1771— reza:

Aquí yacen sepultados los restos mortales de aquellos
que se alzaron contra el perjurio y resistieron hasta la muerte.

Inexpugnable como pocas es la verja de hierro que se alza a lo largo del camino que bordea el muro sur de la iglesia, di-

LA ZONA DE GREYFRIARS

Los *covenanters*

Cuando en 1637, convencido del origen divino de los monarcas, Carlos I trató de imponer al pueblo escocés un nuevo devocionario y reemplazar los preceptos presbiterianos por los de la Iglesia episcopal, tuvo que hacer frente a una fuerte oposición popular. Indignados ante el alarde de prepotencia del rey, un grupo de importantes personalidades escocesas redactó el **National Covenant**, un manifiesto en el que se apelaba a «un glorioso matrimonio entre el Todopoderoso y el reino de Escocia» conservando la estructura eclesiástica presbiteriana. La firma del documento que certificaba la fundación de esta alianza tuvo lugar en Greyfriars Kirkyard al año siguiente, y en él estamparon su nombre cerca de 5.000 ciudadanos, a los que les seguirían 300.000 más a lo largo y ancho de Escocia. En noviembre de 1638, la Asamblea General de la Iglesia presbiteriana de Escocia condenó las reformas episcopalianas emprendidas por Carlos I, y los miembros de la alianza, los *covenanters*, se prepararon para trabar combate con las fuerzas leales a la corona. Tras el estallido de la guerra civil en Inglaterra, los presbiterianos establecieron lazos de unión con los grupos ingleses que se oponían a la monarquía a través de la **Solemn League and Covenant** (1643).

En 1649, tras la ejecución de Carlos I, la aceptación por parte de su sucesor, Carlos II, de las condiciones exigidas por la alianza persuadió a los escoceses de que debían respaldar al monarca. Sin embargo, esto los enemistó con Oliver Cromwell, que envió sus soldados a los confines septentrionales del reino, derrotó al ejército escocés y conquistó buena parte del territorio nacional, incluido el castillo de Edimburgo.

Tras el restablecimiento de la monarquía en 1660, Carlos II renegó de su compromiso con los *covenanters* y trató de volver a introducir el episcopalismo en Escocia. Los defensores de la fe presbiteriana se vieron obligados a celebrar misa en secreto y sufrieron una larga persecución. En 1679, tras la batalla de **Bothwell Bridge**, cerca de 1.200 *covenanters* fueron encarcelados en Greyfriars Kirkyard durante cuatro meses. Muchos murieron. Otros, los que prometieron no volver a rebelarse contra el monarca, fueron liberados, y los restantes obligados a embarcar rumbo al archipiélago de las Barbados, aunque la embarcación naufragó frente a las islas Orcadas, y sólo se salvaron 40 pasajeros. La resistencia presbiteriana, debilitada tras este duro golpe, se vio reducida a un núcleo de incondicionales —los *cameronians*— que sobrevivió hasta bien entrado el siglo XVIII.

señada con la finalidad de impedir el paso a los profanadores de tumbas. Poco después de haber sido fundada la Universidad de Edimburgo, la súbita escasez de cadáveres para las prácticas de disección estuvo en el origen de varios casos de profanación de tumbas. En una fecha tan temprana como 1711, más de 100 años antes de las fechorías de Burke y Hare, el Real Colegio de Cirujanos hizo constar en un informe que «De un tiempo a esta parte hemos tenido que lamentar la violación de varios sepulcros en el camposanto de la iglesia de Greyfriars, perpetrada por alguien que, contraviniendo todos los preceptos de la ley de Dios, se ha dedicado a robar, o cuando menos a intentar sustraer, los cuerpos de los difuntos de las sepulturas en las que descansan».

Con su halo de leyenda e historia, lo cierto es que el cementerio de Greyfriars eclipsa un poco a la propia **Greyfriars Kirk**, la iglesia que le ha dado nombre y la primera construida en Edimburgo tras la Reforma, concretamente en el año 1620. Se trata de una verdadera rareza, tanto por su trazado como por su distribución, ya que dispone de una nave central y dos naves laterales, pero carece de presbiterio y respeta el anacrónico lenguaje arquitectónico del monasterio que antes ocupaba este lugar, como evidencian las ventanas, arcos y contrafuertes de estilo medieval.

Junto al extremo occidental de Greyfriars Kirkyard se halla uno de los tramos mejor conservados de la **Flodden Wall**, la antigua muralla de la ciudad, levantada tras la estrepitosa derrota militar infligida a los escoceses en 1513. Desde este punto, a través de una verja que no siempre está abierta, se puede acceder al **George Heriot's School**, al que también se llega desde la Lauriston Place, ubicada más al sur. Fundado como hospicio infantil por «Jinglin Geordie» Heriot (algo así como «Jorgito el de los cascabeles»), orfebre de Jacobo VI, el edificio alberga hoy uno de los colegios de pago más selectos de Edimburgo. Durante las vacaciones de verano, los alumnos de los últimos cursos ofician de anfitriones en las **visitas guiadas** (jul.-mediados agos., lun.-vier., 10-12 h y 13-16 h, sáb., 10-12 h). Durante el resto del año, el colegio permanece cerrado a los visitantes, aunque es posible acceder al patio interior y admirar las torres, torrecillas, chimeneas, puertas labradas y ventanales que lo rodean y que conforman uno de los conjuntos más soberbios del Renacimiento escocés.

EL NATIONAL MUSEUM OF SCOTLAND

Plano 3, F5. Lun.-sáb., 10-17 h; mar., 10-20 h; dom., 12-17 h; 3 libras, incluida la entrada al Royal Museum of Scotland; mar., 16.30-20 h, entrada gratuita; abono anual, 5 libras.

Frente a la estatua de Greyfriars Bobby, en la acera meridional de Chambers Street, se eleva el impresionante edificio de arenisca dorada que alberga el **National Museum of Scotland.** Inaugurado en el año 1998 entre merecidos y unánimes aplausos, tanto por su elegante diseño arquitectónico como por su tratamiento imaginativo y a la vez respetuoso de los tesoros nacionales, es sin duda el mejor museo de Escocia. Al ambiente moderno y diáfano del edificio se añade su variada y magnífica oferta, que abarca desde grandes obras de arte es-

NATIONAL MUSEUM OF SCOTLAND: PLANO DE LAS PLANTAS

PLANTAS

Ascensor a la azotea
(todas las plantas)

Roof Terrace

(Azotea)

7

Twentieth Century

(Siglo xx)

6

Acceso a
Tower
Restaurant ◄

Ascensor
de cristal
(plantas
0, 1, 3, 5)

Industry & Empire

(Industria e Imperio)

5

Industry & Empire

(Industria e Imperio)

4

Acceso a
Discovery
Centre ◄

Scotland Transformed

(Transformación de Escocia)

3

2

Acceso a
Royal Museum,
tienda y
cafetería ◄

Hawthornden Court,
Información
🕐

Kingdom of the Scots **ENTRADA** ◄

(Reino de Escocia)

1

Beginnings

(Orígenes)

Early People

(Primeros pobladores)

0

pecialmente encargadas para el museo, al fascinante **Discovery Centre**, concebido para los visitantes de entre 5 y 14 años, pasando por el banco de datos **exhiBIT**, que permite consultar información sobre las colecciones expuestas, sin olvidar el **Tower Restaurant,** un elegante y sofisticado restaurante que ofrece fantásticas vistas de la ciudad y que también abre por las noches (véase pág. 215).

Aunque durante décadas los escoceses se habían lamentado de no poseer un museo nacional, hasta fines de los años ochenta no se reunieron los fondos necesarios para poner en marcha el proyecto, que todavía hubo de esperar a 1996 para ponerse en marcha. El edificio del museo, diseñado por los arquitectos Benson & Forsyth, se construyó en su mayor parte de piedra arenisca procedente de una cantera cercana a la localidad de Elgin, en el noreste de Escocia. La característica más notable de la fachada es la torre de planta cilíndrica que acoge la entrada principal. Su peculiar diseño contrasta con las líneas angulares y modernas del conjunto y evoca la forma del Half Moon Battery, el «bastión de la medialuna» del castillo de Edimburgo. Sus grandes ventanales permiten al transeúnte vislumbrar el interior del museo. Este efecto transgresor de los límites espaciales se repite dentro del edificio, donde el inesperado atisbo de las plantas superior e inferior o de la propia calle subraya la segmentación de las distintas etapas de la historia de Escocia.

La entrada principal al museo se encuentra en la base de la torre, aunque también es posible acceder a él por el aledaño Royal Museum of Scotland (véase pág. 79). El mostrador de información, situado en **Hawthornden Court**, patio central del museo, es un buen punto de referencia. En esta planta encontrará también la tienda del museo, el mostrador de las guías sonoras y el acceso a la cafetería del Royal Museum. El reluciente folleto informativo que podrá adquirir (4,99 libras) es más un recuerdo fotográfico que una guía propiamente dicha, aunque a lo largo del día hay varias visitas guiadas, gratuitas, que permiten a los visitantes informarse sobre distintos temas. Los auriculares disponibles en el mostrador arriba indicado también ofrecen información detallada sobre las exposiciones.

Orígenes y primeros pobladores

Para visitar la primera sección del museo, titulada **Beginnings** (Orígenes), tendrá que bajar, ya sea en ascensor o por las escaleras, desde Hawthornden Court hasta la planta 0. Allí se narra la historia de Escocia, antes de la llegada del hombre, a través de montajes audiovisuales, recreaciones artísticas, y una selección de rocas y fósiles entre los que se incluye una muestra de gneis lewisiano, la roca más antigua de Europa, y «Lizzie» *(Westlothiana lizziae),* el reptil fosilizado más antiguo que se conoce en el mundo.

La segunda sección del museo, **Early People** (Primeros pobladores), ubicada en la misma planta, abarca el período que va desde la llegada de los primeros hombres a tierras escocesas hasta fines del I milenio a.C. Ésta es, en muchos sentidos, la más apasionante de todas las secciones del museo, por cuanto constituye un elocuente testamento de la admirable destreza manual, sensibilidad estética y sentido práctico de los primeros pobladores de Escocia. La mejor forma de empezar la visita por aquí es accediendo por el ascensor principal, ya que nada más abrirse las puertas verá ante usted once gigantescas figuras de bronce que reflejan el inconfundible estilo postindustrial de su autor, el escultor **sir Eduardo Paolozzi**, nacido en Edimburgo. Las tallas albergan pequeños compartimentos en los que se exponen objetos manufacturados, como collares y brazaletes. Este innovador empleo del arte contemporáneo como recipiente del arte antiguo se inspira en las instalaciones llevadas a cabo por el artista **Andy Goldsworthy**, que aprovecha materiales naturales para crear bellos y sinuosos patrones geométricos. Cabe destacar sobre todo la pieza titulada *Hearth*, elaborada a partir de trozos de madera rescatados del solar en

ORÍGENES Y PRIMEROS POBLADORES

construcción del nuevo museo, y *Enclosure*, compuesta por cuatro paneles curvos de tejas de pizarra y otros tantos paneles independientes de barro resquebrajado, incrustados en una pared del museo. Entre los objetos expuestos merecen especial mención los que componen el **Trappain Treasure**, 20 kilos de platos, cuberterías y copas de plata que una excavación sacó a la luz en East Lothian; la **Cramond Lioness** (leona de Cramond), una escultura funeraria romana hallada recientemente en el firth de Forth, y el **Hunterston Brooch**, un precioso broche de oro, plata y ámbar finamente trabajado que data aproximadamente del año 700 a.C. y que se ha encontrado en la costa de Ayrshire.

El reino de Escocia

La planta 1 acoge la sección que lleva por título **The Kingdom of the Scots** (El reino de Escocia) y que abarca el período comprendido entre el despuntar de Escocia como nación independiente y la unión política con Inglaterra en el año 1707. En Hawthornden Court, junto a la entrada a esta sección, se encuentra la **Dupplin Cross** (cruz de Dupplin), símbolo de los distintos pueblos que se unieron bajo el liderazgo del rey Kenneth MacAlpin para formar un solo reino en el año 843. Muchos son los escoceses célebres representados en esta exposición, entre ellos, Robert I Bruce (aunque no su cuasi contemporáneo William Wallace, pues apenas se conserva algún objeto relacionado con él), y María Estuardo y su hijo Jacobo VI, durante cuyo reinado, en el año 1603, se unieron las coronas de Escocia e Inglaterra. Las estrellas de la exposición son el **Monymusk Reliquary**, un relicario minuciosamente ornamentado que según la leyenda albergó los restos mortales de Santa Columba, el **Lewis Chessmen,** un juego de ajedrez cuyas piezas, talladas en colmillo de morsa, datan del siglo XII y reflejan con exquisito acierto la idiosincrasia nacional, y la **«Maiden»** (literalmente, «la doncella»), una forma primitiva de guillotina que data del siglo XVI. La sección que aborda el papel desempeñado por la Iglesia en este período es notable, no sólo por la belleza de algunos de los objetos expuestos —en especial el báculo bañado en plata conocido como el **St Fillan's Crozier**— sino también por la propia ubicación de la muestra dedicada al National Covenant (véase recuadro, pág. 70), ya que las ventanas de esta parte del edificio permiten atisbar, entre pieza y pieza, Greyfriars Kirkyard, el lugar donde en 1638 tuvo lugar la firma del Covenant.

En esta planta encontrará asimismo una exposición dedicada al legado de los **pueblos gaélicos**, que poblaron la mayor parte del territorio septentrional y occidental de Escocia. Titulada «Na Gaidheil», incluye broches de hermoso diseño procedentes de las Highlands, *claymores* (espadas tradicionales escocesas), *dirks* (dagas típicas de las Highlands), y una exquisita *clarsach* o arpa que data aproximadamente del año 1500.

Transformación de Escocia

La tercera planta del museo alberga la sección **Scotland Transformed,** que se extiende en la línea cronológica hasta aproximadamente un siglo después de la Union of Parlaments, la unión política de Escocia con Inglaterra, firmada en 1707. Este período asistió al último de los levantamientos en las Highlands, liderado por el príncipe Carlos Eduardo Stuart, y fue testigo también de la expansión comercial hacia las dos Américas y el desarrollo de sectores industriales tan significativos como el textil y el metalúrgico. La pieza que domina la exposición es un **motor a vapor Newcomen** reconstruido. Este motor, inventado a principios del siglo XVIII, y muy utilizado hasta fines de dicho siglo y principios del XIX, todavía sirvió para bombear agua en una mina de carbón de Ayrshire en el año 1901. A su lado se expone parte de una casa tradicional escocesa, con estructura de madera y techumbre de junco, construida en la segunda década del siglo XVIII, y que siguió siendo el modelo de vivienda de muchos escoceses durante todo ese siglo.

Industria e Imperio

Tras haber abanderado el desarrollo de la tracción a vapor y la ingeniería mecánica, Escocia siguió desempeñando un papel pionero en el desarrollo de muchos otros aspectos de la ingeniería pesada, entre los que se destacan la industria naval y la ferroviaria. La mayor pieza de esta exposición, titulada **Industry and Empire** (Industria e Imperio) es la locomotora a vapor *Ellesmere*, que tuvo el privilegio de ser el primer objeto instalado en el museo. De hecho, hubo que bajarla con una grúa antes de seguir edificando los pisos superiores. Además del surgimiento de la industria, la exposición trata otros aspectos del progreso experimentado en la época, como los cambios introducidos en la vida doméstica, las actividades de ocio y la influencia de los escoceses allende sus fronteras a través de la emigración y de la obra de genios como James Watt, Charles Rennie Mackintosh (véase pág. 154) y Robert Louis Stevenson (véase pág. 40).

El siglo XX

A la hora de concebir la exposición que ocupa la sexta planta del museo, titulada **The Twentieth Century Gallery,** sus organizadores decidieron hacer una encuesta entre la población —desde niños en edad escolar hasta las principales celebridades nacionales—, para saber qué objeto era, en su opinión, el más representativo del siglo XX. Las respuestas que obtuvieron se pueden tildar de curiosas, polémicas y hasta sorprendentes, y señalaron los objetos más variopintos, desde un ordenador a una bandera de fútbol, una lata de Irn Bru o un Saab negro descapotable. Tony Blair, que estudió en la escuela

Fettes de Edimburgo, eligió una guitarra Fender Stratocaster, y el que fuera lechero de Edimburgo y atiende al nombre de Sean Connery eligió, cómo no, una botella de leche. La exposición plantea al visitante un desafío que no por implícito resulta menos tentador: ¿qué objeto habría elegido usted, y por qué? También alberga cosas dignas de interés, como una pequeña **sala de proyección cinematográfica** en la que se pasan documentales en blanco y negro sobre el día a día en la Escocia de los años treinta. Por último, vaya al delicioso, aunque a menudo olvidado, jardín de la azotea; se llega en ascensor. Desde arriba, podrá disfrutar de magníficas vistas que abarcan todo el horizonte, desde el firth de Forth y las colinas Pentland hasta el castillo y la Milla Real.

ROYAL MUSEUM OF SCOTLAND

Plano 3, F5. Lun.-sáb., 10-17 h; mar., 10-20 h; dom., 12-17 h; 3 libras, incluida la entrada al National Museum of Scotland; mar., 16.30-20 h, entrada gratuita; abono anual, 5 libras.

El **Royal Museum of Scotland,** comunicado por dentro con el National Museum, aunque tiene su propia entrada, es un majestuoso palacio de estilo veneciano sostenido desde el interior por una estructura de hierro fundido. Su construcción se dio por concluida en 1866, pero en 1914 fue objeto de una ampliación. Concebido a semejanza del Crystal Palace de Londres, el Royal Museum acoge una variedad de exposiciones tan extraordinaria como ecléctica, y que abarcan desde una colección de animales exóticos disecados, hasta los tesoros del botín colonial. Como afirma el ingenioso eslogan utilizado para distinguir la función de los dos museos colindantes, el National Museum enseña Escocia al mundo, mientras que el Royal Museum enseña el mundo a Escocia.

El soberbio relieve asirio procedente del palacio real de Nimrud, que preside el majestuoso vestíbulo principal, abre la colección de **escultura** del museo, que prosigue luego en las restantes dependencias de la planta baja con piezas que abarcan desde la Grecia clásica, Roma y Nubia hasta los budas llegados de Japón y Myanmar (Birmania), así como un tótem procedente de Canadá. En esta planta se exhibe asimismo la **Power Collections**, una exposición dedicada a los ingenios mecánicos de la Revolución Industrial, en la que se incluye un motor de dos tiempos diseñado por James Watt en 1786, una sección del faro de Inchkeith y el panel de control del reactor nuclear Hunterston A.

En el vestíbulo principal del Royal Museum, cerca del pasaje que lo comunica con el National Museum, hay una cafetería en la que se sirven pasteles, café y aperitivos.

En la primera planta se ha instalado una excelente colección de momias egipcias, una muestra sobre la evolución de la cerámica, desde la antigua Grecia hasta hoy, trajes de época, joyas, varias exposiciones de historia natural y una espléndida selección de arte decorativo europeo, que incluye desde objetos litúrgicos de la Alta Edad Media, piezas de cerámica esmaltada procedentes de Limoges y tallas de madera alemanas del siglo XVI, hasta una espectacular **vajilla de plata francesa** que data del reinado de Luis XIV. En la última planta, se puede admirar una selecta colección de antiguos instrumentos científicos, una pequeña muestra de armas y armaduras y varias salas dedicadas a materias tan dispares como la geología, la etnología y el arte oriental. En 1996, la sección dedicada a Asia recibió un buen impulso con la inauguración de la **Ivy Wu Gallery**, sala en la que se exhiben muestras de arte chino, coreano y japonés que destacan por su clara voluntad divulgativa. Entre todos los objetos aquí expuestos cabe destacar un espléndido trono chino del siglo XVI y una colección de arte budista procedente de los tres países mencionados.

LA UNIVERSIDAD

Plano 3, G4.

Al lado del Royal Museum se encuentra el edificio más antiguo de la **Universidad de Edimburgo** que se conserva, el **Old College** u **Old Quad**, que en la actualidad

El asesinato de Darnley

En enero de 1567, lord Darnley, que había contraído la viruela, fue llevado a una iglesia conocida como Kirk O'Field, cercana a lo que es hoy el patio interior del Old College, con el fin de evitar que contagiara la enfermedad a su hijo, que residía en el palacio de Holyroodhouse. Pues bien, en la noche del día 9 de febrero, el edificio de la iglesia quedó destruido por una enorme explosión y el cadáver de Darnley fue hallado en sus inmediaciones. Lo curioso del caso es que no presentaba señal alguna de haber muerto a causa de la explosión, y el examen realizado posteriormente reveló que había sido estrangulado. Se cree que la reina María Estuardo —que visitó a su consorte en la noche de autos y fue vista más tarde caminando por Blackfriars Wynd— estuvo implicada en su asesinato. Tal suposición es imposible de demostrar, pero se sabe a ciencia cierta que, por aquel entonces, María Estuardo mantenía relaciones con el duque de Bothwell, que fue casi con toda seguridad el encargado de ejecutar el plan. Tras su arresto y sospechosa absolución casi inmediata, Bothwell secuestró a María Estuardo mientras ésta viajaba de Stirling a Linlithgow, se divorció de su esposa y contrajo matrimonio con la reina el 15 de mayo de 1567. Un mes más tarde, María sucumbió a la presión de la enfurecida nobleza de Escocia. Bothwell huyó a las Orcadas y desde allí a Noruega, donde moriría encarcelado 11 años más tarde.

sólo alberga unos cuantos departamentos universitarios. El campus ocupa las calles y plazas que se extienden al sur del mismo.

El Old College fue proyectado por Robert Adam, pero se construyó después de su muerte, y sus planos no se respetaron por falta de presupuesto. El encargado de llevar a cabo la obra fue William Playfair, uno de los mejores arquitectos de Edimburgo, que sólo conservó uno de los dos patios interiores que figuraban en los planos originales (la cúpula no se añadió hasta 1879). La magnífica **biblioteca** diseñada por él se utiliza hoy para la celebración de actos oficiales. En cuanto a la **Talbot Rice Art Gallery** (mar.-sáb., 12-17 h; entrada gratuita) también en el interior, exhibe parte de la amplia colección de arte que posee la universidad. Entre sus fondos se incluye una nutrida selección de lienzos flamencos del siglo XVII, con obras de Teniers, Steen y Van de Velde. La galería también acoge de modo regular exposiciones itinerantes y temporales, y durante el Festival la oferta suele ser de gran calidad.

EL SOUTHSIDE

Plano 3, G5.

Situado al sur de la Universidad de Edimburgo, **Southside** es un barrio de viviendas comunales creado en el siglo XVIII. Desde los años cincuenta, la zona ha ido ganando en animación estudiantil, paulatinamente colonizada por nuevas dependencias universitarias. Una manzana al norte del Old College se eleva el edificio con fachada de cristal que acoge el **Festival Theatre**, un antiguo teatro de variedades que en 1994 volvió a abrir sus puertas, tras una concienzuda restauración, reconvertido en el gran escenario de ópera y baile que la ciudad tanto anhelaba. Frente a este edificio se encuentra el **Surgeons' Hall**, un elegante templo de estilo jónico construido por Playfair como sede del Real

Colegio de Cirujanos de la ciudad. La mayor parte de sus estancias se abre al público un día al año, aunque el museo, al que se accede por 9 Hill Square (lun.-vier., 14-16 h; entrada gratuita) permanece abierto todo el año y ofrece una curiosa y algo erudita exposición sobre la historia de la medicina.

La Ciudad Nueva

La **New Town** o Ciudad Nueva —que pese a su nombre cuenta ya con más de 200 años de historia— nada tiene que ver con la Ciudad Vieja. El trazado urbanístico se vuelve simétrico, las calles se ensanchan y enderezan su rumbo, y la mayor parte de los edificios es de estilo neoclásico. Toda la zona, incluidos los nombres de las calles, es una suerte de celebración de la unión política con Inglaterra, entonces contemplada con orgullo como un gran paso adelante en la historia de Escocia. Aunque fue originalmente concebida como un barrio residencial, hoy es el bullicioso núcleo donde se concentra la vida profesional, comercial y financiera de Edimburgo, por lo que sus calles se han llenado de tiendas, bancos y oficinas.

La Ciudad Nueva debe mucho a la visión de futuro de **George Drummond**, que nada más acceder al cargo de alcalde en 1725 empezó a planificar la expansión de Edimburgo. Las obras empezaron en el año 1759 con el drenaje del lago Nor, que se extendía a los pies del castillo, empresa titánica en la que fue necesario invertir cerca de 60 años. El North Bridge (puente del norte), que une la Ciudad Vieja con el puerto de Leith, se erigió entre los años 1763 y 1772. En 1766, tras convocar un concurso público para la construcción de una zona residencial al norte de la ciudad, se aprobó el proyecto urbanístico presentado por un arquitecto

de 20 años que atendía al nombre de **James Craig**. Su trazado en cuadrícula se adaptaba como un guante a la orografía
de la zona: el eje central, **George Street,** rematado a ambos
extremos por sendas plazas monumentales, se extendía a lo
largo de la principal elevación del terreno, flanqueado por
dos calles de trazado paralelo al suyo, **Princes Street** y
Queen Street, que ocupaban la suave depresión del terreno adyacente. Entre éstas y George Street se abrieron dos arterias secundarias, Thistle Street y Rose Street, destinadas a
albergar las cocheras, las viviendas de los artesanos y los comercios de la zona. La importancia concedida a la perspectiva se refleja claramente en la concepción urbanística de
Princes Street y Queen Street: en ambos casos, los inmuebles
ocupan sólo una de las aceras para evitar que las residencias
ocultaran la magnífica vista panorámica del castillo y la
Ciudad Vieja, por un lado, y del estuario por el otro. Los arquitectos de la época disfrutaron de una oportunidad única
para jugar con la perspectiva y la distribución espacial, y nin-
guno supo sacarle mayor partido que Robert Adam, que intervino de forma decisiva en la fase final del proyecto. El núcleo primitivo diseñado por Craig, que pasaría a conocerse
como la First New Town (primera ciudad nueva), fue am-
pliándose a lo largo de las primeras décadas del siglo XIX, sin
romper nunca con el canon neoclásico adoptado desde el
primer momento.

En muchos sentidos, el trazado de la Ciudad Nueva es, en
sí mismo, un paisaje digno de contemplar, una extraordinaria combinación de plazas, glorietas, hileras de viviendas, calles de trazado semicircular denominadas *crescents* (medias lu-
nas) y parques. Ahora bien, de todo ello se destaca sobre
todo, la **Register House**, la fachada norte de **Charlotte
Square** o el conjunto de rarezas que coronan y rodean
Calton Hill. También, cómo no, el **monumento a Scott**,
uno de los muchos ejemplos de arquitectura victoriana, incorporada más tarde, y las tres colecciones públicas de arte

más importantes de la ciudad: la **National Gallery of Scotland**, la **Scottish National Portrait Gallery** y la **Scottish National Gallery of Modern Art**. En el extremo septentrional de la Ciudad Nueva se halla una de las principales atracciones de Edimburgo, el **Royal Botanic Garden**, verdadero remanso de paz en medio del incansable trajín urbano.

PRINCES STREET

Plano 4, I6.

Aunque los planes originales le asignaban un papel secundario en el trazado de la Ciudad Nueva, hacia mediados del siglo XIX **Princes Street** se había convertido en la principal arteria de Edimburgo, papel que ha seguido desempeñando desde entonces. La vista panorámica que desde ella se divisa del casco antiguo y el castillo es sin duda magnífica. De hecho, sin este escenario de fondo, Princes Street perdería buena parte de su encanto, ya que la acera orientada al norte —jalonada en casi toda su extensión de anodinas construcciones que albergan grandes almacenes— vive sumida en el continuo ajetreo de la actividad comercial y apenas conserva unos cuantos edificios del siglo XVIII.

Fue la llegada del ferrocarril, que corre paralelo a esta calle en dirección sur, lo que incentivó y perpetuó la importancia de Princes Street. Las vías ferroviarias que avanzan hacia Waverley Station desde el extremo oriental de la calle quedan ocultas por la vegetación del parque que crece sobre lo que fuera el lago Nor. Dicho parque, conocido como **Princes Street Gardens**, proporciona a los edimburgueses un amplio espacio al aire libre, perfecto para relajarse o ir a hacer un picnic durante los meses de verano. Thomas de Quincey, autor del clásico relato sobre el consumo de drogas, *Memorias de un opiómano ingles* (1821), pasó los últimos 30 años de su vida en la capital escocesa y recibió sepultura en el cementerio de **St Cuthbert's Church**, situado a los pies del castillo, en el extremo occidental del parque.

El East End

El edificio más distinguido de Princes Street, el **Register House** (plano 4, K5; lun.-vier., 10-16 h; entrada gratuita) se alza en el extremo noreste de la calle. Fue diseñado en la década de 1770 por Robert Adam para custodiar los archivos históricos de Escocia, función que ha seguido desempeñando desde entonces. La fachada es un ejemplo de contención neoclásica, mientras que el interior, centrado en un majestuoso vestíbulo circular, está rematado por una cúpula minuciosamente decorada con molduras de escayola y rosetones. Por desgracia, la elegancia del edificio se ve mermada por la vecindad del centro comercial **St James Centre**, una angulosa mole de cemento gris que desentona totalmente con los elegantes edificios georgianos que la rodean. Hoy, ya nadie duda en calificar esta construcción como el mayor error urbanístico que se haya cometido a lo largo de toda la historia de la ciudad.

**Para más información sobre el hotel *The Balmoral*
y otras buenas opciones de alojamiento en la
Ciudad Nueva, véase pág. 191.**

Frente a la Register House se eleva uno de los pocos edificios que ocupan la acera meridional de Princes Street: *The Balmoral*, uno de los hoteles más lujosos de la ciudad. Su nombre original era **North British Hotel** y aunque aún se le conoce popularmente como el NB, la administración decidió rebautizarlo en un gesto de deferencia hacia el sentimiento nacionalista local, ya que North Britain (Bretaña del Norte) fue, a lo largo de los siglos XVIII y XIX, una forma eufemística de referirse a Escocia y para los escoceses supone

EL EAST END

una afrenta. Construido por orden de los propietarios del North British Railway (primera empresa ferroviaria nacional) con el propósito de ofrecer alojamiento a los viajeros que llegaban a la vecina estación de Waverley, el *Balmoral* ha conservado su histórica relación con el ferrocarril, por lo que las manecillas del reloj que alberga su robusta torre siempre van 2 minutos adelantadas para que ningún viajero llegue tarde a la estación. El edificio adyacente al hotel, conocido como **Princes Mall** (plano 4, K6) es también una construcción moderna, aunque respetuosa con el entorno urbanístico, ya que sus autores se cuidaron muchísimo de no repetir los errores cometidos con el St James Centre. En el patio descubierto de este centro comercial se ha instalado la oficina central de información turística de Edimburgo, y durante el Festival es uno de los lugares preferidos por los grupos que montan obras de teatro en la calle y otros artistas.

El monumento a Scott y la Royal Scottish Academy

En East Princes Street Gardens, en la acera opuesta a Jenners, edificio victoriano que hoy alberga el emporio comercial homónimo, se eleva el **monumento a Walter Scott** (plano 4, I6; marzo-mayo y oct., todos los días, 10-18 h; jun.-sept., lun.-sáb., 9-20 h; dom., 10-18 h; nov.-feb., todos los días, 10-16 h; 2,5 libras), el más grandioso de todos los erigidos en el mundo en memoria de un escritor. Financiado con las donaciones de sus paisanos a los pocos años de su muerte, su magistral diseño ahusado es obra del malogrado George Meikle Kemp, de profesión carpintero, cuya única aportación al campo de la arquitectura fue este templete que sus ojos no llegaron a ver, ya que una noche de niebla cerrada cayó accidentalmente a un canal y murió ahogado antes de acabar su obra maestra. Desde el punto de vista arquitectónico, el monumento se inspira claramente en la abadía de

Melrose, muy apreciada por Scott; en la rica decoración escultórica de la fachada aparecen representados 16 escritores escoceses y 64 personajes de sus novelas. Bajo el pasadizo abovedado del templete se eleva la **efigie** del propio escritor, acompañado de su fiel lebrel inglés, que atendía al nombre de *Maida*. La estatua fue tallada en un bloque de mármol de Carrara que pesaba 30 toneladas.

Gracias a los trabajos de restauración, el monumento a Scott se ha vuelto a incorporar a la fisonomía de la ciudad, después de haber estado 2 años oculto bajo una lona. No deje de subir las escaleras de caracol que conducen al pináculo del templete para disfrutar de unas magníficas —aunque vertiginosas— vistas.

Los Princes Street Gardens están divididos por la carretera que une la Ciudad Vieja con la Ciudad Nueva remontando el promontorio del **Mound** (literalmente, «el montículo»). Como sugiere su nombre, el Mound se formó por la acumulación de tierra y escombros procedentes de las obras de construcción de la Ciudad Nueva, en la segunda mitad del siglo XVIII. Esto dio lugar a una elevación del terreno sobre el desecado lago Nor, entre la Ciudad Vieja y la Ciudad Nueva, que se convertiría en Princes Street Gardens.

En el cruce del Mound con Princes Street se encuentra la **Royal Scottish Academy** o RSA (plano 4, H7; lun.-sáb., 10-17 h; dom., 14-17 h; el precio varía). El edificio, obra de Playfair, responde a los cánones arquitectónicos de un templo de orden dórico y alberga, entre los meses de abril y julio, la exposición anual de la RSA; el resto del año se dedica a exposiciones temporales. La Academia es uno de los edificios de estilo neoclásico que le han valido a Edimburgo el sobrenombre de «Atenas del Norte», aunque en la actualidad no esté pasando por su mejor época. Al estado de decadencia de la propia construcción hay que sumar el lamentable hecho de que a menudo se utilice su fachada como mingitorio público, como punto de encuentro de los vagabundos de

Sir Walter Scott

Junto a Robert Burns y Robert Louis Stevenson, **sir Walter Scott** (1771-1832) completa el triunvirato de grandes figuras literarias que ha dado Edimburgo y es, de los tres, el que mayor influencia ha ejercido en la historia de la literatura universal.

Walter Scott nació en una casa de College Wynd (hoy Guthrie Street), en el seno de una acomodada familia burguesa. De pequeño contrajo la polio, por lo que sus padres lo enviaron a pasar una temporada a la finca que poseía su abuelo en Borders. Los cuentos y leyendas populares de dicha región fronteriza (Borders significa literalmente «fronteras») ejercieron una gran influencia en el futuro escritor. En 1779 regresó a Edimburgo y cursó estudios secundarios antes de ingresar en la Universidad de Edimburgo, donde estudió Derecho. Después de graduarse en el año 1792, empezó a ejercer, pero su verdadera pasión no era la abogacía, por lo que a lo largo de la década de 1790 dedicó sus ratos de ocio a transcribir cientos de ancestrales baladas populares que lograría publicar en 1802, agrupadas en una colección de tres volúmenes bajo el título de *Juglaría de la frontera escocesa*. Tras el rotundo éxito que cosechó, publicó los tres primeros volúmenes de sus propios poemas narrativos: *El canto del último juglar, Marmion* y *La dama del lago*.

En 1797, se trasladó con su esposa Charlotte al 39 North Castle Street, en la Ciudad Nueva de Edimburgo, y empezó a repartir su tiempo entre la capital y su casa solariega de Abbotsford, junto a la frontera con Inglaterra.

Pese a la popularidad de sus primeros trabajos y al hecho de que ejercía dos profesiones bien remuneradas —juez adjunto del distrito de Selkirkshire y secretario del tribunal judicial de Edimburgo— la situación económica de Scott siguió siendo inestable. En 1813 empezó a escribir para poder pagar las facturas y, echando mano de su exhaustivo conocimiento de la historia y la cultura popular escocesas, alumbró un ingente número de novelas históricas. Sus mejores obras narrativas habrían de ver la luz a lo largo de la siguiente década: *Waverley* (1814), su primera novela, con la que consiguió un gran éxito de público y crítica pese a haberla publicado con un pseudónimo; *Guy Mannering* (1815), *Rob Roy* y *El corazón de Midlothian* (ambas de 1818), *Ivanhoe* (1819) y *Kenilworth* (1821). Para entonces, Scott ya se había convertido en la figura pública más notable de Edimburgo y en el principal impulsor de la vida cultural escocesa. Entre los numerosos proyectos que acometió se incluye la búsqueda y recuperación de las joyas de la corona escocesa —las Honours of Scotland, halladas en el castillo de Edimburgo en 1818, el mismo año en que fue investido baronet— y la coordinación de la visita oficial que Jorge IV realizó a Edimburgo en 1822. Dicha visita, considerada el punto de inflexión entre el turbulento período de las revueltas jacobitas y la adopción por parte de Escocia de una visión más cosmopolita del Reino Unido, supuso la consagración definitiva de la lectura teñida de romanticismo que Scott había realizado del paisaje y la historia de su país, lectura que ha perdurado hasta el día de hoy como la imagen popular de Escocia. Pocos años más tarde, se embarcó en la creación de una sociedad editorial que acabó en bancarrota y le hizo contraer enormes deudas que juró pagar con los dividendos de sus libros. En los años que siguieron se dedicó en cuerpo y alma a la tarea de escribir y produjo una serie de voluminosos títulos, entre ellos los *Cuentos de un abuelo*, una nueva revisión de las leyendas populares escocesas. De este modo, en 6 años logró reunir más de 50.000 libras, para solaz de sus acreedores. Sin embargo, su salud se vio mermada por el ritmo de trabajo que se impuso, y vivió los últimos años de su vida atormentado por la enfermedad. Falleció en Abbotsford en 1832 y fue sepultado entre las ruinas de la abadía de Dryburgh.

Si bien es cierto que sus obras más leídas resultan algo densas y pesadas a la luz de los modernos cánones de lectura, no lo es menos que el indudable lirismo de su prosa, así como el sabor pintoresco y romántico de sus tramas, siguen haciendo las delicias de quienes invierten un poco de tiempo y paciencia en saborearlos. Pero ante todo, y al margen de cualquier otra consideración, Scott conquistó la inmortalidad gracias a la que fue su gran aportación a la literatura universal, la invención de la novela histórica, un subgénero en el que destacó sobremanera, hasta el punto de que muy pocos autores de ayer y de hoy se le pueden equiparar en lo que respecta al talento para atrapar al lector desde la primera página, y, tampoco, en cuanto a permanencia en las listas de libros más vendidos.

la ciudad y como lugar donde se planta ocasionalmente un mercadillo. Se ha llegado a hablar de la posibilidad de fusionarla con la National Gallery, o incluso de clausurarla definitivamente, pero hoy por hoy el futuro de esta institución sigue siendo una incógnita.

NATIONAL GALLERY OF SCOTLAND

Plano 4, H8. Lun.-sáb., 10-17; dom., 14-17 h; entrada gratuita.
Por detrás de la Royal Scottish Academy se eleva otro edificio de Playfair, la National Gallery of Scotland, construida en la década de 1840, que hoy alberga una selecta colección de pintura, en gran parte cedida por el duque de Sutherland. El competente equipo de guías y celadores van vestidos con pantalones de tela escocesa, una de las muchas innovaciones introducidas por su extravagante director inglés, Timothy Clifford. Entre ellas, la que ha levantado mayor polémica ha sido la de devolver a las salas de exposición de la planta baja su aspecto original, es decir, el que tenían en la década de 1840, cuando fueron concebidas por Play-

fair. Por lo tanto, hoy los cuadros están colgados a muy poca distancia unos de otros, a menudo en dos niveles, e intercalados con esculturas y objetos artísticos que brindan al conjunto un aspecto deliberadamente abigarrado. Como resultado, las obras menores que de otra forma languidecerían en los sótanos de la galería también se encuentran expuestas, aunque, en la mayoría de los casos, casi a 5 metros de altura. Dos pequeños lienzos de fines del siglo XIX que se hallan expuestos en la sala 12 —uno de ellos anónimo, el otro de A. E. Moffat— muestran la galería tal como era por aquel entonces, con cuadros superpuestos hasta un nivel superior incluso al actual.

Aunque las obras individuales son a menudo reagrupadas y los cuadros más famosos se ceden con frecuencia a otros museos, la distribución es a grandes rasgos cronológica. La exposición empieza en las salas de la primera planta que quedan por encima del vestíbulo y sigue por la planta baja, en el sentido de las agujas del reloj. La primera planta del anexo posterior acoge pequeñas tablas de los siglos XVIII y XIX, mientras que en el sótano se encuentra la mayor parte de la colección pictórica escocesa.

Primitivos flamencos y alemanes

Entre los tesoros más preciados de la galería se halla el *Retablo de la Trinidad*, pintado por el maestro flamenco **Hugo van der Goes** a mediados del siglo XV, con las tablas restantes del único retablo realizado para una iglesia escocesa con anterioridad a la Reforma por encargo de Edward Bonkil, deán de la iglesia colegiata de Holy Trinity. La tabla más sublime y mejor conservada de las cuatro muestra a Bonkil acompañado de un grupo de ángeles que tocan el órgano. En la cara posterior de las tablas aparecen los retratos de Jacobo III, su hijo (el futuro Jacobo IV) y la reina Margarita de Dinamarca. Sus rostros, de expresión plácida e indolente, fueron pintados del natural por un artista local desconocido después de que el retablo fuera enviado a Edimburgo.

La última etapa de la escuela flamenca se halla representada por **Gerard David**, cuyo *Tríptico de la leyenda de san Nicolás* plasma la cotidianidad con una exquisita sensibilidad. Mientras, el soberbio *Retrato de un notario* de **Quentin Massys** anuncia la introducción en el norte de Europa de las formas y técnicas del Renacimiento italiano.

Muchos pintores alemanes de este período desarrollaron sus propias variaciones de este estilo híbrido, entre ellos, **Lucas Cranach** —cuya espléndida obra *Venus y Cupido*, dotada de gran sensualidad, se expone en esta sección— y **Holbein**, que pintó su *Alegoría del Antiguo y del Nuevo Testamento,* toda una apología del protestantismo, por encargo de un mecenas inglés.

El Renacimiento italiano

La sección dedicada a Italia incluye una maravillosa muestra de obras maestras renacentistas, entre ellas, la *Virgen adorando al Niño,* una bella composición pintada sobre un fondo de ruinas arquitectónicas en perfecta perspectiva. Aunque se sabe que su autor fue discípulo del escultor **Andrea del Verrochio**, su identidad permanece en el anonimato. En estas salas, también se pueden contemplar obras de los grandes exponentes del Renacimiento como **Rafael**, del que cabe destacar su *Madonna de Bridgewater* y el tondo de la *Sagrada Familia con palmera*, cuya espectacular luminosidad ha vuelto a brillar en todo su esplendor tras una reciente restauración.

De los cuatro lienzos de tema mitológico pintados por **Tiziano** que forman parte de la colección veneciana destaca el alegórico *Las tres edades del hombre,* una de sus composiciones tempranas más logradas, y la posterior *Venus Anadiomena*, que pese a su precario estado de conservación, figura entre los grandes desnudos de la historia del arte occidental. Completan esta selección, la pareja de lienzos *Diana y Acteón,* y *Diana y Calisto,* pintados para Felipe II de España en los que se percibe la libertad casi impresionista que caracteriza las últimas obras de este artista. El majestuoso lienzo de **Bassano**, titulado *La adoración de los reyes,* un retablo de **Tintoretto** dotado de gran intensidad dramática, el *Descenso de la cruz,* y varios lienzos de **Paolo Veronés** completan esta soberbia muestra de la escuela veneciana.

El siglo XVII

En la sección dedicada al siglo XVII, se expone el busto de monseñor Carlo Antonio dal Pozzo, de **Bernini**, la pieza escultórica más importante del museo, dos obras de **El Greco**, *Una fábula,* un lienzo de su etapa temprana italiana, una composición misteriosa de significado oscuro, y *El salvador del mundo,* donde se muestra el trazo manierista y visionario, cargado de intensidad, propio de su etapa española; la *Vieja friendo huevos,* de **Velázquez** —una obra de apabullante madurez teniendo en cuenta que su autor contaba tan sólo 19 años cuando la realizó—; la *Inmaculada concepción* de **Zurbarán**, que formaba parte de un ambicioso plan de embellecimiento del monasterio cartujo de Jerez de la Frontera, y dos pequeños grabados en cobre del malogrado pero muy influyente **Adam Elsheimer**, pintor alemán afincado en Roma. Se destaca sobre todo el de *Il contento,* que representa el descenso de Júpiter a la Tierra para castigar a sus ofensores, verdadero prodigio de perfección técnica.

En una sala aparte se expone el conjunto de lienzos de Poussin conocidos como *Los siete sacramentos,* en los que el artista plasmó sus propias reflexiones sobre los tiempos bíblicos. El conjunto, el segundo que pintó, supuso el primer intento en el campo del arte de representar con autenticidad histórica escenas de la vida de Jesús y de los primeros cristianos. El resultado, enriquecido con un sinnúmero de detalles imaginativos y sutiles, es profundamente conmovedor. La muestra de pintura francesa se completa con el mayor lienzo jamás pintado por **Claude Poussin**, *Paisaje con Apolo, las musas y una divinidad fluvial*, que destila una visión típicamente idealizada de la Antigüedad clásica.

En la sección dedicada a la escuela barroca flamenca y holandesa, destaca la *Fiesta de Herodes,* de **Rubens**, la apoteosis de su tendencia a la grandiosidad. En este lienzo la truculencia del tema queda eclipsada por la representación hedonista de los manjares dispuestos sobre la mesa. Al igual que en sus demás obras de gran formato, en ésta también intervinieron varios discípulos de su taller. Entre las restantes, de dimensiones más reducidas, que también forman parte de la colección, se incluyen tres bocetos, de las que cabe destacar por su perfección el de la *Adoración de los pastores*. Los tres grandes lienzos verticales de **Van Dyck** expuestos en estas salas pertenecen a los primeros años de su etapa genovesa; merece especial mención el de *La familia Lomellini,* cuadro que pone de manifiesto su habilidad como retratista de la corte.

Rembrandt está representado con cuatro telas, entre las que se incluyen el punzante *Autorretrato del artista a los 51 años* y el sugestivo *Mujer en la cama,* que probablemente representa el episodio bíblico de Sara tendida en la cama en su noche de bodas, mientras esperaba que su esposo Tobías pusiera en fuga al demonio. De los cerca de treinta lienzos de **Vermeer** que han llegado a nuestros días, el que se expone aquí, *Cristo en la casa de Marta y María* es seguramente el más grande y el más antiguo de todos. Por ser éste el único de tema religioso, inspiró una conocida serie de réplicas que llevan la firma de Han van Meegeren. En esta sala también se pueden ver dos retratos de **Hals** y una brillante caricatura titulada *Verdonck*. La muestra se completa con una subsección dedicada a los maestros menores de la escuela barroca holandesa, en la que se destacan obras como la irreverente *Escuela para niños y niñas,* de **Jan Steen**, y la inquietante *Interior de la iglesia de* *san Bavo en Haarlem*, de **Pieter Saenredam**, una de las adquisiciones más costosas de la galería.

Los siglos XVIII y XIX

Entre las obras dieciochescas de gran formato que componen esta sección destaca *El hallazgo de Moisés*, una obra de **Tiépolo** llena de imaginación y virtuosismo. Otras composiciones decorativas del mismo período son: *El médico*, un cartón realizado por **Goya** para un tapiz, y tres grandes escenas pastoriles de **Boucher**. En cuanto a la pintura rococó francesa sobresalen la bucólica escena teñida de frivolidad de las *Fiestas venecianas* de **Watteau** y el *Jarrón con flores* de **Chardin**, ejemplo clásico de naturaleza muerta. Una de las grandes adquisiciones recientes de la galería es la escultura de **Canova** *Las tres gracias*, aunque en el acuerdo de compra se pactó la cesión al Victoria & Albert Museum de Londres hasta el año 2006.

La galería cuenta asimismo con una soberbia selección de obras maestras impresionistas y postimpresionistas que incluye varios lienzos de **Degas**, tres espectaculares telas de **Gauguin** —ambientadas respectivamente en Bretaña, Martinica y Tahití— y la obra de **Cézanne** *Árboles altos*, un claro precedente de la abstracción moderna.

Pintura inglesa y estadounidense

No deja de sorprender que la muestra de **pintura inglesa** de la National Gallery of Scotland sea relativamente escasa, aunque lo cierto es que las pocas obras expuestas tienen un enorme valor. El lienzo de **Hogarth** *Sarah Malcolm,* pintado en la cárcel de Newgate el mismo día en que la famosa asesina fue ejecutada, procede de la colección particular de Horace Walpole, que encargó a **Reynolds** otro de los lienzos que hoy figuran en esta sección, *Las damas de Waldegrave*, un retrato colectivo de sus tres sobrinas. Junto a los ya citados, brillan con luz propia *La honorable señora Graham,* uno de los retratos de sociedad más logrados de **Gainsborough**, y *El valle de Dedham,* de **Constable**, que él mismo calificó como la mejor de sus obras. La galería posee asimismo una fantástica colección de acuarelas de **Turner** que sólo se exponen el mes de enero para evitar el deterioro que podría provocarles la incidencia directa de la luz. Para contrarrestar esta ausencia, sus dos mejores paisajes romanos se pueden contemplar durante todo el año.

Incluso más inesperada que la escasez de obras inglesas resulta la presencia de algunos lienzos estadounidenses de excepcional calidad, como la fantasía romántica de **Benjamin West**, titulada *El rey Alejandro III rescatado de un venado*; el brillante lienzo de **John Singer Sargent** *Doña Inés de Lochnaw* y la obra maestra de **Frederic Edwin Church** *Vista de las cataratas del Niágara desde el lado americano*. Este último regresó a la sala de exposición tras varias décadas de confinamiento cuando, a fines de los años setenta, la figura de Edwin Church fue rescatada del olvido, y los museos estadounidenses no dudaron en ofrecer sumas astronómicas a cambio de la única obra del artista que se expone en suelo europeo.

El arte escocés

Habida cuenta de la enorme riqueza que caracteriza los fondos de la galería en su conjunto, la sección dedicada al arte escocés, en la que se halla representado todo el espectro de la pintura nacional, desde los primeros retratos del siglo XVII hasta la implantación del movimiento Arts & Crafts, resulta poco menos que decepcionante. Sin embargo, sería injusto no añadir a renglón seguido que la muestra cuenta con algunas obras de gran calado, como el lienzo *Aquiles llorando la muerte de Patroclo* de **Gavin Hamilton**, pintado en Roma, que resulta especialmente fascinante. **Allan Ramsay**, el que habría de convertirse en el pintor de la corte escocesa durante el reinado de Jorge III, está representado por dos obras, *La segunda esposa del artista*, un cuadro intimista, y *Jean-Jacques Rousseau,* retrato del filósofo ataviado con ropajes tradicionales armenios.

De los lienzos de gran formato firmados por **sir Henry Raeburn** cabe destacar dos retratos, el de *Sir John Sinclair* y el de *Colonel Alistair MacDonell de Glengarry*, enfundados ambos en sendos trajes típicos de las Highlands escocesas. El dominio técnico del que hacía gala sir Raeburn en sus obras de gran formato no decaía ni un ápice cuando trabajaba en obras más reducidas, como se puede comprobar en uno de los lienzos más célebres del museo, *El reverendo Robert Walker patinando en el lago de Duddingston*.

Otro pintor escocés representado en esta sección digno de mención es el versátil **sir David Wilkie**, cuyo grandioso lienzo de tema histórico *Sir David Baird descubriendo el cuerpo del sultán Tippo Saib* contrasta de forma acentuada con las tempranas obras documentales y de género que se exponen en el sótano. La tendencia barroca de **Alexander Nasmyth** se pone de manifiesto en su *Vista del castillo de Tantallon y Bass Rock*, donde la natural carga dramática del paisaje se ve reforzada por la inclusión de un naufragio. El arte contemporáneo escocés se halla representado en obras como *La tormenta*, de sir William McTaggart y *La hija de la sierva,* de James Guthrie, así como por las exquisitas tablas de Phoebe Anna Traquairs, representante del movimiento Arts & Crafts.

GEORGE STREET Y CHARLOTTE SQUARE

La **George Street** (plano 4, C6), de trazado paralelo a Princes Street, fue concebida originalmente como el eje principal de la Ciudad Nueva, delimitada al principio y al final por dos grandes plazas. No obstante, el que fuera otrora lugar de emplazamiento de las instituciones financieras más solventes de la ciudad se ha ido convirtiendo a lo largo de la última década en una versión ligeramente más selecta de Princes Street. Hoy los grandes negocios se cierran en las *boutiques* de los diseñadores más consagrados del momento, y las antiguas ventanillas de los bancos se han visto reemplazadas por barras de bar. En el extremo oriental de George Street se abre **St Andrew Square** (plano 4, I4), una plaza monumental presidida en el centro por la estatua de lord Melville, tesorero de la Armada de Pitt el Joven. En el flanco oriental de la plaza se alza una hermosa mansión del siglo XVIII, obra de sir William Chambers, que alberga la sede central del Royal Bank of Scotland desde el año 1825. En la acera orientada al sur se encuentra la **iglesia de St Andrew y St George** (plano 4, H5), una construcción de planta ovalada famosa por haber acogido, en el año 1843, la Asamblea General de la Iglesia presbiteriana de Escocia. En el transcurso de dicha reunión, más de 400 clérigos encabezados por **Thomas Chalmers** protagonizaron el primer cisma de la Iglesia presbiteriana de Escocia al levantarse de sus asientos y abandonar la iglesia en señal de protesta ya que, a diferencia del resto de integrantes de la asamblea, pensaban que debían ser las congregaciones y no los terratenientes quienes eligieran libremente a sus sacerdotes. Arropados por una muchedumbre que aplaudía efusivamente su decisión, los disidentes se encaminaron a un salón parroquial de Canonmils donde fundaron la Iglesia «Libre» de Escocia. En recuerdo de aquel acontecimiento, en el cruce de George Street y Castle Street, se alza una **estatua de Thomas Chalmers**. Entre los inquilinos más famosos de George Street se cuentan Percy Bysshe Shelley, que en el verano de 1811 se hospedó en el n.º 60 de esta calle en compañía de Harriet Westbrook (que a la sazón contaba 16 años), así como Charles Dickens, que a lo largo de las décadas de 1840 y 1850 realizó varias lecturas públicas de su obra en los salones de la Asamblea.

El extremo occidental de George Street desemboca en **Charlotte Square** (plano 4, B7), plaza proyectada por

Robert Adam en 1791, un año antes de su muerte. Los planos originales del eminente arquitecto se respetaron en su mayor parte, pero no el diseño de la iglesia de St George, cuya cúpula y pórtico hubieron de ser sacrificados por motivos presupuestarios. En los años sesenta, el interior de la iglesia fue objeto de una profunda remodelación para convertirla en el **West Register House** (plano 4, A7), una suerte de anexo a la Register House (situada en el extremo opuesto de Princes Street) donde se organizan exposiciones de carácter histórico (lun.-vier., 10-16 h; entrada gratuita).

The Georgian House

Plano 4, B6.
El flanco septentrional de Charlotte Square se ha convertido en la zona residencial más selecta de la ciudad. El inmueble n.º 6 es la residencia oficial del primer ministro escocés, así como el lugar donde se reúne el gabinete ministerial. Las plantas superiores del n.º 7 de Charlotte Square las ocupa el moderador de la Asamblea General, cargo electivo de un año de duración cuyo titular se convierte en representante de la Iglesia presbiteriana de Escocia. Los pisos inferiores, hoy restaurados gracias a la financiación del National Trust of Scotland, constituyen la **Georgian House** (abril-oct., lun.-sáb., 10-17 h; dom., 14-17 h; 4,4 libras). Una vez dentro podrá visitar esta mansión con el aspecto que debió de tener en tiempos de su primer propietario, John Lamont, jefe del clan Lamont, que en el año 1796 pagó la nada despreciable suma de 1.800 libras por ella. Las habitaciones se han decorado con mobiliario de la época, incluido un organillo en perfecto estado de conservación que toca una selección de melodías escocesas. Asimismo, de las paredes cuelgan un buen número de lienzos de gran calidad, entre ellos varios retratos de Ramsay y Raeburn, escenas interiores de la escuela holandesa del siglo XVII y un bellísimo cuadro titulado *Los esponsales*

de la Virgen, obra del miniaturista italiano Giulio Clovio, maestro de El Greco. En el sótano se puede ver la bodega de vinos tal y como la conocieron sus propietarios, con toneles de aspecto tosco, y una cocina recuperada en la que no faltan la chimenea y el horno de leña. En una estancia cercana se proyecta un vídeo divulgativo sobre la vida cotidiana de los habitantes y sirvientes de la mansión.

SCOTTISH NATIONAL PORTRAIT GALLERY

Plano 4, J3. Lun.-sáb., 10-17 h; dom., 14-17 h; entrada gratuita.

En el extremo oriental de Queen Street, que discurre paralela a George Street, abre sus puertas la **Scottish National Portrait Gallery**. El edificio por sí solo ya es una auténtica pieza de museo. La fachada, proyectada a imagen y semejanza del palacio ducal de Venecia, es de piedra arenisca de color rojizo y alberga estatuas de célebres ciudadanos escoceses, tema que tiene continuidad en el vestíbulo principal, donde un friso ornamental realizado por William Hole reproduce una ilustre galería de grandes figuras nacionales. La decoración mural del balcón que preside la fachada, obra de este mismo escultor, representa los episodios más heroicos de la historia de Escocia. Las exposiciones temporales se realizan en la planta baja del edificio, que es también donde se ha instalado la tienda y la **cafetería** del museo, muy popular entre los edimburgueses.

Las salas de las plantas superiores

Las exposiciones permanentes ocupan los dos pisos superiores del edificio y muestran únicamente **retratos** de personajes escoceses famosos, acompañados de una breve reseña biográfica; de hecho, aquí tiene cabida cualquier persona que posea la más mínima relación con el país, por lo que en su conjunto, estas salas permiten realizar un fascinante paseo por la historia de Escocia en el que no faltarán los rostros de María Estuardo, Robert Burns y el príncipe Carlos Eduardo. De este último hay dos retratos, uno, firmado por Antonio David, en el que aparece representado como un adolescente de mejillas sonrosadas y porte aristocrático, y el otro, por Maurice-Quentin de la Tour, donde ya se muestra como un gallardo hombre adulto enfundado en su armadura.

Entre las obras del siglo XVII se incluye un excelente lienzo de **Van Dyck** que retrata a Charles Seton, segundo conde de Dunfermline, y a lord Mungo Murray, que perdió la vida en el desafortunado intento de fundar una colonia escocesa en Panamá, ataviado para la ocasión con un traje tradicional escocés. Entre los retratos del siglo XVIII cabe destacar el del filósofo e historiador David Hume, obra de **Allan Ramsay**, y el del poeta Robert Burns, inmortalizado por su amigo **Alexander Nasmyth**. La exposición cuenta asimismo con los retratos de sir Walter Scott y del violinista Niel Gow que realizó el pintor **Raeburn**, así como con el autorretrato de este último. La principal obra del siglo XIX es sin lugar a dudas el retrato del eminente físico sir Alexander Morison realizado por uno de sus pacientes, el pintor enajenado **Richard Dadd**. La galería del siglo XX incluye un retrato muy anguloso de Alec Douglas-Home, que en los años sesenta ocupó efímeramente el cargo de primer ministro, el rostro de Sean Connery captado por el artista escocés **John Bellany** y varios fotomontajes de estrellas del deporte nacional, como Stephen Hendry y Alex Ferguson.

CALTON

Plano 2, H4.
De las ampliaciones de que fue objeto la Ciudad Nueva, la más curiosa e interesante es sin duda **Calton**, que se extiende desde el extremo oriental de Princes Street hasta abrazar la colina de origen volcánico que ha dado nombre a toda la

zona. Se trata de un conjunto arquitectónico de extraordinario valor histórico que data del período de las guerras napoleónicas y de los años inmediatamente posteriores. Hoy se ha convertido también en el centro neurálgico de una pujante «movida» gay (véase pág. 278).

Waterloo Place (plano 6, A7) es una amplia avenida que se alarga desde Princes Street hasta Calton Hill, cruzando a su paso el impresionante Regent Bridge, cuyos parapetos conmemoran la derrota de Napoleón en 1815. Sobre el flanco meridional de Waterloo Place se eleva el sombrío y algo desmesurado **Old Calton Burial Ground** (plano 6, B7), monumento funerario de forma cilíndrica, de líneas simples, diseñado por Robert Adam en honor de David Hume. Cerca de allí, un monumento presidido por la estatua de Abraham Lincoln recuerda a los escoceses que perdieron la vida en la guerra de Secesión estadounidense. Encaramada sobre un lecho de roca maciza, apenas apoyada sobre el muro oriental del cementerio, se eleva una pintoresca construcción fortificada que muchos visitantes confunden con el castillo de Edimburgo al llegar a la estación de ferrocarril de Waverley, situada al pie de Calton Hill. De hecho, este edificio es lo único que queda de **Calton Jail**, la que fuera la principal cárcel de la ciudad, construida en 1791 y ampliada en 1817, cuando se demolió la prisión de Tolbooth. Hasta la década de 1860, la azotea del presidio fue el escenario donde se celebraban las ejecuciones públicas ante la mirada de la muchedumbre congregada en Calton Hill. El edificio aledaño es la descomunal **St Andrew's House**, levantada en los años treinta para albergar a los funcionarios públicos escoceses.

Un poco más allá, majestuosamente anclado a los pies de Calton Hill, se encuentra uno de los edificios más hermosos de Edimburgo, el **Old Royal High School** (plano 6, F6), proyectado por Thomas Hamilton a imagen y semejanza del templo de Teseo de Atenas, con un pórtico central presidido por una columnata de orden dórico que se prolonga a ambos lados. Esta institución de enseñanza secundaria en la que cursaron sus estudios figuras de la talla de Robert Adam, Walter Scott y Alexander Graham Bell, empezó su andadura como un anexo de Holyrood Abbey, hasta que en el año 1578 obtuvo su propio edificio, situado a los pies de la misma colina en cuya falda se eleva hoy el Old College de la Universidad de Edimburgo. En 1829, la escuela se trasladó a la espléndida construcción de Calton Hill que hoy podemos contemplar, y en 1968 volvió a hacerlo, esta vez de modo definitivo, a la Ciudad Nueva. Durante muchos años, se dio por sentado que el edificio de la Old Royal High School albergaría la sede del nuevo Parlamento de Escocia, pero cuando faltaba menos de un año para que se celebraran las primeras elecciones a la cámara legislativa, de repente se anunció que era demasiado pequeño para acoger las dependencias parlamentarias, y se convocó un concurso público para adjudicar las obras de construcción de una nueva sede parlamentaria (véase pág. 56). Ahora que ha quedado descartada como cámara de debate político, su futuro se ha vuelto bastante incierto. A Thomas Hamilton se debe también el **monumento a Robert Burns**, un templete circular de columnas corintias que se eleva en el lado opuesto de la calle y reproduce otra obra ateniense, la Linterna de Lisícrates.

Una larga escalinata que arranca desde Waterloo Place, frente a la fachada occidental de St Andrew's House, conduce a la **Calton Hill** propiamente dicha, la colina que ha dado nombre a toda esta zona de la ciudad. Robert Louis Stevenson aseguraba que Calton Hill era el mejor lugar para contemplar Edimburgo, «puesto que permite ver el castillo, cosa que no se puede hacer desde el castillo, al igual que Arthur's Seat tampoco se puede ver desde Arthur's Seat». Pues bien, si las vistas panorámicas que se obtienen a ras de suelo son espectaculares, qué decir de las que ofrece el **monumento a Nelson** (abril-sept., lun., 13-18 h; mar.-sáb., 10-16 h; oct.-marzo, lun.-sáb., 10-15 h; 1,50 libras), situado a mano derecha, al final de la escalinata. Esta monumental torre de planta circular, cuya construcción se inició tan sólo dos años después de la muerte del célebre almirante, es una de las construcciones más antiguas de Edimburgo y recuerda un gigantesco catalejo.

Justo al lado, se levanta el **National Monument**, iniciado en 1822 bajo supervisión de Playfair y según los planos del arquitecto inglés Charles Cockerell. El monumento, concebido como una réplica del Partenón, permanece inacabado debido a un súbito problema presupuestario que obligó a interrumpir las obras cuando sólo se habían terminado de erigir doce columnas. Todos los proyectos posteriores encaminados a concluir la construcción del templo acabaron en agua de borrajas, lo que le valió el apodo de «la vergüenza de Edimburgo». En la falda opuesta de la colina se eleva el **monumento a Dugald Stewart**, una construcción de estilo clásico proyectada por Playfair, cuya grandiosidad resulta hoy desproporcionada si se tiene en cuenta que se erigió en honor de un profesor de filosofía de la Universidad de Edimburgo cuyo recuerdo ha caído en el olvido.

A Playfair se debe asimismo el **City Observatory**, un amplio complejo arquitectónico que se eleva junto al monumento a Dugald Stewart, proyectado por el célebre arquitecto para su tío, el matemático y astrónomo John Playfair, cuya memoria honró levantando el cenotafio que preside el observatorio. Debido a la contaminación y la creciente iluminación nocturna del casco urbano, lo que dificultó desde allí la visión de las estrellas, el observatorio se trasladó, antes de que concluyera el siglo XIX, a la colina Blackford, al sur de la ciudad. Aun así, las instalaciones originales las siguen utilizando los estudiantes de Astronomía. Junto al extremo posterior del complejo se encuentra el **Old Observatory**, uno de los pocos edificios diseñados por James Craig, artífice de la Ciudad Nueva, que han llegado a nuestros días.

NORTHERN NEW TOWN

En el año 1801 se inició la urbanización de la parte septentrional de la Ciudad Nueva, que habría de conocerse como
Northern New Town y que fue la primera prolongación del
núcleo original de la Ciudad Nueva o First New Town. Hoy,
esta zona abarca *grosso modo* el área al norte de Queen Street,
limitada por India Street hacia el oeste y por Broughton
Street hacia el este. Northern New Town ha sobrevivido al
paso del tiempo mucho mejor que su predecesora. A excepción de una calle, la mayor parte de su trazado sigue intacto, y
ha logrado conservar su carácter eminentemente residencial.

Una de las construcciones más interesantes de la zona es
la neorrománica **Mansfield Place Church** (plano 2, G2),
iglesia construida en la confluencia de las calles Broughton
y East London a fines del siglo XIX por orden de una extraña y hoy extinta secta católica apostólica. Tras permanecer
abandonada y olvidada durante más de tres décadas, la iglesia se convirtió en la obsesión de los grupos locales de conservación del patrimonio, debido sobre todo a sus murales,
obra de la artista Phoebe Traquair, dublinesa de nacimiento y precursora del movimiento artístico Arts & Crafts en
tierras escocesas, que trabajó durante 8 años en ellos. Esta
magnífica obra evoca toda la frescura y luminosidad de un
manuscrito medieval, aunque estuvieron a punto de perderse debido a las goteras y la podredumbre que se apoderó
de las paredes del edificio. Sólo en 1998, cuando el edificio
fue adquirido por una fundación dedicada a la protección
del patrimonio histórico, se iniciaron las tareas de restauración y el futuro de la iglesia quedó asegurado. El sótano se
utiliza actualmente como club nocturno, pero está previsto
convertirlo en sede de las organizaciones de voluntarios escocesas. La planta superior también se rehabilitará totalmente para convertirla en un espacio escénico y sala de exposiciones.

Dean Village y Stockbridge

Los trabajos de ampliación del flanco occidental de la Ciudad Nueva, que se extendería al norte de Charlotte Square y al oeste de George Street, se iniciaron en 1822. Lo avanzado de la fecha determinó la sustitución del trazado rectilíneo que caracteriza las anteriores secciones del casco urbano por las armoniosas curvas de **Randolph Crescent**, **Ainslie Place** y la magnífica **Moray Place**, una plaza de trazado dodecágono diseñada por James Gillespie Graham, que en un alarde de jactancia se proclamó a sí mismo «arquitecto del príncipe regente en tierras escocesas». Nada más doblar la esquina de Randolph Crescent se ve el **Dean Bridge**, un puente de cuatro arcos que es una verdadera proeza de la ingeniería civil de la primera mitad del siglo XIX. El puente, construido en la década de 1830 según los planos de Thomas Telford, se alza por encima del **Water of Leith**, el riachuelo que cruza Edimburgo. Hacia la izquierda se encuentra el **Dean Village** (plano 2, A5), antiguo centro de molienda que es ciertamente uno de los rincones más pintorescos e insólitos de Edimburgo. Sus callejones y pasajes adoquinados se hallan flanqueados por una variopinta amalgama de edificios, sobre todo antiguas caballerizas levantadas en hilera y construcciones de ladrillo que antaño albergaban los molinos de agua, coronadas por chimeneas que se elevan sobre la niebla baja que a menudo envuelve esta parte del valle. Hoy, el aire de decadencia que impregna Dean Village es tan sólo aparente, ya que se ha puesto de moda como zona residencial y algunos de los antiguos molinos se han convertido en elegantes apartamentos. Desde Dean Village se llega a Stockbridge por un camino que bordea el río y pasa en su recorrido por delante de **St Bernard's Well**, un ingenio de extracción hidráulica alojado en el interior de un templete neoclásico. El pozo, encargado en 1788 por lord Gradenstone con el fin de extraer agua mineral del Water of Leith, ha sido restaurado recientemente y abre sus puertas al público de forma ocasional (para más información, dirigirse al Water of Leith Conservation Trust; ✆0131/445 7367).

Stockbridge (plano 2, B2), que se extiende a ambas orillas del Water of Leith, una vez cruzado el puente de Dean, es otra antigua población que ha sabido conservar su identidad pese a haber sido absorbida por la zona georgiana de la Ciudad Nueva; es particularmente célebre por sus tiendas de antigüedades y sus locales «alternativos». Las calles residenciales de la parte alta de Stockbridge, que bordean el último tramo del río a su paso por la ciudad, son obra de sir Henry Raeburn, que bautizó a la más soberbia de todas ellas con el nombre de **Ann Street**. Después de Charlotte Square, Ann Street es la calle más prestigiosa de Edimburgo, y entre sus antiguos moradores se incluyen personajes tan ilustres como los escritores Thomas de Quincey y J. M. Ballantyne. Las mansiones de Ann Street son las únicas de la ciudad que cuentan con un jardín en la parte delantera. Un poco más abajo, bordeando el río entre Stockbridge y Canonmills, se alinean en perfecta formación las hileras de casas de dos plantas conocidas como «Stockbridge Colonies». Estas residencias, levantadas en 1861 para alojar a los artesanos de la ciudad —algunas fachadas aún lucen escudos gremiales— se han convertido hoy en una suerte de reducto bohemio habitado por la comunidad artística de la ciudad.

EL WEST END

La zona urbana que se extiende al oeste y noroeste del cruce entre Princes Street y Lothian Road es el resultado de la última fase de expansión de la Ciudad Nueva, acometida entre los años 1822 y 1850, y supuso una desviación respecto al patrón neoclásico preponderante, que se enriqueció con una serie de elementos arquitectónicos propios de la época victoriana. Uno de los edificios más representativos de esta evolución es la descomunal **St Mary's Episcopal Cathedral** (plano 2, A6), construida en la década de 1870, cuyas tres agujas constituyen un ineludible punto de referencia en el paisaje de Edimburgo. Esta catedral es la última gran obra de sir George Gilbert Scott, que la concibió como una evocación del primer gótico inglés y fue en su momento la más monumental de cuantas iglesias se habían edificado en Gran Bretaña desde la Reforma.

En sus lindes septentrionales, el West End se eleva sobre el profundo barranco arbolado por el que fluye el Water of Leith, cuyo curso se ve interrumpido por dos puentes principales, Dean Bridge y, un poco más hacia el oeste, Belford Bridge. En la orilla norte de este último se encuentra la **Scottish National Gallery of Modern Art** y su recién inaugurada sala anexa, conocida como **Dean Gallery.**

Scottish National Gallery of Modern Art

Plano 2, A5. Lun.-sáb., 10-17 h; dom., 14-17 h; entrada gratuita.
En la zona boscosa que se extiende hasta los confines de la ciudad por el noroeste, a diez minutos más o menos a pie de la catedral episcopal de St Mary y de Dean Village, abre sus puertas la **Scottish National Gallery of Modern Art**, fundada en 1959 para albergar la primera colección artística de Gran Bretaña dedicada exclusivamente a la pintura y la escultura del siglo XX. En el parque que rodea el edificio se exponen esculturas de artistas tan notables como Jacob Epstein, Henry Moore o Barbara Hepworth. En el interior, el espacio se divide entre las salas dedicadas a las exposiciones temporales y las que albergan los fondos permanentes de la galería. Estas últimas se hallan organizadas por temas, pero la disposición y selección de las obras expuestas cambia con relativa frecuencia, por lo que la posibilidad de contemplar algunas en concreto, dependerá en buena parte del azar. No obstante, hay que añadir que los

lienzos y esculturas más importantes del museo casi siempre están expuestos.

La pintura francesa se encuentra particularmente bien representada, empezando por la obra de **Bonnard** *Sendero en Vernonnet* y las *Dos costureras* de **Vuillard**. La colección incluye también algunos cuadros fauvistas, entre ellos *La lección de pintura* de **Matisse** y el luminoso lienzo de **Derain** que lleva por título *Collioure*, así como una excelente serie de telas de la última etapa de **Léger**. Del expresionismo alemán se pueden admirar el impactante *Teatro japonés* de **Kirchner**, el lienzo de **Feininger** *Gelmeroda III* y la conmovedora escultura de madera de **Barlach** que representa a una mujer, titulada: *1937, el año terrible*. La sección dedicada al surrealismo cuenta con la inquietante *Bandera negra* de **Magritte**, la influyente *Composición* de **Miró** y la sobrecogedora escultura de **Giacometti**, *Mujer con la garganta cortada*. El cubismo se halla representado por el cuadro *Soles* de **Picasso** y el *Candelabro* de **Braque**.

Entre la selección de obras estadounidenses cabe destacar el lienzo *En el coche* de **Roy Lichtenstein**, soberbio ejemplo del Pop Art, y la escultura de fibra de vidrio titulada *Turistas*, donde **Duane Hanson** despliega toda la crueldad. En cuanto a los artistas ingleses, se destacan Sickert, Nicholson, Spencer, Freud y Hockney aunque, como es de esperar, el espacio dedicado a los escoceses es proporcionalmente mucho mayor. Entre ellos sobresalen los llamados «coloristas» —**S. J. Peploe, J. D. Fergusson, Francis Cadell y George Leslie Hunter**—, cuya obra se cotiza cada vez más en las subastas de arte, al tiempo que aumenta su notoriedad y el elogio de la crítica especializada. Aunque no llegaron a constituir una escuela pictórica propiamente dicha, todos ellos residieron en Francia y en sus lienzos de ambiente cálido y luminoso se pone de manifiesto la influencia de la pintura gala. Igualmente digno de mención es el vívido realismo de una de las escuelas de pintura más recientes de Edim-

SCOTTISH NATIONAL GALLERY OF MODERN ART |

burgo, entre cuyos representantes más destacados figuran **Anne Redpath, sir Robin Philipson** y **William Gillies**. La galería expone asimismo obras de numerosos artistas escoceses contemporáneos, como **John Bellany,** retratista de asombrosa originalidad, y el inclasificable **Ian Hamilton Finlay**, que aúna en sus obras poesía, artes plásticas y jardinería.

La Dean Gallery

Lun.-sáb., 10-17 h; dom., 14-17 h; entrada gratuita.

Frente a la galería de arte moderno, en la acera opuesta de Belford Road, se encuentra la última incorporación al rico patrimonio artístico de Escocia, la **Dean Gallery**. El edificio que la alberga se terminó de construir en 1833 y nada tiene que envidiar al de la Modern Art, con la que comparte el estilo arquitectónico neoclásico. Originalmente concebido como un orfanato y más tarde como centro de enseñanza, ha sido objeto de una profunda remodelación destinada a hacer sitio para la obra del escultor edimburgués **sir Eduardo Paolozzi**. La colección ha sido donada en parte por Gabrielle Keiller y en parte por el propio autor. En ella se incluyen cerca de 3.000 esculturas, 2.000 grabados y dibujos, y también una biblioteca de 2.000 volúmenes.

Nada más entrar, los visitantes se ven enfrentados a una impresionante presentación de la obra de Paolozzi a cargo del descomunal Vulcan —un ser fantástico, mitad hombre y mitad máquina— situado en el Great Hall o vestíbulo principal. No menos persuasivas del incansable genio creativo de Paolozzi son las salas que se abren a la derecha de la entrada, donde se han recreado con gran fidelidad sus talleres de Londres. No falta siquiera el típico amasijo de moldes de yeso y algún que otro frasco de cola vacío. Disperso entre semejante caos se halla gran parte del legado del artista, con piezas a medio terminar amontonadas en el suelo y bosquejos apilados en las estanterías. La sala adyacente acoge una colección mucho más reducida y formal de sus esculturas y dibujos.

También en la planta baja se ha instalado la **Roland Penrose Gallery**, en la que se expone una impresionante colección de arte dadaísta y surrealista. Penrose fue amigo íntimo y mecenas de muchos grandes artistas protagonistas de distintos movimientos artísticos, como **Marcel Duchamp,**

Cómo llegar a las galerías de arte moderno

Una de las formas más gratas de llegar a ambas galerías es siguiendo el **camino que bordea el Water of Leith**. Sale de la población de Balerno, situada al oeste de la ciudad, al pie de las colinas Pentland, y sigue el curso del río hasta su desembocadura en el puerto de Leith. Dos puntos convenientes para acortar distancias y acceder al tramo central del camino son **Canonmills** (plano 2, D1), cerca de la entrada oriental del Royal Botanic Garden, y **Stockbridge**, junto al extremo de Saunders Street (plano 2, B3). Desde cualquiera de estos dos puntos, no tiene más que seguir el curso fluvial río arriba hasta el *Hilton Hotel*, situado a mano derecha poco después de pasar por debajo de Belford Bridge, o bien hasta el sendero señalado que verá unos 100 metros más adelante y que lleva directamente a la parte de atrás de la Scottish National Gallery of Modern Art.

Otra alternativa es tomar el **autobús gratuito** que sale cada hora (lun.-sáb., 10-17 h; dom., 14-17 h) de la puerta de la National Gallery, situada en The Mound, y que se detiene por el camino en la National Portrait Gallery. El único medio de **transporte público** que recorre de modo regular Belford Road es el autobús 13, que inicia su trayecto junto al extremo occidental de George Street.

Max Ernst y Man Ray, todos ellos representados en la galería. Mención aparte merecen el cuadro de Dalí *La señal de angustia*, el *Espejo mágico* de Magritte y varias obras de Picasso y Miró. Destaca de modo especial el montaje daliniano que lleva por título *Cabeza*. Todos estos lienzos se exhiben junto a una amalgama de artefactos y recuerdos étnicos reunidos por Penrose y sus amigos. En la contigua Gabrielle Keiller Library, la librería del museo, se conserva una colección única de literatura surrealista, enriquecida con manuscritos y correspondencia de sus grandes exponentes, así como una deliciosa caricatura de Picasso realizada a pluma y tinta por De Chirico y una serie de cartones satíricos dibujados por el propio Picasso en los que retrata a Franco. Las salas de la planta superior acogen exposiciones especiales, en las que por lo general hay que pagar para entrar.

EL ROYAL BOTANIC GARDEN

Plano 2, C1. Todos los días, marzo y sept., 9.30-18 h; abril-agos., 9.30-19 h; oct. y feb., 9.30-17 h; nov.-enero, 9.30-16 h; entrada gratuita.

En los confines septentrionales de la Ciudad Nueva abre sus puertas el **Royal Botanic Garden**, que ocupa más de 28 hectáreas de terreno y al que se puede acceder por Inverleith Row o por Arboretum Place. El jardín es famoso por sus **rododendros**, que en los meses de mayo y abril estallan en vívidos colores y componen un glorioso tapiz floral. En el centro se alzan unos cuantos invernaderos, bautizados como la **Glasshouse Experience** (todos los días, marzo–oct., 10-17 h; nov.-feb., 10-15.30 h; 2,50 libras) en cuyo interior conviven, entre otras especies, orquídeas y nenúfares gigantes del Amazonas. Uno de ellos, una elegante construcción acristalada de mediados del siglo XIX, acoge una palmera bicentenaria oriunda de las Antillas. Muchas de las plantas más exóticas que hoy se pueden contemplar en el jardín botánico llegaron a Edimburgo gracias a la labor de George Forrest, que entre 1904 y 1932 realizó siete expediciones a China. Cuenta asimismo con un soberbio jardín de Oriente en el que, además de una pagoda y una cascada artificial, hay la mayor extensión de plantas silvestres chinas existente fuera de ese país.

El *Terrace Café* del Royal Botanic Garden ofrece espectaculares vistas panorámicas de la Milla Real (véase pág. 221).

En el punto más elevado de los jardines se eleva la **Inverleith House**, una mansión construida en 1774, que antaño se utilizaba como edificio anexo al de la Modern Art y que hoy acoge exposiciones esporádicas. Desde el césped que se extiende al sur de la casa, justo al lado de una cafetería providencialmente ubicada, hay unas vistas maravillosas de la Ciudad Vieja. De hecho, es el mejor punto para contemplar la Milla Real en toda su extensión. Junto a la entrada occidental encontrará una tienda de plantas y recuerdos.

EL ROYAL BOTANIC GARDEN |

La periferia

El propio paisaje de la ciudad contemplado desde algunos de sus puntos más elevados, pone claramente de manifiesto que Edimburgo es mucho más que su centro histórico. Ahora bien, el barrio más conocido y fascinante de la periferia es, sin duda alguna, **Leith**, que toma su nombre del puerto situado a 2,5 kilómetros del extremo oriental de Princes Street y que se comunica con dicha arteria por medio de una ancha avenida bautizada como Leith Walk. Hoy, después de dos décadas de una espectacular transformación, Leith ha dejado de ser la decadente zona portuaria de Edimburgo para convertirse en el barrio de moda por excelencia de la capital escocesa. Si bien es cierto que, en determinados rincones del antiguo distrito portuario, las viviendas de baja calidad, la prostitución y los solares abandonados le confieren un sesgo arrabalero y sórdido, que bien podría haber servido de fondo para algunas escenas de *Trainspotting*, no lo es menos que aquí se encuentran también algunos de los apartamentos más codiciados y los restaurantes más concurridos de la ciudad, así como grandes edificaciones portuarias, entre las que se incluye el nuevo Scottish Office, y atracciones como el vetusto yate real *Britannia*, que permanece anclado en el muelle y abierto al público. Cerca de allí, en la misma orilla del Forth, se extiende el barrio periférico de **Newhaven**, que surgió en el siglo XV como una aldea de pescadores, y **Portobello**, antaño un concurrido lugar de recreo a la orilla del mar cuyo principal reclamo en la actualidad es su playa, la más cercana al centro urbano.

En la periferia meridional de la ciudad proliferan los barrios residenciales de ambiente selecto, que se intercalan con grandes centros comerciales y alguna que otra urbanización de viviendas subvencionadas por el Estado. Una de estas urbanizaciones, conocida como Craigmillar, ocupa la zona adyacente al **Craigmillar Castle**, una de las residencias preferidas de María Estuardo. Más allá de la carretera de circunvalación que rodea Edimburgo, hacia el sur, se encuentra la región de Midlothian, en la que se intercalan pequeños polígonos industriales con tierras de labranza y una serie de poblaciones surgidas como ciudades satélite. Entre éstas cabe destacar **Dalkeith**, que cuenta con un atractivo parque y un museo dedicado a la minería, y **Penicuik**, en cuyas inmediaciones se encuentra la misteriosa Rosslyn Chapel. La cercana serranía de las colinas Pentland, muy popular entre los edimburgueses, se extiende a lo largo de más de 25 kilómetros cuadrados de agreste paisaje natural que proporciona excelentes paseos a pie y en bicicleta.

Hacia el noroeste de la ciudad, un rosario de antiguos pueblos llenos de encanto jalona la orilla sur del firth de Forth, entre ellos **Cramond**, **Dalmeny** y **South Queensferry**, presidido por el majestuoso **Forth Rail Bridge**. El mejor punto para contemplar este puente, uno de los grandes logros de la ingeniería civil escocesa, es el paralelo Road Bridge.

Cómo llegar

La mayoría de los barrios periféricos de Edimburgo se encuentran bien comunicados con el centro gracias a una amplia red de **autobuses** que parten en su mayoría de St Andrew's Square y Princes Street. A los barrios del noroeste también se puede llegar con ferrocarril. Existe una buena red de **vías secundarias para bicicletas** que unen el centro urbano con la mayoría de los núcleos extramuros mencionados en esta guía, entre ellos Leith, Pentland Hills y Cramond. El *Edinburgh Cycle Map*, muy práctico, se encuentra disponible en la mayoría de las tiendas de bicicletas y librerías locales al precio de 3 libras.

LEITH Y ALREDEDORES

Plano 1, E4.

Hasta las primeras décadas del siglo XX, **Leith** fue una población independiente de la capital. Como principal puerto de la costa oriental de Escocia, desempeñó un papel primordial en la historia del país: en sus muelles desembarcaron monarcas, ejércitos y una gran variedad de mercancías llegadas del continente, y su importancia fue tal, que durante algún tiempo incluso llegó a ser sede del gobierno de la nación; en 1833 se convirtió finalmente en una villa con fuero propio. No obstante, en 1920, la proximidad física a Edimburgo y las ventajas que le prometió el gobierno municipal determinaron su incorporación a la capital escocesa. Aun así, a lo largo de las décadas siguientes, Leith vivió un imparable proceso de decadencia: la población descendió de modo espectacular y buena parte del antiguo centro urbano desapareció para dar paso a anodinas urbanizaciones de subvención oficial.

Ahora bien, en los años ochenta, la situación experimentó un inesperado vuelco. Contra todo pronóstico, un par de restaurantes que abrieron sus puertas a pie de muelle tuvieron un éxito espectacular. La competencia no tardó en seguirles el ejemplo, y a fines de la década ya se podía decir que el viejo barrio portuario contaba con la mejor oferta de restaurantes y bares de Edimburgo. Los monumentos históricos que seguían en pie fueron remozados y el sector inmobiliario de la ciudad se volcó en la edificación y restauración de viviendas y locales.

El renacer de la zona recibió el espaldarazo oficial y definitivo con la inauguración de un enorme edificio de nueva planta destinado a acoger las oficinas y a los funcionarios del Scottish Office. Actualmente, los proyectos urbanísticos más recientes se centran en el viejo puerto propiamente dicho: junto al atracadero del **Royal Yacht Britannia** se está construyendo un inmenso complejo destinado al comercio y al ocio.

Leith se encuentra a unos veinte minutos, a paso ligero, del centro de la ciudad, con el que está unido por Leith Walk (plano 2, H3). En el extremo norte de esta gran arteria se encuentra la estatua de Sherlock Holmes, erigida en memoria de su creador, sir Arthur Conan Doyle, nacido cerca de aquí. También se puede llegar fácilmente en **autobús**: el 10 y el 16 salen de Princes Street, mientras que el 22 lo hace de St Andrew Square.

Alrededor del puerto

Aunque la mayoría de los que visitan Leith lo hacen atraídos por sus bares y restaurantes, el barrio portuario posee otros encantos dignos de conocer. No queda nada de los antiguos astilleros, pero todavía abundan los terrenos baldíos y las enormes naves de almacenaje, ya que Leith sigue funcionando como puerto de mercancías. Pese a su carácter algo tosco y decadente, aquí y allá asoman edificios antiguos con cierto interés histórico, así como viviendas de reciente construcción que cada día se cotizan más al alza. El principal reclamo arquitectónico de la zona es una serie de edificios de estilo neoclásico que jalonan **The Shore** —calle flanqueada por edificios de viviendas adosados en hilera que, como su nombre indica, orilla el Water of Leith en su tramo final, justo antes de que desemboque en el firth de Forth— y las calles aledañas. Mención aparte merece el antiguo **Town Hall** o edificio del Ayuntamiento, situado en Constitution Street (calle paralela a The Shore), que en la actualidad alberga la comisaría central de Leith, y también la Trinity House, construcción de estilo clásico que se eleva en Kirkgate, en el cruce de Constitution Street y Leith Walk, y que data de 1816. Igualmente digna de mención es la impresionante Customs House (edificio de aduanas), en Comercial Street, en la esquina con The Shore. Al oeste de la Customs House, algo apartada de The Shore, se encuentra **Lamb's House**, una mansión construida en el siglo XVII por orden del próspero mercader Andro Lamb, hoy convertido en un centro de reunión de jubilados.

A escasa distancia de la comisaría, hacia el este, se extiende **Leith Links**, una amplia llanura verde. Algunos documentos hablan de la posibilidad de que este parque, conocido entre los lugareños como The Links, ya se utilizara como campo de golf en una fecha tan temprana como el siglo XV, lo que ha llevado a algunos a reclamar para Leith el mérito de ser la cuna del deporte nacional. De lo que no cabe duda es que el primer reglamento del golf se redactó en esta localidad en 1744, 10 años antes de su aprobación formal en St Andrews.

Royal Yacht Britannia

Hacia el oeste de The Shore, varado junto al paseo marítimo de Ocean Drive, a escasa distancia de los impresionantes molinos harineros de Chancelot, se encuentra uno de los barcos más famosos del mundo, el **Royal Yacht Britannia** (todos los días, 10.30-16.30 h; mejor reservar con antelación ©0131/555 5566; 7,50 libras). Botado en el año 1953 en el astillero de John Brown de Clydeside, durante 44 años fue el velero utilizado por la familia real para desplazarse en sus viajes oficiales, para celebrar recepciones diplomáticas o sencillamente para disfrutar de sus momentos de ocio. En 1997, cuando la embarcación fue reemplazada por otra nueva, el puerto de Leith decidió adquirirla. Sin embargo, en el seno de la familia real muchas fueron las voces que se alzaron en contra de esta cesión, por considerar que el *Britannia* merecía un fin más digno. Las objeciones cayeron en saco roto, y cada día se detienen en el muelle varios autobuses repletos de visitantes que suben a bordo y recorren hasta el último rincón de los antaño secretos camarotes, mientras que por las noches los salones en los que en su día confraternizaron reyes y presidentes se alquilan hoy como lujosas salas de fiesta.

Las visitas al *Britannia* empiezan en el **centro de información** especialmente construido para tal efecto en el muelle, donde se puede contemplar una réplica del comedor de oficiales y la lancha real, la pequeña embarcación a motor que transportaba a la reina del velero a la orilla y de la orilla al velero. También se pueden ver instantáneas de los momentos de asueto de la familia real a bordo del *Britannia*, así como grabaciones en vídeo de los acontecimientos más destacados en los que intervino el velero, como la evacuación de Adén en 1986 o la devolución de Hong Kong a China en 1997. Antes de salir del centro de información le entregarán unos auriculares que le guiarán en su visita al velero, por el que podrá pasear a sus anchas, desde el **puente de mando** y el **camarote del almirante** hasta el **comedor de oficiales** y la mayor parte de los **aposentos reales**, incluidos el comedor y el salón, así como los camarotes utilizados por la reina y el duque de Edimburgo, aislados por una mampara de cristal. El velero conserva en gran medida el aspecto original y nadie ha tratado de poner remedio a la insulsez decorativa que lo caracteriza, típica de los años cincuenta, y que la guía sonora atribuye al buen gusto y sobriedad de la reina en los años de escasez de la posguerra. Desde luego, el ambiente dista mucho de la opulencia y el esplendor que muchos esperan encontrar, pero lo verdaderamente curioso es que tampoco resulte acogedor ni hogareño. Pese a todo, y según sus propias palabras, el *Britannia* era el único lugar en el que la reina lograba relajarse de verdad.

A lo largo de la visita tendrá ocasión de conocer algunas de las anécdotas más estrafalarias de la historia del *Britannia*, como el hecho de que entre los 300 miembros de la tripulación siempre figurara una banda militar al completo, o que los marineros utilizaran gestos para comunicar órdenes, ya que estaba prohibido gritar a bordo. Otra cosa digna de mención es que se incorporara al puente de mando una barandilla especial de caoba maciza para que la reina pudiera subir a cubierta cuando el *Britannia* arribaba a puerto sin temor a que una ráfaga de viento levantara las faldas reales.

Guide Friday y LRT, las principales compañías de **autobuses** de la ciudad, tienen un servicio regular entre Waverley Bridge y el *Britannia*. Otros autobuses (véase pág. 119) procedentes del centro urbano se detienen en el cruce de Commercial Street y North Junction Street, punto desde el que sólo se tardan 5 minutos en llegar al centro de información.

Newhaven

Plano 1, D4.

El barrio periférico que linda con Leith por el oeste, **Newhaven**, fue en su origen una aldea construida por orden de Jacobo IV a principios del siglo XVI como centro astillero alternativo a Leith. Allí se construyó, bajo el reinado del mismo rey, el colosal *Michael*, un buque de guerra con capacidad para 120 cañones, 300 marineros y 1.000 soldados en cuya construcción se emplearon, según reza la leyenda, todos los árboles de Fife. La aldea de Newhaven fue también punto de escala de un transbordador, además de un importante centro pesquero. Pero aunque en sus años de mayor pujanza, los de la década de 1860, aquí se capturaban cerca de 6 millones de ostras al año, hoy, si bien algunos barcos siguen saliendo a faenar desde el puerto, la lonja ha dejado de existir y lejos quedan los tiempos en que las pintorescas pescaderas pregonaban su mercancía a pie de muelle. En el pequeño **Newhaven Heritage Museum** (todos los días, 12-17 h; entrada gratuita) se puede contemplar una fascinante colección de trajes típicos y otros recuerdos de la única industria pesquera local, formada a partir de los objetos cedidos por los entusiastas descendientes de aquellos hombres del mar.

Portobello

Plano 1, F4.

Uno de los atractivos más inesperados de Edimburgo es su playa, que ocupa una extensión de costa enclavada en su mayor parte en la población de **Portobello**, a unos 5 kilómetros al este del centro de la ciudad. Esta población, fundada en 1739 sobre la tierra de nadie que mediaba entre Leith y Mussellburgh, tomó su nombre de la batalla de Puerto Bello, en Panamá, que se saldó con la victoria de la Armada británica. En la época victoriana, e incluso a principios del siglo XX, Portobello fue un concurrido lugar de veraneo apodado «Brighton of North». Hoy, pese a la nota de chabacanería que ponen algunas salas de juego y un parque de atracciones que ha visto mejores días, la zona conserva cierto encanto decadente; además, recorrer el paseo marítimo es un placer sea cual sea la época del año.

Las calles que llevan a la playa acogen una interesante mezcolanza de mansiones georgianas y victorianas. La extraña torre que se eleva en el extremo oeste del paseo marítimo, conocida sencillamente como **The Tower**, fue edificada en 1785 como casa de veraneo y en su construcción se emplearon piedras de edificios medievales demolidos, entre los que se contaron, al parecer, Mercat Cross, los de la Universidad de Edimburgo y hasta la catedral de St Andrew. Cerca de allí, en Bridge Street, una placa conmemorativa señala el lugar donde nació el célebre compositor de teatro de variedades **sir Harry Lauder** (1870-1950), al que se deben temas sentimentales tan conocidos como *Roamin' in the Gloamin* o *I Love Lassie*. Para llegar a Portobello desde el centro de la ciudad se deben tomar los **autobuses** 15, 26, 42 y 86.

CRAIGMILLAR CASTLE

Plano 1, E5. Abril-sept., todos los días, 9.30-18 h; oct.-marzo, lun.-miér. y sáb., 9.30-16 h, jue., 9.30-12 h; dom., 14-16 h; 1,80 libras.

Craigmillar Castle, el lugar donde se pergeñó el asesinato de lord Darnley, segundo esposo de María Estuardo, se eleva en medio de una zona verde situada 8 kilómetros al sureste del centro de Edimburgo. Se trata de una de las fortalezas medievales mejor conservadas de Escocia y, antes de encariñarse con su residencia de Balmoral, la propia reina Victoria ponderó la posibilidad de convertirla en su residencia real al norte de la frontera, posibilidad que hoy se nos antojaría poco apetecible dada la proximidad del castillo con el degradado barrio de Craigmillar, uno de los peores de Edimburgo, y sus feas viviendas de protección oficial.

La parte más antigua del castillo es la **Tower House**, un torreón con planta en forma de L cuya construcción se remonta a la primera década del siglo XV y que se conserva sustancialmente intacto. En el interior, lo más destacado es el **Great Hall** o gran salón, que cuenta con una magnífica chimenea de estilo gótico tardío; está bastante bien conservado, ya que se alquila para recepciones y reuniones sociales. Unas décadas después de la construcción del castillo, el torreón fue rodeado por un recinto amurallado de planta cuadrangular rematado en sus cuatro ángulos por sendas torres cilíndricas. En el muro de estas torres se aprecia el impacto de unos cañonazos disparados en tiempos ancestrales. A mediados del siglo XVII, el flanco occidental fue remodelado y convertido en una mansión aristocrática, pero sus propietarios la abandonaron 1 siglo más tarde, condenándola a la lenta decadencia que confiere a los edificios antiguos su carácter pintoresco.

Para llegar al castillo, tome un autobús en el centro urbano que vaya en dirección al barrio conocido como Little France. Los **autobuses** 30, 33, 82 o cualquiera de los que se dirigen a Hawick o Jedburgh hacen este recorrido. Desde allí, el castillo se encuentra a tan sólo 10 minutos andando por la Craigmillar Castle Road.

LAS COLINAS MERIDIONALES

Las **colinas** *(hills)* que conforman la periferia meridional de Edimburgo ofrecen la posibilidad de realizar agradables excursiones cortas y contemplar un sinnúmero de arrebatadoras vistas panorámicas. A 3 kilómetros al sur del centro urbano, a un tiro de piedra de Morningside, se encuentra la colina Blackford, en cuyas laderas se eleva el **Royal Observatory** (lun.-sáb., 10-17 h; dom., 12-17 h; 3 libras). El observatorio cuenta con un centro de información en que se desvelan los misterios del sistema solar con la ayuda de varias exposiciones interactivas y los medios audiovisuales más avanzados. También se pueden visitar los dos telescopios principales del observatorio. Los autobuses 24 y 41 pasan por el centro de la ciudad y paran en Blackford Avenue, al pie de la colina Blackford.

Precisamente al pie de esta colina se encuentra el refugio de aves de Blackford Pond, punto de partida de uno de los muchos senderos excursionistas que se internan en el **Hermitage of Braid**, parque y reserva natural de Edimburgo, una zona de bosque umbroso que ocupa cerca de 1,5 kilómetros y sigue el curso del arroyo conocido como Braid Burn. La reserva toma su nombre de una mansión fortificada del siglo XVIII que se eleva junto a la orilla del arroyo, más o menos a mitad de trayecto, y que en la actualidad sirve como **centro de información** (abril-oct., lun.-vier., 10-16 h; dom., 12-17 h; nov.-marzo, todos los días, 11-16 h; cafetería dom. sólo, 12-16 h).

Un poco más hacia el sur se hallan las **colinas Pentland**, también conocidas como «the Pentlands». Se trata de una cadena que tiene 33 kilómetros de longitud y 8 de anchura en la que se encuentra la **ruta de senderismo** más larga de las afueras de Edimburgo. Caminos y senderos bien atendidos serpentean arriba y abajo por una serie de colinas que llegan a alcanzar una altitud de 579 m. En invierno, no es raro que las cumbres estén nevadas. Esta zona es también un lugar perfecto para que los amantes de la **bicicleta de montaña** abandonen la carretera y se internen montaña arriba siguiendo tortuosos senderos. El mejor **mapa** de la región es el *Ordnance Survey Landranger n.º 66*.

Un buen punto de partida para una caminata es **Flotterstone**, población que queda a 16 kilómetros al sur del centro de Edimburgo por la A702, y a la que se puede llegar con el autobús 315. Flotterstone fue antaño punto de escala en la larga ruta hacia el sur. Desde el siglo XVII nunca ha faltado un hostal en esta localidad; el actual, *Flotterstone Inn*, es un lugar agradable para tomar una copa o reponer fuerzas tras una excursión. En el folleto que distribuye el Flotterstone Regional Park Information Centre (todos los días, mayo-sept., 9-19 h; oct.-abril, 9-17 h), nada más pasar el *Flotterstone Inn*, encontrará numerosas propuestas de excursiones, que van desde paseos cortos por caminos bien señalizados, hasta un recorrido de 16 kilómetros campo a través. Incluso en el dorso de la caja que contiene los folletos se sugiere un recorrido.

Otro punto de acceso a las colinas Pentland —un poco mejor comunicado con el centro urbano (autobuses 4, 15, 16 y 27)— es **Swanston**, una aldea tradicional y muy exclusiva que conserva intactas sus viviendas de muros encalados y te-

De excursión por las colinas Pentland

La **ruta de senderismo** por las colinas Pentland que propo-
nemos a continuación dura aproximadamente 4 horas y pasa
por colinas, embalses y llanuras. Desde el aparcamiento de
Flotterstone (véase pág. anterior) parte una apacible carretera
secundaria que sube hasta el embalse de Glencorse Reservoir.
Después de rodearlo, atraviesa un angosto paso y desemboca
en Loganlee Reservoir. Otro sendero, el que sale del extremo
occidental de este embalse, atraviesa un breve paso conocido
como Green Cleugh para salir por la vertiente sur de la serranía,
donde se abre ante los ojos del caminante la gran extensión de
agua del embalse Thriepmuir Reservoir. El puente sobre el
«cuello» del embalse le permitirá cruzarlo y enfilar un sendero
que avanza tierra adentro, pero no lo siga; tome el primer desvío a mano derecha para regresar al embalse y después continúe hasta el siguiente, el Harlaw Reservoir. Junto al extremo
más apartado de éste encontrará un puesto de guardias fores-
tales; desde este punto, siga el sendero que se abre a la derecha, y que lo llevará a cruzar una llanura y la garganta que separa las colinas de Bell y Harbour. Dicho sendero prosigue
hacia abajo, acompañando el curso de un arroyo que desemboca en Glencorse Reservoir.

Este mismo recorrido también se puede hacer en **bicicleta**;
a los que quieran poner a prueba su resistencia física, les sugerimos empezar desde el aparcamiento de **Nine Mile Burn**, que
queda a poco menos de 10 kilómetros al sur de Flotterstone. El
recorrido se inicia cuesta arriba, por un accidentado camino de
tierra que describe una pronunciada pendiente y a menudo se
halla cubierto de fango. Dicho sendero lleva hasta la cumbre
de Cap Law, que corona la cordillera central de las colinas
Pentland. Siga el camino a través del altiplano y luego cuesta

abajo, por la ladera posterior de la colina Hare hasta Thriepmuir Reservoir, donde deberá cruzar el puente tendido sobre el «cuello» del embalse. Siga la carretera asfaltada a lo largo de 1 kilómetro y gire a mano izquierda al llegar al cruce con Old Road, que recorrida cierta distancia se convierte en un camino de tierra. Continúe por este camino hasta encontrar la señal que indica Listonshields. En este punto, tuerza a mano derecha, en dirección a North Esk Reservoir y, nada más dejar atrás este embalse, enfile el sendero de la derecha que cruza el río y trepa durante un breve tramo de su recorrido por la ladera de la colina Spittal. El excitante trayecto cuesta abajo que le espera a continuación lo llevará de vuelta al punto de partida.

chumbre de paja, separada de la población más cercana por aproximadamente 1,5 kilómetros de tierras de labranza. **Robert Louis Stevenson** (véase recuadro, pág. 40) veraneó durante su infancia en Swanston Cottage, la casa de campo que habría de inmortalizar en la novela *St Ives*.

Por último, desde las pendientes de la estación de nieve artificial del parque natural de **Hillend**, situado en el extremo noreste de la cadena montañosa, también se puede apreciar el paisaje de las Pentland. Para ello, partiendo del aparcamiento de la estación de esquí, hay que enfilar el sendero que sube por la vertiente derecha y torcer a mano izquierda poco después de haber cruzado un puente escalonado, para llegar a un mirador con unas vistas espectaculares de Edimburgo y Fife. Ahora bien, la manera más cómoda de subir las pendientes montañosas es, desde luego, en el **telesilla** de la estación de esquí (lun.-vier., 13-21 h; dom., 10-19 h; 1,20 libras). Y si se desea vivir emociones fuertes en el trayecto cuesta abajo, sepa que hay una **ruta para bicicletas de montaña** capaz de poner los pelos de punta al más pintado. El telesilla está equipado con ganchos especiales para transportarlas hasta arriba. Los billetes cuestan 4 libras la primera hora y 1,50 libras las siguientes. No hay ninguna tienda para alquilarlas en Hillend, por lo que quien quiera lanzarse montaña abajo sobre dos ruedas, deberá llevarse la bicicleta consigo desde la ciudad. Los **autobuses** 4 y 15 cubren el trayecto que separa el centro urbano de la estación de esquí, y el interurbano Lowland Omnibus 315 sale cada hora y se detiene en Hillend antes de proseguir hacia Flotterstone.

MIDLOTHIAN

El antiguo condado de **Midlothian**, antaño conocido como Edinburghshire, linda al sur con Edimburgo. Se trata de una de las zonas más accidentadas de las llamadas Central Lowlands, acotada a poniente por las colinas Pentland y al sur por las colinas Moorfoot, que la separan de la región conocida como Borders. Aunque es una zona predominantemente rural, posee un cinturón de antiguas poblaciones mineras que siguen luchando por adaptarse al reciente descalabro de la industria del carbón. La historia en la zona se expone en el excelente museo de la minería de **Dalkeith**, una de las principales poblaciones de la región. Los encantos de Midlothian son más bien discretos, a excepción de la capilla de **Roslin**, cuya profusa ornamentación no deja indiferente a ningún visitante.

Dalkeith y alrededores

La población de **Dalkeith**, cuyo origen se remonta a la Edad Media, cuando era un burgo feudal gobernado sucesivamente por las familias Douglas y Buccleuch, se encuentra a poco menos de 13 kilómetros al sureste de la capital, con la que se halla comunicada por tres líneas regulares de autobús (3, 30 y 82). Hoy es una bulliciosa zona comercial que cuenta con una calle principal insólitamente ancha, la High Street.

En el extremo más apartado de la calle se encuentra la entrada al **Dalkeith Country Park** (abril-oct., todos los días, 10-18 h; 2 libras), la propiedad de los duques de Buccleuch, cuya residencia, el **Dalkeith Palace**, sólo se puede contemplar por fuera. Sin embargo, es posible visitar la capilla privada de la familia, hoy convertida en la iglesia parroquial de **St Mary**, cuya ornamentación interior destaca por su extraordinaria riqueza. Un poco más al norte está el **Montagu Bridge**, el puente diseñado por Robert Adam que salva el curso del río North Esk con un elegante arco. Más allá del puente se extienden unos jardines antaño célebres por su majestuosidad, pero hoy abandonados a su propia decadencia. Asimismo, en el bosque, hay un gran parque de recreo apto para niños de casi todas las edades, excepto quizá los más pequeños.

Más o menos a 1,5 kilómetros al sur de Dalkeith se encuentra la población de **Newtongrange**, cuya mina de carbón, la Lady Victoria Colliery, ha sido abierta al público e integrada en el **Scottish Mining Museum** (feb.-nov., todos los días, 10-17 h; 4 libras). La mina cuenta con un pozo de 495 metros de profundidad y un cabrestante alimentado por el motor a vapor más grande de Escocia. En el recién inaugurado centro de información del museo podrá enterarse, con todo lujo de detalles, cómo era el día a día en la mina y en la comunidad local. La exposición cuenta asimismo con algunos entretenimientos muy innovadores, como los «cascos mágicos», que permiten al visitante bajar a una mina virtual y vivir la experiencia de trabajar bajo tierra extrayendo carbón.

Roslin

La apacible aldea de **Roslin** se encuentra a 11 kilómetros al sur del centro de Edimburgo, distancia que recorre el autobús 87A. La compañía regular Eastern Scottish dispone asimismo de autobuses que salen de St Andrew Square con des-

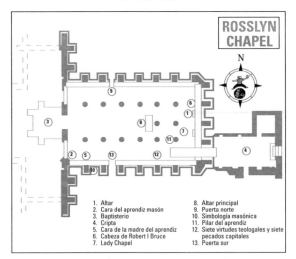

1. Altar
2. Cara del aprendiz masón
3. Baptisterio
4. Cripta
5. Cara de la madre del aprendiz
6. Cabeza de Robert I Bruce
7. Lady Chapel
8. Altar principal
9. Puerta norte
10. Simbología masónica
11. Pilar del aprendiz
12. Siete virtudes teologales y siete pecados capitales
13. Puerta sur

tino a la vecina población de Penicuik. Dos hechos insólitos rescatan a Roslin de la vulgaridad y el anonimato: el primero, que en esta población, en el Roslin Institute, fue donde en 1997 se realizó con éxito la primera clonación animal de la historia, la que dio origen a la célebre oveja *Dolly*. Y el segundo, que alberga la misteriosa **Rosslyn Chapel** (lun.-sáb., 10-17 h; dom., 12-16.45 h), capilla de estilo gótico tardío que destaca por su profusa ornamentación. Pese a haber sido concebida como una inmensa iglesia colegiata dedicada a san Mateo, de aquel plan inicial no se llegó a construir más que el coro, el altar de Lady Chapel y parte del crucero. Las obras se interrumpieron poco después de la muerte de su patrocinador en el año 1484, y la sacristía incorporada a la fachada 400 años más tarde es el único elemento que se añadió al edificio desde entonces. Tras un largo período de abandono, recientemente se ha acometido un proyecto de restauración in-

ROSLIN

tegral que la mantendrá oculta bajo una lona durante varios años a fin de permitir que se seque la humedad acumulada en techos y muros, al tiempo que se preparan otras importantes reparaciones en el interior del edificio.

En el exterior, la capilla es un prodigio gótico de pináculos, gárgolas, arbotantes y bóvedas, y en el interior, de motivos vegetales labrados, que reproducen con extraordinaria fidelidad más de una docena de especies botánicas, entre ellas cactus y maíz, una prueba nada desdeñable de que —como asegura la leyenda local— el intrépido navegante sir Henry of Orkney, abuelo del fundador de la capilla, pisó tierras americanas 1 siglo antes que Cristóbal Colón. Las minuciosas y delicadas esculturas figurativas que decoran los muros de la capilla Rosslyn le han valido el sobrenombre de «Biblia de piedra», aunque a decir verdad son más alegóricas que literales. Entre las más notables se incluyen las que representan la Danza de la Muerte, las siete virtudes teologales y los siete pecados capitales.

No obstante, la escultura más grandiosa y original de todas las que adornan el interior de la capilla es el profusamente intrincado **Prentice Pillar**, que está en el extremo sureste de la Lady Chapel. Según se cuenta este pilar de piedra fue tallado por un aprendiz de escultor durante la ausencia del maestro, quien al contemplar el resultado lo asesinó en un rapto de ira provocado por los celos. En el extremo noroeste del edificio se puede observar en el techo una diminuta cabeza humana con la frente acuchillada que, según la creencia popular, representa al malogrado aprendiz, mientras que la testa de su asesino pende en el opuesto. Al pie de ésta hay dos dragones entrelazados, símbolo de Satanás extraído probablemente de la mitología nórdica.

Las tallas y motivos insólitos e incluso inquietantes que adornan la capilla han dado pie a todo tipo de teorías acerca de su función y secretos ocultos, y la abundancia de iconos masónicos ha llevado a algunos a relacionarla con los Templarios y a sugerir incluso que puede haber albergado el Arca de la Alianza, en tanto que otros sostienen que es el lugar donde se conserva la verdadera Piedra del Destino. Esta última hipótesis se apoya en el supuesto de que la piedra sustraída por Eduardo I que hoy se encuentra expuesta en el castillo de Edimburgo es falsa. Entre las muchas historias y leyendas gestadas en torno a la capilla cabe destacar asimismo las que la relacionan con la Sábana Santa de Turín y con la supuesta aparición de ovnis sobre el cielo de Midlothian.

CRAMOND Y LAURISTON CASTLE

Plano 1, C4.

Cramond es quizá la aldea antigua más encantadora de las que rodean Edimburgo, aunque también es la más exclusiva y selecta. Sus casas encaladas y coronadas con tejados de remate escalonado jalonan la falda de la colina desde la orilla del mar, conformando una bucólica estampa milenaria. Pero, además, la aldea puede presumir de conservar los cimientos de un fuerte romano, un puente y un torreón medieval, así como una iglesia, un hostal y una mansión construidos en el siglo XVII. En diciembre de 1996, se halló en el río Almond, que riega el pueblo, una fabulosa escultura romana que representa a una leona devorando a un hombre. Se cree que los habitantes de la época la arrojaron al agua tras la partida de los romanos. Hoy se conserva en el National Museum of Scotland, en Chambers Street (véase pág. 72).

Los alrededores de Cramond brindan al visitante la posibilidad de hacer varias excursiones cortas e interesantes: aprovechando la bajamar, se puede cruzar el paso elevado que une la aldea con la inhóspita **isla Cramond,** un islote cuyos únicos habitantes son las aves marinas; otro paseo agradable consiste en avanzar por la orilla del mar, que se abre ante los ojos del caminante como un espejo tornasolado, y seguir hacia el este, como si uno se dirigiera a los gasómetros de

Granton. Por último, sugerimos seguir el curso del Almond río arriba, dejando atrás los antiguos molinos y las casas de campo aledañas hasta llegar al Old Cramond Bridge, un puente del siglo XVI. Cada una de estas excursiones dura aproximadamente 1 hora.

Lauriston Castle

Plano 1, C4. Sólo se admiten visitas guiadas (40 min.). Abril-oct., todos los días excepto vier., 11-13 h y 14-17 h; nov.-marzo, sáb. y dom., 14-16 h; 4,50 libras. Autobús 40 desde el centro de la ciudad.

A 8 kilómetros escasos del centro de Edimburgo en dirección a poniente, y a poco más de 1,5 kilómetros al este de Cramond, se encuentra **Lauriston Castle**, una mansión rural rodeada de jardines que se eleva sobre el firth de Forth. El edificio original, una torre cuya construcción se remonta al siglo XVI, es hoy el elemento central y única nota discordante de una construcción que reproduce el estilo jacobita. En 1902, se convirtió en el lugar de retiro de un próspero ebanista local, que decoró el interior con su colección privada de mobiliario y antigüedades, en la que se incluían unos valiosos tapices flamencos y varios objetos decorativos realizados en fluorita de Derbyshire. La mansión cuenta asimismo con algunas comodidades muy modernas para la época, como un sistema de calefacción central, doble acristalamiento en las ventanas y un cuarto de baño de estilo eduardiano incorporado al dormitorio, con cadena de váter y una espléndida bañera con ducha. En 1926, a la muerte de sus últimos propietarios, pasó a formar parte del patrimonio nacional y desde entonces su interior se ha conservado intacto.

Los **jardines** bien cuidados que la rodean (todos los días, 9 h-puesta del sol; entrada gratuita), con algunos campos de críquet, ofrecen unas bellas vistas del firth de Forth y de Fife.

DALMENY

Plano 1, B4.

En 1975, los confines de Edimburgo se ampliaron para abarcar una serie de pueblos y aldeas circundantes que hasta entonces habían pertenecido a la demarcación de West Lothian. Entre ellas, **Dalmeny**, una aldea situada a 3 kilómetros al oeste de Cramond a la que es posible llegar directamente desde el centro urbano, ya sea en autobús (43 de la SMT) o en ferrocarril. Otra manera de hacerlo es siguiendo la carretera de la costa desde Cramond, que cruza la propiedad de **Dalmeny House** (jul.-agos., sólo lun. y mar., 12-17.30 h; dom., 13-17.30 h; 3,60 libras), la residencia de los condes de Rosebery. Esta mansión, obra del arquitecto inglés William Wilkins, se terminó de edificar en 1815, y fue la primera casa solariega de estilo neogótico construida en Escocia. De hecho, recuerda la arquitectura típica de la época Tudor en detalles tales como el pintoresco hastial jalonado de torrecillas, las elegantes bóvedas de crucería y las vigas voladizas que sostienen el techo. Dalmeny House alberga una colección de retratos familiares, entre los que cabe destacar el que realizó Raeburn del hombre que encargó la construcción de la casa, el cuarto conde de Rosebery, y el del que fuera primer ministro británico y quinto conde del linaje, obra de Millais. En las dependencias de la mansión se exponen asimismo retratos de otros eminentes personajes de la sociedad escocesa inmortalizados por pintores de la talla de Reynolds, Gainsborough y Lawrence. También sobresale una serie de tapices realizados a partir de varios cartones de Goya, y la colección Rothschild de muebles franceses del siglo XVIII, así como diversos objetos decorativos. La fascinante colección de objetos relacionados con Napoleón Bonaparte, que reunió el quinto conde de Rosebery, autor de una biografía del emperador, incluye algunos de los utensilios que aquél utilizó durante su exilio en la isla de Santa Helena.

DALMENY

El principal atractivo de Dalmeny, una población de ambiente apacible levantada alrededor de una plaza ajardinada, es **St Cuthbert's Kirk**, una maravillosa iglesia románica que se ha conservado casi intacta. Aunque bastante desgastada por el paso del tiempo, la portada meridional, con sus relieves de bestias mitológicas, es especialmente hermosa. En el interior de la iglesia aún hay más esculturas vívidamente talladas de criaturas grotescas, coronando las ménsulas, el arco del coro y el presbiterio.

SOUTH QUEENSFERRY Y ALREDEDORES

Plano 1, B3.

La pequeña y compacta población de **South Queensferry** tomó su nombre de santa Margarita, la reina santa que vivió en el siglo XVIII y que solía cruzar el Forth desde la aldea en sus frecuentes desplazamientos entre los palacios de Edimburgo y de Dunfermline. La calle principal de South Queensferry, la **High Street**, discurre a lo largo de la estrecha lengua de tierra que separa la orilla del mar y la falda de la colina a cuyos pies se extiende la aldea. Sus aceras se hallan flanqueadas por una pintoresca sucesión de viejos edificios, entre los que se destaca un original conjunto arquitectónico compuesto por una hilera de comercios de dos plantas con una peculiaridad: los tejados de la planta baja hacen las veces de pasarelas de acceso al piso superior. En el 53 High Street abre sus puertas un pequeño **museo** (lun. y jue.-sáb., 10-13 h y 14.15-17 h; dom., 14–17 h; entrada gratuita) que alberga reliquias del pasado de esta localidad y narra las vicisitudes que rodearon la construcción de los dos puentes que unen la población con la otra orilla del Forth.

Punto de referencia ineludible de South Queensferry, estos dos grandes puentes, cada uno de los cuales mide cerca de 2,5 kilómetros de longitud, cruzan el firth de Forth por la zona más estrecha. **Forth Rail Bridge**, construido entre

Forth Rail Bridge

El gran impulso que recibió el sector industrial en Gran Bretaña a fines de la época victoriana propició la llegada del ferrocarril a numerosos puntos de Escocia, así como una inversión constante de dinero para prolongar y mejorar las líneas ferroviarias ya existentes. Una de las más importantes fue la línea de la costa este, que unía Edimburgo con Aberdeen, aunque para ello efectuaba un largo rodeo que obligaba a pasar por Stirling para sortear el firth de Forth. Los primeros planos para la construcción de un **puente colgante** que permitiera a los trenes cruzar el estuario acabaron en la papelera cuando, en 1879, se derrumbó el Tay Rail Bridge, el puente ferroviario sobre el estuario del río Tay, en Dundee. Este lamentable hecho puso en guardia a las autoridades que, en prevención de futuros disgustos, encargaron a John Fowler y Benjamin Baker el diseño del impresionante puente levadizo que hoy se puede contemplar. En su construcción se emplearon más de 50.000 toneladas de acero y 6,5 millones de remaches, y su capacidad de carga es dos veces superior a lo que habían determinado los expertos. Las tareas de construcción del puente suscitaron desde el primer momento el interés de los habitantes de Edimburgo y Fife, que las siguieron expectantes hasta su inauguración en 1890. Los edimburgueses se aficionaron a tomar el tren hasta North Queensferry sólo para poder presumir de haber cruzado el puente, que se convirtió en el símbolo, unánimemente reconocido, de las hazañas de la ingeniería civil escocesa. Incluso el gran ingeniero francés Alexandre Gustave Eiffel lo describió como «el mayor prodigio del siglo», aunque no todos le profesaron el mismo afecto: el artista William Morris lo calificó de «suprema apoteosis de la fealdad». Hoy, 190 trenes lo cruzan a diario, y mantenerlo es una labor que no acaba nunca, ya que nada más acabar de darle una mano de pintura por un lado, empieza a necesitarla por el otro.

FORTH RAIL BRIDGE

1883 y 1890 por sir John Fowler y Benjamin Baker, es una hermosa estructura en voladizo que figura entre los máximos logros de la ingeniería civil victoriana. En su construcción se invirtieron alrededor de 33,5 millones de libras y hoy destila elegancia y robustez a partes iguales. El modelo de suspensión elegido para el **Forth Road Bridge**, mucho más reciente, se inspiró en los puentes estadounidenses contemporáneos, lo que permitió crear el complemento visual perfecto para la estructura más antigua. Construido entre 1958 y 1964, este puente, que soporta un volumen considerable de tráfico rodado, permitió el cierre definitivo del servicio de transbordador que a lo largo de 9 siglos había unido ambas orillas del Forth. Vale la pena cruzarlo a pie por el camino peatonal hasta Fife, para disfrutar de las espectaculares vistas del Forth Rail Bridge y del estuario.

Inchcolm

Plano 1, C3.
Desde South Queensferry —y más concretamente desde Hawes Pier, el muelle situado a escasos metros de Forth Rail Bridge— zarpan embarcaciones de recreo que realizan distintos **cruceros por el Forth** (Pascua, mayo y jun., sáb. y dom.; jul.-mediados sept., todos los días; ✆0131/331 4857; 7,50-10 libras). Confirmar con antelación, ya que el mal tiempo puede determinar la cancelación del crucero.

El destino más atractivo de estos cruceros es la **isla de Inchcolm**, donde en el año 1123 el rey Alejandro I ordenó levantar una hermosa **abadía** en señal de gratitud por la hospitalidad que le había brindado un ermitaño del lugar cuando su barco se vio arrojado a las playas de la isla durante una tormenta. Aún se conserva la celda del ermitaño, situada en el extremo noroeste de la isla. En cuanto a la abadía, los edificios que han llegado a nuestros días, construidos entre los siglos XIII y XV, constituyen el conjunto monástico medieval mejor conservado de Escocia, con una espléndida sala capitular de planta octagonal. Apenas queda algo de la iglesia, aunque la torre sigue en pie y se puede subir hasta arriba para contemplar a vista de pájaro esta curiosa isla, habitada por varias especies de aves y una colonia de focas grises.

Hopetoun House

Plano 1, A3. Abril-sept., todos los días, 10-17.30 h; oct., sáb. y dom., 10-17.30 h; casa y jardines, 5 libras; jardines solamente, 2,80 libras.

Hopetoun House, una de las casas solariegas más imponentes de Escocia, se eleva junto al extremo occidental de South Queensferry. La mansión original se construyó a fines del siglo XVIII por orden del primer conde de Hopetoun, según los planos de sir William Bruce, el arquitecto de Holyroodhouse (véase pág. 52). Un par de décadas más tarde, William Adam llevó a cabo una ambiciosa ampliación y levantó la nueva fachada principal, presidida por una elegante columnata curvilínea, y dos alas laterales, soberbios ejemplos de la fastuosidad y grandilocuencia del Barroco.

Durante los meses de verano, en los jardines de Hopetoun House se celebran conciertos al aire libre; para más información, llame al ©0131/331 2451.

El interior de la casa fue diseñado por Adam y decorado por los hijos de éste tras la muerte del insigne arquitecto. La grandiosidad y el derroche que caracteriza las estancias decoradas por ellos contrastan sobremanera con el ambiente íntimo y recogido de las que llevan la firma de Bruce. Especialmente dignos de admiración son los **salones Rojo y Amarillo**, famosos por la espléndida ornametación de los techos, obra de juventud de Robert Adam. La decoración de la casa incluye también una serie de tapices del siglo XVII, porcelana de

HOPETOUN HOUSE

Meissen y una selecta colección de cuadros, entre los que se cuentan varios retratos de Gainsborough, Ramsay y Raeburn. Los jardines de Hopetoun House están abiertos al público y son una magnífica excusa para dar un paseo por la ribera del Forth o incluso para organizar un picnic. Si alza la mirada desde el extremo noroeste de los jardines se encontrará con la extraña silueta de **Blackness Castle**, un castillo del siglo XV cuya forma recuerda el casco de un galeón. En el camino de vuelta a Hopetoun House podrá admirar el único elemento de la fachada diseñada por Bruce que ha llegado a nuestros días, el muro occidental de la zona central del edificio.

Excursiones
desde Edimburgo

Las distancias relativamente cortas y la buena infraestructura de transportes hacen de numerosos enclaves del sur y centro de Escocia destinos accesibles para realizar excursiones de 1 día desde Edimburgo. Partiendo de la capital se pueden conocer con toda comodidad puntos de interés tan diversos como el ambiente cultural postindustrial de Glasgow, los célebres campos de golf de St Andrews y el fascinante paisaje rural de las Highlands, al norte, o de la región de Borders, al sur.

Al oeste de Edimburgo, a menos de 1 hora de camino, se encuentra **Glasgow**, la mayor ciudad de Escocia, que compite con la capital desde tiempos inmemoriales en materia de prestigio, influencia y relevancia. Los numerosos contrastes existentes entre ambas ciudades constituyen, de por sí, motivo sobrado para hacer una visita a Glasgow, donde décadas de crisis industrial han ido dando paso en los últimos años a una renovada querencia hacia el extraordinario legado arquitectónico y urbanístico de la época victoriana y de principios del siglo XX que conserva la ciudad. Entre los grandes tesoros de dicho período que han llegado a nuestros días destacan los singulares y extravagantes edificios proyectados por Charles Rennie Mackintosh, el gran precursor del Art Nouveau. Pero Glasgow posee otros encantos indudables, como la nutrida oferta cultural de sus museos y galerías de arte —entre las que destaca la colección Burrell—, su impresionante catedral medieval y, para quienes decidan quedarse a pasar la noche, la oportunidad de asomarse a la candente vida nocturna de la ciudad.

Los visitantes interesados en conocer los principales hechos de la historia de Escocia no deben perder la ocasión de visitar **Stirling** —también a menos de 1 hora de Edimburgo en dirección noroeste—, donde los aguarda un bello castillo y la oportunidad de ver *in situ* los escenarios de varias célebres batallas.

Quienes, desde este punto, decidan seguir avanzando hacia el norte, tendrán ocasión de apreciar el sobrecogedor paisaje de las **Highlands** (Tierras Altas), y en el transcurso de un día es también factible visitar cualquier población situada al sur de **Crianlarich** y **Pitlochry**. Las ondulantes colinas de la región de **Borders**, que se extiende al sur de la capital, así como la región costera de **East Lothian,** bañada por el mar del Norte, también ofrecen inolvidables y bucólicos paisajes jalonados de antiguos castillos y abadías en ruinas. Entre Edimburgo y Stirling se eleva el **palacio de Linlithgow**, vinculado desde hace siglos a la dinastía Stuart, mientras que el legado de la época medieval se mantiene vivo en las calles de **St Andrews**, frente a la escarpada costa oriental de Escocia, a unos 50 kilómetros al noreste de Edimburgo. Esta población, sede de la universidad más antigua del país, alberga algunas ruinas dignas de interés, así como un campo de golf de fama internacional.

La red de **transportes públicos** que comunica Edimburgo con Glasgow, Stirling, Linlithgow y determinados puntos de East Lothian —ya sea en ferrocarril o autobús— funciona regularmente y es muy eficaz, cosa que no puede decirse de los medios de transporte que cubren trayectos más largos, como los que separan Edimburgo de St Andrews o de la región de Borders.

GLASGOW

Entre **Glasgow** y Edimburgo media una distancia de tan sólo 64 kilómetros que se puede recorrer en menos de 1 hora en ferrocarril. Sin embargo, para tratarse de dos ciudades geográficamente tan cercanas, las diferencias entre ambas no podrían ser más abismales. Edimburgo es burguesa y cosmopolita, Glasgow, eminentemente industrial; Edimburgo tiene profesionales, Glasgow obreros; Edimburgo es formal y acomodada, Glasgow inquieta y moderna; en Edimburgo se juega al rugby, en Glasgow domina el fútbol.

Si bien es cierto que Glasgow carece de la contundencia visual y la belleza escénica de Edimburgo, a poco que uno dedique algo de tiempo a conocer la palpitante creatividad de sus habitantes, que se refleja a pie de calle en forma de bellos edificios y bares de diseño —auténticos templos de la modernidad— se verá, sin duda, recompensado con creces. En un día es posible visitar con tranquilidad la zona conocida como **Merchant City**, el barrio que en el siglo XVIII eligieron para asentarse los prósperos mercaderes de Glasgow, la **catedral** medieval y **Glasgow Green**, un extenso parque enclavado en el corazón de la ciudad y regado por el río Clyde. Ahora bien, los visitantes que quieran saber más acerca de la extraordinaria arquitectura victoriana y de principios del siglo XX de Glasgow no tienen más que dar un paseo por sus calles para toparse con numerosos y espléndidos ejemplos de dichos períodos, muchos de ellos fruto del talento del célebre diseñador **Charles Rennie Mackintosh**, que colocó la ciudad en la vanguardia del diseño del siglo XX con edificios como la School of Art y la Lighthouse, recientemente rehabilitada.

La ciudad muestra su faceta más ociosa y relajada en el **West End**, el barrio estudiantil, literalmente atestado de excelentes galerías de arte y museos. Pese a ello, el museo más importante de Glasgow, la **Burrell Collection**, se encuentra en las afueras, aunque vale la pena invertir un poco de tiempo en desplazarse hasta allí, no sólo por la variada muestra de tesoros que contiene, sino también por el inesperado entorno natural en el que se halla enclavado.

Habida cuenta de que el servicio regular de ferrocarril efectúa salidas con destino a Edimburgo hasta las 23 h, siempre cabe la posibilidad de «catar» la **vida nocturna** de Glasgow, indudablemente más «marchosa» y moderna que la de Edimburgo, o bien aprovechar su innovadora y excelente oferta teatral y musical.

Llegada e información

Los **trenes** con destino a Glasgow salen de Edimburgo cada 15 minutos, concretamente de las estaciones de ferrocarril de Waverley y Haymarket.

El servicio funciona hasta aproximadamente las 23 h y los trenes se detienen en **Glasgow Queen Street Station**, situada en una esquina de George Square, es decir, en el corazón de la ciudad. A 10 minutos a pie se halla la **Glasgow Central Station**, estación terminal de los trenes que van hacia el sur. También existe un servicio regular de **autobuses**, que parten de St Andrew's Square en Edimburgo y llegan a la terminal de Glasgow sita en **Buchanan Street**, justo al norte de Queen Street Station.

La solvente **oficina de información turística** de Glasgow está situada en el 11 George Square (mayo, jun. y sept., lun.-sáb., 9-18 h; dom., 10-18 h; jul. y agos., lun.-sáb., 9-20 h; dom., 10-18 h; oct.-abril, lun.-sáb., 9-18 h; ✆0141/204 4400). En ella le entregarán de forma gratuita la *Guide to Getting Around Glasgow*, muy útil, ya que contiene información detallada sobre el transporte público y un excelente mapa desplegable que abarca el centro urbano y la zona del West End.

Orientación y medios de transporte urbanos

El **centro** de Glasgow es una zona de trazado disperso y contorno impreciso, que se extiende sobre una serie de colinas muy empinadas y carece de un eje principal claramente definido, aunque la céntrica **George Square** resulta bastante útil como centro de referencia. Hacia el este de esta plaza se encuentra el barrio conocido como **Merchant City**, donde se percibe la huella de los tiempos en los que Glasgow vivió su apogeo como foco de actividad mercantil, y la **catedral**, principal punto de interés de la zona más antigua de la ciudad. Poco más de 1,5 kilómetros al oeste de Queen Street Station empieza el **West End**, el barrio que acoge la universidad y la comunidad estudiantil de Glasgow. Sus elegantes avenidas y parques, así como las curiosas tiendas y cafeterías que jalonan sus calles, conservan una dignidad antigua que les confiere un gran encanto. Al sur del río Clyde se encuentran los barrios periféricos y antaño selectos de **Govan** y **Gorbals** que, a su vez, dan paso a las zonas residenciales de clase media y a la gran extensión verde de **Pollock Park**, en cuyo interior abre sus puertas el famoso museo conocido como **Burrell Collection**.

Aunque las empinadas cuestas de las colinas de Glasgow amenazan con dejar al visitante sin resuello, la mejor forma de explorar cualquier parte de la ciudad es sin duda **caminando** por sus calles. Ahora bien, como los principales puntos de interés están bastante dispersos —el West End, por ejemplo, se encuentra a unos 30 minutos a pie del centro— lo mejor y más recomendable es echar mano del **Metro**, cuyas estaciones están señalizadas con un letrero que luce una gran U de color naranja. El billete sencillo cuesta 80 peniques, aunque también se puede comprar un **abono de 1 día** por 2,50 libras. Las estaciones más útiles para el visitante son la de **Buchanan Street**, que se encuentra cerca de George Square y que está comunicada con la estación de ferrocarril de Queen Street por una pasarela mecánica, la de **St Enoch**, situada en el cruce del tramo peatonal de Buchanan Street y Argyle Street, y la de **Hillhead**, en el corazón del West End.

Para llegar a puntos más distantes del centro urbano, como la Burrell Collection o el edificio de Mackintosh conocido como la House for an Art Lover, la **red ferroviaria urbana** constituye una alternativa de transporte rápida y práctica. El Roundabout Glasgow Ticket (un abono que cuesta 3,50 libras) permite viajar en el Metro y los ferrocarriles urbanos todo un día sin tener que pagar nada más. La red de **autobuses** de Glasgow es bastante completa y también confusa. En algunas paradas encontrará información acerca de los horarios y trayectos más importantes, pero donde le ayudarán de verdad a dar con la mejor forma de llegar a cualquier destino es en la oficina de información turística.

Las empresas competidoras Discovering Glasgow y Guide Friday ofrecen visitas guiadas en **autobuses turísticos** (abril-oct., lun.-sáb., 9.30-14 h; 6,50 libras). Los vehículos, de dos pisos, el superior descubierto, salen cada 30 minutos de George Square y efectúan un recorrido por los principales puntos de interés del centro urbano y del West End; podrá apearse del autobús y volver a subir cuantas veces le plazca.

El centro urbano

El amplio centro urbano de Glasgow, que conforma una cuadrícula de trazado rigurosamente simétrico —inspirada quizás en la Ciudad Nueva de Edimburgo—, es también el más denso de Escocia, y en sus calles conviven comercios, tiendas y un bullicioso tráfico rodado. Glasgow posee también uno de los mejores conjuntos de arquitectura victoriana del mundo. El auge comercial e industrial que vivió la ciudad a fines del siglo XIX y principios del XX permitió a los comerciantes contratar a los mejores arquitectos del momento, como se pone de manifiesto, sobre todo, en la **George Square** (plano 7, K6), una plaza de estilo continental dominada por el esplendor barroco del **City Chambers**, inaugurado en 1888 en el extremo oriental. Su fachada, minuciosamente ornamentada, muestra unos frisos en los que aparecen representadas las cuatro naciones del Reino Unido (Inglaterra, Irlanda, Escocia, País de Gales) a los pies de una reina entronizada, así como las colonias británicas y tres figuras alegóricas de la Religión, la Virtud y la Sabiduría. Vale la pena aprovechar las visitas guiadas gratuitas (lun.-vier., 10.30 y 14.30 h; ©0141/227 4017) por el laberíntico interior del edificio, para contemplar los intrincados ornatos de pan de oro y mármol italiano que embellecen sus paredes.

La cuadrícula de calles que linda al sureste con el City Chambers se conoce como **Merchant City** (plano 7, K6) o «ciudad de los mercaderes» y es el barrio que eligieron los acaudalados comerciantes de tabaco del siglo XVIII para levantar sus almacenes y residencias. Durante la última década, se han limpiado y remozado las fachadas de esta zona, cuyas calles —repletas de lujosos apartamentos, boutiques de diseño exclusivo y cafeterías de ambiente selecto— hoy rezuman un aire sofisticado y elegante. En **Hutcheson Hall**, en el 158 Ingram Street (lun.-sáb., 10-17 h), le facilitarán el folleto *Merchant City Trail*, que contiene información acerca de los edificios más interesantes de la zona.

El casco antiguo de la ciudad se encuentra al este de Merchant City; las agujas de la **catedral de Glasgow** (plano 7, N5; abril-sept., lun.-sáb., 9.30-18 h; dom., 14-17 h; oct.-marzo, lun.-sáb., 9.30-16 h; dom., 14-16 h) son una referencia ineludible. Aunque el primer edificio catedralicio que

EL CENTRO URBANO

ocupó este emplazamiento se remonta a 1136, la catedral actual, consagrada al patrón y legendario fundador de la ciudad, san Mungo, fue construida en las postrimerías del siglo XV. Una vez en el interior, la majestuosa diafanidad del **nivel superior** contrasta claramente con el umbrío **nivel inferior**, donde se encuentra la **cripta**, uno de los ejemplos más notables de arquitectura medieval escocesa, que alberga el sepulcro de san Mungo. Junto a la catedral se halla la evocadora **necrópolis** de Glasgow, un camposanto cuyos lúgubres sepulcros y panteones de estilo neoclásico se extienden sobre la falda de una colina y reflejan la vanidad de los potentados industriales del siglo XIX que yacen sepultados en él. Vale la pena subir hasta la cima de la colina para contemplar las arrebatadoras vistas de todo el conjunto.

Enfilando High Street en dirección al sur desde la catedral se llega a **Glasgow Cross**, el que fuera el principal cruce de arterias de la ciudad hasta mediados del siglo XIX, donde se eleva **Tolbooth Steeple**, la aguja del antiguo ayuntamiento, único vestigio que ha llegado a nuestros días del edificio original. Un poco más hacia el este, siguiendo por Gallowgate, se extiende el **East End**, el antiguo núcleo industrial y principal motor económico de la ciudad. En la actualidad, unos cuantos bares solitarios, tiendas deslucidas y tristes cafeterías es lo único que queda de la decadencia industrial, aunque las cercanas y verdes llanuras del **Glasgow Green**, que tiene fama de ser el parque público más antiguo de Gran Bretaña, ofrecen un agradable contraste. Varios monumentos, algunos de ellos en un lamentable estado de abandono, se hallan dispersos por el parque, en cuyo extremo septentrional abre sus puertas el **People's Palace Museum** (plano 7, M8; lun.-sáb., 10-17 h; entrada gratuita), donde podrá contemplar una deliciosa, aunque bastante caótica, reconstrucción de la historia de la ciudad. La inauguración de este museo se remonta a 1898, casi un siglo antes de que el resto del país se apuntara a la moda de las exposiciones sociohistóricas.

La mejor forma de volver a George Square es siguiendo la ribera del **Clyde**, un río cuya estrecha relación con Glasgow viene de muy lejos, cosa que queda plasmada en el escudo de armas de la ciudad, en la figura de un pez. En otros tiempos, el Clyde cumplió asimismo una importante función comercial, y sus muelles vivieron un continuo trasiego de los barcos de mercancías que zarpaban río abajo desde el centro de la ciudad en dirección al estuario. En el camino de regreso al centro, un pequeño desvío por Queen Street lo llevará hasta la Royal Exchange Square, justo al sur de George Square, donde abre sus puertas la animada y poco convencional **Gallery of Modern Art** de Glasgow (plano 7, J6; lun.-sáb., 10-17 h; dom., 11-17 h; entrada gratuita), un buen lugar para ponerse al día en lo tocante al arte socialmente comprometido y de proporciones monumentales que practican los llamados Glasgow Boys o «cachorros de Glasgow» —Peter Howson, Adrian Wiszniewski, Ken Currie y Stephen Campbell—, los sobrecogedores reportajes fotográficos de Sebastião Salgado y las evocadoras instalaciones realizadas con elementos naturales que llevan la firma de Andy Goldsworthy. Si el arte contemporáneo no es lo suyo, tal vez le apetezca curiosear por las tiendas de diseño de Merchant City y los grandes centros comerciales de las calles Argyle y Buchanan, entre los que destaca **Princes Square** (plano 7, J6), el más sofisticado y sorprendente de todos los centros comerciales británicos.

El West End

El ambiente señorial y los frondosos parques del **West End**, el barrio que ocupa el extremo occidental de Glasgow, contrastan de modo ostensible con el trazado denso y compacto del centro urbano. En la primera década del siglo XIX, esta zona empezó a cobrar protagonismo gracias a los acaudalados comerciantes locales que la eligieron para levantar grandes mansiones lejos del hollín y la suciedad del centro urbano. En el año 1870, la Universidad de Glasgow se trasladó de su antigua y exigua ubicación cerca de la catedral a un nuevo y espacioso campus situado en el West End, con vistas al río Kelvin. La principal arteria de esta parte de la ciudad es **Byres Road**, que discurre hacia el sur desde su cruce con otra importante vía, Great Western Road. A uno y otro lado de la calle, tiendas, restaurantes, cafeterías y pubes de aspecto tentador se han convertido en el hábitat natural de miles y miles de jóvenes bohemios, muchos de ellos estudiantes, que imprimen a la zona un inconfundible estilo.

El principal punto de interés del West End es un inmenso y quimérico edificio de ladrillo rojo que parece un castillo y alberga el **Kelvingrove Museum and Art Gallery** (plano 7, D4; lun.-sáb., 10-17 h; dom., 11-17 h; para más información, consultar en la oficina de información turística ©0141/332 7133; entrada gratuita). El edificio, construido con motivo de la Exposición Universal de 1888, es una estentórea afirmación de la pujanza de Glasgow en el siglo XIX. Se encuentra en Kelvingrove Park, a escasa distancia de la universidad, y la mejor forma de llegar hasta allí desde el centro es tomar el Metro y apearse en la estación de Kelvin Hall. El majestuoso vestíbulo principal de la planta baja constituye una buena carta de presentación de la opulencia interior. La mayor parte de los fondos del museo se halla en la planta superior, y entre las colecciones expuestas destacan algunos lienzos, como la delicada *Anunciación* de Botticelli, el retrato de Rembrandt titulado *Hombre con armadura* y varias obras de Courbet, Corot, Degas y Monet, amén de una nutrida colección de arte escocés que abarca desde el magnífico *Mr y Mrs. Robert N. Campbell of Kailzie* de sir Henry Raeburn y el inconfundible trazo de los llamados Glasgow Boys —Guthrie, Lavery y Crawhall—, hasta el estilo más enérgico de Joan Eardley, cuya obra *Dos niños* mezcla la técnica del *collage* y la pincelada gruesa para transmitir la energía de los niños de Gorbals en los años sesenta.

Frente al Kelvingrove Museum and Art Gallery abre sus puertas el **Transport Museum** (plano 7, C4; lun.-sáb., 10-17 h; dom., 11-17 h; entrada gratuita), que alberga una interesante colección de locomotoras, automóviles, tranvías y otras antiguallas que un día surcaron las calles y el río de la ciudad, incluidas las complejas maquetas de las embarcaciones construidas en los famosos astilleros de Glasgow (desde las diminutas goletas al impresionante *Queen Elizabeth II*). Sobre una pantalla se proyectan fascinantes secuencias de la vida cotidiana en la ciudad a principios del siglo xx. En las imágenes cuarteadas por el paso del tiempo surge de pronto la insólita estampa de Sauchiehall Street atestada de tranvías, compradores y ciudadanos de semblante pálido que se disponen a emprender su excursión anual a la costa.

En el interior del recinto universitario —un impresionante conjunto arquitectónico de estilo neogótico levantado según los planos de sir Gilbert Scott sobre la falda de la colina a cuyos pies se extiende Kelvingrove— abre sus puertas la **Hunterian Art Gallery** (plano 7, D2; lun.-sáb., 9.30-17 h; entrada gratuita). Para llegar hasta allí desde Kelvingrove, lo mejor es seguir la alameda conocida como Kelvin Way y subir luego por la University Avenue. Lo más destacado de la galería es su soberbia colección de obras de James Abbott McNeill Whistler, entre ellas, sus conmovedores retratos de mujeres, que combinan sensibilidad y lirismo con una inusitada fuerza interior. Dignos de especial mención son también los paisajes de William McTaggart, el pintor escocés más próximo al lenguaje impresionista, precursor de dos importantes grupos artísticos escoceses, los Glasgow Boys y los denominados «coloristas», representados ambos en esta galería. El edificio adyacente alberga la **Mackintosh House**, recreación del interior de la vivienda (hoy demolida) de Margaret y Charles Rennie Mackintosh, en cuyas tres plantas se conservan más de 60 piezas de mobiliario de este célebre diseñador.

Burrell Collection

La colección de arte más importante de Glasgow es la **Burrell Collection**, que se encuentra expuesta en el museo homónimo (plano 7, B9; lun.sáb., 10-17 h; dom., 11-17 h; entrada gratuita). En sus salas se conservan los tesoros reunidos a lo largo de toda una vida por el magnate de la industria naviera sir William Burrell (1861-1958). La galería se halla ubicada en el Pollok Country Park, al sur de la ciudad y a sólo 5 kilómetros de ésta. Aunque le costará visitar en un solo día el museo y el centro de Glasgow o el West End, podría aprovechar su paso por la ribera sur del río para detenerse a contemplar dos hitos más de la arquitectura escocesa; la House for an Art Lover, obra de Mackintosh (véase pág. 154) y la Holmwood House, de Alexander Thomson (véase pág. 155).

El edificio de elegante diseño contemporáneo, que alberga la colección Burrell, se terminó de construir en 1983. Cabe destacar de él los grandes ventanales acristalados que proporcionan al visitante espectaculares vistas del parque que lo rodea, y que sirven al mismo tiempo de sereno telón de fondo para los objetos de arte que se exponen en su interior. La colección pone de manifiesto el gusto eminentemente ecléctico de sir William Burrell. La primera sección, dedicada a las **antiguas civilizaciones,** es un cajón de sastre en el que tienen cabida piezas de origen griego, romano e incluso de culturas anteriores. Un exquisito mosaico romano del siglo I a.C. y una cabeza de león que tiene 4.000 mil años de antigüedad, procedente de Mesopotamia, son algunas de sus piezas más notables. El **arte oriental** se halla ampliamente representado tanto por objetos de jade y figuras funerarias del período neolítico como por una nutrida colección de objetos lacados. La tradición artística de **Oriente Próximo** cuenta asimismo con buenos ejemplos, entre los que se destaca una fascinante selección de recipientes de terracota decorados con turquesa y azul de cobalto, así como una colección de alfombras de elaborado diseño. El enorme **jarrón Warwick**, procedente de las ruinas de la villa de Adriano en Tívoli, es la pieza más destacada de una sala dedicada a la escultura en la que también se pueden contemplar tres obras de Rodin: *La edad del bronce*, *Llamada a las armas* y el famoso *Pensador*; cerca de aquí hay tres habitaciones sobrias y oscuras revestidas con paneles de madera, que recrean con minuciosa fidelidad la decoración interior de Hutton Castle, la que fuera residencia de la familia Burrell. Los pesados tapices, el mobiliario de época y las chimeneas que adornan estas estancias revelan el mismo gusto exquisito que impregna todo el museo. La enjundiosa colección de pintura de sir William incluye lienzos tan emblemáticos como uno de los primeros y evocadores autorretratos de Rembrandt o el reflexivo y penetrante *Retrato de Émile Duranty* de Degas, así como varias obras de Pissarro, Manet y Boudin.

Se puede llegar a la Burrell Collection con las líneas regulares de los **autobuses** 34 y 34A, que salen de la parada de Metro de Govan. Hay que apearse ante la puerta de acceso al parque de Haggs Road, pues es la que queda más cerca del museo. En la estación de ferrocarril de Pollokshaws West, ubicada junto a la puerta del parque que da a Pollokshaws Road, se detienen algunos trenes de línea regular procedentes de Glasgow Central, principal estación de ferrocarril de la ciudad. Además, los autobuses 45, 48 y 57 comunican la céntrica Union Street con la estación ferroviaria de Pollokshaws West. Cada 30 minutos, entre las 10 y las 16.30 h, sale desde cualquiera de las dos entradas al parque un microbús gratuito que lo dejará frente al museo, aunque si lo prefiere puede llegar dando un paseo por el parque, lo que le llevará cerca de 20 minutos.

Holmwood House

En el barrio periférico de Cathcart, a poco más de 3 kilómetros al sureste de la Burrell Collection, se encuentra la

Tras la huella de Mackintosh

Glasgow es sinónimo de la obra de **Charles Rennie Mackintosh** (1868-1928), el arquitecto cuya fusión de los estilos baronial escocés, gótico y Art Nouveau le ha valido un lugar de honor entre los diseñadores más importantes del siglo XX, y cuyo extraordinario legado ha quedado un poco por toda la ciudad.

La mejor muestra del visionario talento de Mackintosh es seguramente la **Glasgow School of Art**, proyectada en 1896. Esta escuela de arte organiza visitas guiadas por sus propios estudiantes (lun.-vier., 11 y 14 h; sáb., 10.30 y 11.30 h; se recomienda reservar con antelación; ✆0141/353 4526; 5 libras), que le permitirán apreciar el talento de este arquitecto para aunar funcionalidad y valor estético. Otro de sus primeros encargos, un edificio conocido como **The Lighthouse,** sito en Mitchell Lane (lun., miér., vier. y sáb., 10.30-18 h; entrada gratuita), alberga hoy el Scotland's Centre for Architecture, Design and the City (centro nacional de arquitectura, diseño y urbanismo), que a su vez acoge el **Mackintosh Interpretation Centre** (2,50 libras), donde podrá aprender más sobre la vida y obra de este célebre arquitecto.

Otro punto de referencia obligado en Glasgow para los admiradores de Mackintosh es la denominada **House for an Art Lover** o «casa para un amante del arte» (abril-sept., sáb.-jue., 10-16 h; oct.-marzo, todos los días, 10-16 h; ✆0141/353 4449; 3,50 libras). La casa, ubicada en la ribera sur del río Clyde, en Bellahouston Park, fue diseñada por Mackintosh en el año 1901 con la finalidad de presentarla a un concurso público convocado en Alemania, pero la obra le fue adjudicada a otro arquitecto y no sería hasta el año 1996, casi 1 siglo después —y fallecido ya el artista—, que estos planos cobrarían vida de nuevo. Frente a la boca de Metro de Shields Road, en Scotland Street, abre sus puertas la **School Museum of Education** (lun.-sáb., 10-17 h;

dom., 14-17 h; entrada gratuita), que también lleva la firma de Mackintosh. En la Hunterian Art Gallery, situada junto a la universidad, podrá visitar la **Mackintosh House**, una recreación del hogar del artista en Glasgow, hoy derruido, en cuyas tres plantas se exponen más de 60 piezas de mobiliario diseñado por él. Por último, en el 217 Sauchiehall Street se encuentra el **Willow Tea Rooms** (todos los días, 9.30-17 h), uno de los salones de té más populares de la ciudad, que también es una fiel reproducción del local diseñado por Mackintosh en el año 1904.

Holmwood House (abril-oct., todos los días, 13.30-17.30 h; 3,20 libras), el mejor ejemplo de arquitectura residencial proyectado por Alexander Thomson, apodado «El griego», arquitecto nacido en Glasgow cuya figura permaneció mucho tiempo en el olvido. Thomson, en cuya obra se percibe de forma clara la larga sombra de Charles Rennie Mackintosh, adoptó los cánones de la arquitectura helénica y los sometió a una reinterpretación con la que se fraguó su estilo personalísimo, que habría de aplicar a una gran variedad de construcciones, desde modestas viviendas a espléndidas iglesias. Holmwood, que sólo en fechas recientes se abrió al público tras una concienzuda restauración, es en sí un elocuente compendio de los osados conceptos neoclásicos de este arquitecto, como se observa en los pilares externos de dos niveles, en la puerta principal elevada o en la minuciosa y muy imaginativa ornamentación interior. Los trabajos de restauración aún no han concluido, como se puede apreciar en los exquisitos motivos estarcidos a medio descubrir bajo el papel de la pared o en el hecho de que las habitaciones estén vacías. Una de las estancias de la planta superior acoge una exposición sobre Thomson y la historia de la casa, pero las salas más interesantes son sin duda las de la planta baja, sobre todo el **salón principal**, donde se abre un maravilloso mirador, y el **salón co-**

medor, cuyas paredes sirven de fondo a un friso que representa episodios de *La Ilíada*.

Para llegar a Holmwood House desde la Burrell Collection, hay que salir de Pollok Park por la puerta que da a Pollokshaws Road y seguir esta carretera en dirección a la ciudad hasta que, andados unos 80 metros escasos, se llega a la estación de ferrocarril de Shawlands. Una línea regular de ferrocarriles comunica esta estación con la de Cathcart, a la que también es posible llegar directamente desde Central Station. De la estación de Cathcart a Holmwood hay un paseo de 10 minutos: hay que enfilar Rhannan Road, girar a mano izquierda al llegar a Millholm Road y luego a mano derecha para tomar el camino de acceso a la casa propiamente dicha.

Vida nocturna y espectáculos

Si bien es cierto que el ambiente cultural de Glasgow palidece frente a la explosión de manifestaciones teatrales y artísticas de toda clase que inundan la capital escocesa durante el Festival de Edimburgo, no lo es menos que esta ciudad cuenta con una impresionante oferta artística, teatral, cinematográfica y musical durante todo el año, así como una identidad cultural propia que se vio consagrada —y, hasta cierto punto, potenciada— por el reinado de la ciudad como capital europea de la cultura en 1990. Glasgow es la sede de la Scottish Opera y de la Royal Scottish National Orchestra, y cuenta con dos grandes **salas de conciertos**: el Royal Concert Hall y el Clyde Auditorium (popularmente conocido como «el armadillo»), además de dos de las **salas de teatro** más innovadoras y consagradas de Escocia, Citizen's y Tramway. Para saberlo todo acerca de los actos culturales que tienen lugar en Glasgow, consulte las secciones especializadas de los diarios *Herald* y *Evening Times*, o bien de la quincenal *The List* (1,95 libras), una guía del ocio completa que también incluye la capital. Si desea reservar **entradas** para una función de teatro o un concierto importante, llame al Ticket Centre (lun.-sáb., 9-18 h; dom., 12-17 h; reservas telefónicas: lun.-sáb., 9-21 h; dom., 12-18 h; ©0141/287 5511).

La **vida nocturna y musical** de la ciudad goza de gran prestigio. En Glasgow actúan de forma regular los disc-jockeys más destacados de todo el mundo, y los pequeños locales con música en vivo casi se han acostumbrado a oficiar de plataforma de lanzamiento de los nuevos talentos locales. Ése ha sido el caso de Deacon Blue, Texas, Belle and Sebastian o Mogwai. La mayoría de los bares nocturnos de Glasgow se concentra en las zonas comerciales aledañas a las calles Argyle y Buchanan, aunque la parte occidental del centro urbano acoge otro importante núcleo de ocio nocturno, el tramo de Sauchiehall Street más cercano a Charing Cross. Aquí los locales son bastante variopintos, y si bien subsiste alguna que otra trasnochada macrodiscoteca en la que todavía impera un rígido código de atuendo, los últimos años han asistido a la inauguración de locales de ambiente bastante más moderno e informal. La hora de cierre oscila entre las 23 y las 3 h, aunque algunos locales permanecen abiertos hasta las 5 h; los precios varían bastante: entre semana, alrededor de 3 libras, pero los fines de semana esta cifra puede triplicarse.

El espíritu hedonista y el gusto por el diseño que caracteriza a los habitantes de Glasgow también se ve reflejado a la hora de **comer y beber** en la ciudad. Los restaurantes y bares más concurridos del momento —a menudo denominados «style bars»— se encuentran en Merchant City, cuya oferta sólo es comparable a la del West End, donde la mezcla de estudiantes y *yuppies* garantiza un ambiente tan variopinto como animado.

STIRLING

A simple vista, Stirling puede parecer una réplica en miniatura de Edimburgo: está dominada por un castillo que se eleva en la cima de un escarpado promontorio volcánico, y por sus empinadas calles adoquinadas transita una comunidad híbrida de lugareños y estudiantes llegados de fuera. Pero si bien es cierto que carece del talante cosmopolita de la capital, a cambio posee un rico legado histórico y el honor de haber sido escenario de dos de las batallas más trascendentes de la historia de Escocia. En una excursión de 1 día a esta ciudad debería darle tiempo de visitar el **castillo** —cuya ciudadela es incluso más fascinante que la de Edimburgo— y también el monumento a **Wallace**, un monolito levantado en la cima de una colina en memoria del héroe nacional escocés William Wallace, o bien **Bannockburn**, el campo de batalla donde las tropas escocesas lideradas por Robert I Bruce derrotaron al ejército inglés en 1314.

Llegada, información y transportes

Desde Edimburgo salen con regularidad trenes (45 min.) y autobuses (1 h) con destino a Stirling. Los primeros paran en la **estación de ferrocarril** local, situada en Station Road, a escasa distancia del centro urbano, mientras que los segundos se detienen en la cercana **terminal de autobuses** de Goosecroft Road.

La **oficina de información turística** (jun. y sept., lun.-sáb., 9-18 h; dom., 10-16 h; oct.-mayo, lun.-sáb., 10-17 h; ℂ01786/475019), sita en el 41 Dumbarton Road, en el mismo corazón de la ciudad, no sólo tiene información de Stirling, sino también de las poblaciones aledañas de Loch Lomond y Trossachs. Encontrará un amplio surtido de libros, mapas y folletos turísticos, así como un servicio gratuito de reserva de alojamiento.

Stirling es una ciudad muy compacta cuyos principales puntos de interés se pueden visitar a pie sin apenas esfuerzo; si quiere evitar las calles más empinadas, tome el **Heritage Bus** (jun.-sept., 10-17 h), un autobús turístico en cuyo recorrido de circunvalación se incluye la visita al castillo, el monumento a Wallace, la universidad, la estación ferroviaria y la terminal de autobuses.

El castillo

Plano 8, B4. Todos los días, abril-sept., 9.30-18.30 h; oct.-marzo, 9.30-17 h; 4,50 libras.

La ciudad de Stirling, punto importante en la travesía del **río Forth**, se halla enclavada entre las Highlands, cuyo accidentado perfil se adivina por el norte, y la capital escocesa, visible por el sureste. Así pues, gracias a su privilegiada ubicación, es uno de los enclaves de mayor valor estratégico del país, escenario de las decisivas **batallas de Stirling Bridge** (1297) y **Bannockburn** (1314), que supusieron sendas victorias históricas para los escoceses. El dominio de **Stirling Castle** en aquella época fue de vital importancia para cualquier ejército que pretendiera controlar el acceso a las Highlands. La primera fortificación levantada en lo alto del sobrecogedor peñasco que preside la ciudad se remonta a la Edad del Hierro, aunque la construcción que hoy se contempla data en su mayor parte de los siglos XV y XVI. En la actualidad, el castillo es objeto de un concienzudo trabajo de restauración, por lo que quizás algunas dependencias están cerradas temporalmente al público.

Desde la estación ferroviaria hasta el castillo hay un paseo de 10 minutos cuesta arriba. En el **centro de información** que abre sus puertas en la explanada de la fortaleza se proyecta una sucinta introducción audiovisual de la historia del castillo, aunque el mejor lugar para abarcar de un vistazo sus sucesivas ampliaciones es el patio de **Upper Square**, desde el que se accede al magnífico **Great Hall** y al **palacio** en sí. La primera de estas construcciones, levantada entre 1501 y 1503, es tal vez el mejor ejemplo de arquitectura medieval secular que se conserva en Escocia, mientras que el palacio, construido entre 1540 y 1542, destaca por la rica ornamentación escultórica de su fachada, repleta de figuras grotescas. Especialmente digna de mención es la figura que ocupa el extremo izquierdo de la fachada y representa al monarca Jacobo V ataviado como un plebeyo. En el interior, en los denominados *royal apartments* o aposentos reales, se conservan las famosas **Stirling Heads** (literalmente «cabezas de Stirling»), 56 elegantes medallones tallados en madera de roble que antaño adornaban el techo de la sala de audiencias del castillo. De la bella **capilla real**, construida en 1594 por orden de Jacobo VI con motivo del bautizo de su hijo, cabe destacar un elaborado fresco del siglo XVII.

Otras dependencias que no hay que dejar de visitar son el imponente **Argyll and Sutherland Highlanders Museum** y la **cocina** del castillo, hoy restaurada, donde se recrean los preparativos del espectacular banquete ofrecido por María Estuardo con ocasión del bautizo del futuro Jacobo VI. Y por si todo esto fuera poco, desde las murallas del castillo se obtienen unas **vistas** espectaculares de la ciudad y de las poblaciones aledañas, entre ellas, Trossachs hacia el norte y las industrializadas tierras bajas hacia el sur.

El resto de la ciudad

Si baja desde el castillo por St John Street, encontrará lo que queda de la **muralla** de roca basáltica que antaño rodeó la ciudad, y que se erigió a mediados del siglo XVI para frenar los avances de Enrique VIII, que había elegido a la joven María Estuardo, futura reina de Escocia, como esposa para su hijo Eduardo. Un poco más adelante se eleva el más interesante de cuantos edificios y museos históricos coexisten en el casco antiguo de Stirling, el impresionante presidio de **Old Town Jail** (plano 8, D6; todos los días, abril-sept., 9.30-18 h; oct.-marzo, 9.30-16 h; visitas guiadas cada 30 min.; 2,75 libras). La historia de esta antigua cárcel cobra vida entre sus muros gracias al buen hacer de un grupo de entregados actores. Un ascensor acristalado lo llevará hasta la azotea del edificio, donde podrá disfrutar de unas incomparables vistas panorámicas tanto de la ciudad como del valle de Forth.

De nuevo en la calle, lo siguiente que verá es **Broad Street**, centro neurálgico de la ciudad en tiempos medievales y lugar donde se celebraba el mercado. Cuanto más se avanza colina abajo, más recientes son los edificios que se ven. La principal **zona comercial** de la ciudad se concentra en torno a Port Street y Murray Place; a escasa distancia de allí, hacia el oeste subiendo por Dumbarton Road, se encuentra la **Smith Art Gallery and Museum** (plano 8, C6; mar.-sáb., 10.30-17 h; dom., 14-17 h; entrada gratuita). Este museo, fundado en 1874, alberga una exposición permanente dedicada a la historia de Stirling, así como exposiciones itinerantes de artesanía, arte contemporáneo y fotografía.

El puente sobre el Forth, el **Old Bridge** (plano 8, F2), en las lindes septentrionales del centro urbano, a unos 20 minutos a pie de Murray Place, data del siglo xv. Aunque en otros tiempos fue el más importante de Escocia —y también el punto de cruce más bajo del Forth— hasta que se construyó el nuevo en 1831, hoy apenas si es más que un recuerdo de la pretérita trascendencia de esta ciudad. Cerca de aquí se alzaba un **puente** de madera, bastante anterior, que en el año 1297 fue escenario de la denominada batalla del puente de Stirling, en la que William Wallace derrotó a los ingleses. Estos hechos los llevó Mel Gibson a la gran pantalla, en *Braveheart*, película que le valió varios Oscar pese a sus incontables imprecisiones históricas.

El recuerdo de la victoria escocesa en Stirling Bridge se mantiene vivo en el insoslayable **monumento a Wallace** (todos los días, marzo-mayo y oct., 10-17 h; jun. y sept., 10-18 h; jul. y agos., 9.30-18.30 h; nov. y dic., 10-16 h; 3 libras), ubicado a unos 2,5 kilómetros al norte de donde estuvo el famoso puente, en la cima de Abbey Craig, la colina desde la que el héroe nacional escocés condujo sus tropas a la victoria. Si logra subir a lo alto de la torre, que tiene 66 metros de altura —hay 246 escalones en espiral—, ante usted se abrirán las mejores vistas panorámicas de Fife y Ben Lomond. Un autobús lanzadera (75 peniques, ida y vuelta) hace el trayecto desde la base de la colina hasta la torre, cada 10 minutos, lo que permite ahorrarse la empinada cuesta inicial.

El otro gran triunfo bélico de los escoceses se evoca a unos 3 kilómetros al sur de Stirling, justo al norte de la aldea de **Bannockburn**. Allí abre sus puertas el **Bannockburn Heritage Centre** (abril-oct., todos los días, 10-17.30 h; marzo, nov. y dic., todos los días, 11-15 h; 2,30 libras), donde se recuerda la victoria de Robert I Bruce sobre los ingleses el 24 de junio de 1314. Fue esta batalla, el momento culminante de las guerras de independencia, la que unió a los escoceses bajo el liderazgo de Bruce y los condujo a la tan anhelada independencia, proclamada en el año 1320 en la declaración de Arbroath y ratificada por la firma del tratado de Northampton (1328). La fachada del centro está presidida por una estatua ecuestre de Bruce erigida en el lugar desde el que, según la leyenda, dirigió el movimiento de sus tropas en dicha batalla, librada en las tierras cenagosas que se extienden hacia el sur. Para llegar a Bannockburn tome los **autobuses** 51 y 52, que salen de Stirling cada 30 minutos.

Las Highlands

El sobrecogedor paisaje de las **Highlands** o Tierras Altas de Escocia, fascinante estampa en la que se alternan montes pelados con verdes cañadas, ríos y lagos de superficie plateada, es uno de los principales reclamos turísticos del país. Ahora bien, la gran distancia que separa las Highlands de cualquier ciudad importante, así como la relativa escasez de transportes públicos, hacen que sólo ciertas partes de la región sean accesibles desde Edimburgo en una excursión de 1 solo día.

La comarca a la que se llega con más facilidad desde la capital es **Trossachs**, situada en el centro del mapa de Escocia, al noroeste de Stirling. Los dos puntos de mayor interés en esta zona son **Callander** y **Aberfoyle**; en las dos hay oficinas de información turística donde facilitan los pormenores útiles acerca de las excursiones a pie y los miradores más recomendables de la zona. Una de las cimas montañosas más espectaculares de Trossachs es Ben Ledi, que se eleva a una altitud de 857 metros. Un sendero de trazado bien definido lleva hasta la cumbre desde el aparcamiento de Stank, junto al extremo meridional de Loch Lubnaig, a 2,5 kilómetros más o menos de Callander. Si dispone de todo el día, tal vez le apetezca escalar hasta la cima del monte Stuc a' Croin, que mide 960 metros de altitud y tiene fama de ser el *munro* más cercano a Edimburgo (*munro* es el nombre que reciben los 284 montes con más de 900 metros de altitud que tachonan la accidentada orografía de Escocia). La mejor forma de llegar a Trossachs desde Stirling es en autobús.

Otra opción será visitar los campos que rodean **Loch Lomond**, comarca a la que se llega más fácilmente desde Glasgow y que debe su nombre a un inmenso lago, la mayor extensión de agua dulce del país, enmarcado por varios montes elevados entre los que se incluye el Ben Lomond. Desde allí, la carretera y la línea férrea comunican la parte occidental de Loch Lomond con **Crianlarich**, una pequeña aldea rodeada de imponentes montañas, con las cumbres gemelas de Ben More (1.155 m de altitud) y Stob Binnien (1.146 m), dos de las cimas montañosas más famosas de Escocia.

En lo tocante a la demarcación conocida como Central Highlands, es recomendable visitar la ciudad de **Pitlochry**, situada 40 kilómetros al norte de Perth por la A9, en dirección a Inverness, y a la que se puede llegar tanto en ferroca-

LAS HIGHLANDS

rril como en autobús. Aunque el centro de Pitlochry se ha llenado de tiendas de recuerdos, muy cerca de allí se pueden contemplar inolvidables estampas montañosas. La ciudad está dominada por el monte Ben Vrackie (1.146 m), a cuya cima se llega más fácilmente desde el centro de información de Killiecrankie, situado junto a la orilla septentrional de Loch Faskally, al norte de Pitlochry.

Si los trayectos largos por carretera no le suponen un inconveniente, una buena alternativa de excursión a las Highlands es unirse a las **visitas guiadas de 1 día en microbús** que salen de Edimburgo. Las agencias Rabbies Trail Burners (℘0131/226 3133) y Timberbush Tours (℘0131/555 4075) ofrecen varias excursiones a lugares como Glencoe, Loch Tay y Loch Lomond, y ambas suelen cobrar alrededor de 20-25 libras por persona. Algunas agencias especializadas ofrecen asimismo **excursiones guiadas a pie de 1 día de duración** por las Highlands, con transporte incluido. Quien desee salir desde Edimburgo, deberá ponerse en contacto con Walkabout Scotland (℘0131/661 7168), y quien quiera hacerlo desde Stirling, con C-N-Do (℘01786/445703).

Normas de seguridad en las Highlands

Si decide salir de excursión por las colinas es esencial que disponga del **equipo adecuado**, en el que no deberá faltar un calzado resistente y cómodo, alguna pieza de ropa de abrigo e impermeable (las condiciones climatológicas pueden cambiar radicalmente en el mismo día), algo de comida y bebida, y un buen mapa, como el de la colección *Ordance Survey Landranger*, que incluye las zonas rurales. Antes de salir, no se olvide de consultar las **previsiones meteorológicas** y prepárese para dar media vuelta si el cielo se llena de nubarrones.

ST ANDREWS

A menos de 50 kilómetros en línea recta desde Edimburgo, aunque la distancia parece mucho mayor por carretera o ferrocarril, se encuentra **St Andrews**, la ciudad universitaria más antigua de Escocia y centro de peregrinaje para los amantes del golf de todo el mundo. Según cuenta la leyenda, la ciudad fue fundada en el siglo IV d.C., cuando san Régulo, encargado de custodiar las reliquias del apóstol san Andrés, tuvo una visión en la que se le ordenaba trasladarlas hasta los confines del mundo cristiano. El santo obedeció al mandato divino, pero la embarcación en la que viajaba naufragó frente a las costas escocesas, cerca del actual puerto de St Andrews, por lo que san Régulo decidió erigir allí un santuario que más tarde habría de convertirse en catedral. San Andrés fue nombrado patrón de Escocia y la ciudad que lleva su nombre, designada capital eclesiástica del país.

Llegada e información

La **estación de ferrocarril** más cercana es la de Leuchars, población situada 8 kilómetros al noroeste de St Andrews en la que se detienen los trenes de la línea Edimburgo-Dundee-Aberdeen. De aquí salen también autobuses de línea regular (aunque no siempre coinciden con la llegada de los trenes) que cubren el trayecto de 15 minutos hasta St Andrews. Desde Edimburgo y Dundee salen con frecuencia **autocares** que finalizan su recorrido en la terminal de autobuses de City Road, junto al extremo occidental de Market Street.

En la **oficina de información turística**, en el 70 Market Street (abril y mayo, lun.-sáb. 9.30-18 h; dom., 11-16 h; jun.-mediados oct., lun.-sáb., 9.30-19 h; dom., 11-18 h; mediados oct.-marzo, lun.-sáb., 9.30-17 h; ✆01334/472021), hay abundante información acerca de St Andrews y el noreste de Fife.

La ciudad

St Andrews, asomada al mar del Norte y acotada a ambos lados por una escarpada línea costera, aún conserva en su casco antiguo el trazado medieval, organizado en torno a tres calles principales —North Street, South Street y Market Street— que discurren de oeste a este en dirección a las ruinas de la catedral. Angostos pasajes comunican las calles adoquinadas, en tanto que buhardillas y aguilones perfilan la línea de los tejados. Aquí y allá, viejos portalones de madera con pesadas aldabas y goznes de hierro forjado presiden las fachadas.

El principal punto de interés del núcleo medieval de la ciudad son las ruinas de **St Andrews Cathedral** (abril-sept., lun.-sáb., 9.30-18 h; dom., 12-18 h; oct.-marzo, lun.-sáb., 9.30-16 h; dom., 14-16 h; 1,80 libras; 3,50 libras entrada combinada con el castillo de St Andrews; jardines de la catedral, dom., sólo 9-18.30; entrada gratuita). Lo poco que hoy queda del templo original gótico que se elevaba en el extremo oriental de la ciudad permite hacerse una idea de la importancia que tuvo la que fuera la mayor catedral de Escocia, consagrada en el año 1318 en presencia de Robert I Bruce. Durante la Reforma, fue saqueada y abandonada, por lo que del altar mayor que antaño albergó las reliquias de san Andrés sólo queda la losa de piedra que hay frente al ventanal del muro este. Se cree que, con anterioridad a la construcción del templo, dichas reliquias estuvieron depositadas en **St Rule's Tower**, la austera torre aledaña a la catedral, último vestigio de una abadía construida en 1130 y privilegiada atalaya desde la que se obtienen estupendas vistas de la ciudad y sus alrededores (aunque, eso sí, después de subir los 157 escalones que conducen a la terraza).

Todo el recinto de la catedral está rodeado por una sólida muralla construida en el siglo XVI en cuyos lienzos se abren tres grandes puertas y que se extiende a lo largo de más de 1,5 kilómetros.

Las ruinas de **St Andrew's Castle** (abril-sept., lun.-sáb., 9.30-18 h; dom., 9.30-16 h; oct.-marzo, lun.-sáb., 9.30-16 h; dom., 14-16 h; 2,50 libras) se hallan un poco más al norte, en la costa. Esta fortaleza levantada al borde de un acantilado se encuentra rodeada de mar por tres de sus flancos, mientras que el cuarto lo custodia un profundo foso. Construida en el año 1200, y objeto de numerosas ampliaciones, poco queda del edificio original, ya que su decadencia empezó en el siglo XVII y, a excepción de la torre delantera, la mayor parte de lo que resta data del siglo XVI.

Pese a su estrecha relación con el mundo del golf, en St Andrews se respira un ambiente eminentemente universitario, lo que no es de extrañar habida cuenta de que allí abrió sus puertas la primera **universidad** de Escocia, fundada en el año 1410 por el obispo Henry Wardlaw. El edificio original ocupaba el lugar donde hoy se eleva la Old University Library, y hacia el final de la Edad Media ya había en la ciudad tres colegios universitarios: St Salvator's (1540) en North Street, St Leonard's (1512) en The Pens y St Mary's (1538) en South Street. Durante la Reforma, St Mary's se convirtió en un seminario protestante y hoy alberga la facultad de Teología de la universidad. En su patio interior encontrará un bello jardín con magníficos árboles centenarios que en los cálidos días de estío invitan al esparcimiento bajo sus ramas. Las **visitas guiadas** a los edificios que componen la universidad parten de la International Office, sita en Butts Wynd, cerca de St Salvator's Chapel (jun.-agos., lun.-sáb., 11-14.30 h, también a las 16.30 h previa solicitud; 3 libras), aunque se puede pasear libremente por todo el recinto universitario.

Los alrededores de St Andrew's ofrecen numerosas posibilidades para los amantes de los largos paseos a pie. Es especialmente recomendable el camino que desciende desde el castillo hasta el puerto siguiendo el escarpado perfil del litoral, así como cualquiera de las playas de arena blanca de la ciudad: la de East Sands se extiende hacia el sur desde los

LA CIUDAD

muelles, y la de West Sands, una lengua de arena blanca, está delimitada por el célebre campo de golf de Old Course.

St Andrews, capital mundial del golf

El **Royal and Ancient Golf Club** de St Andrew's, también conocido como R&A, es la máxima institución reguladora de este deporte en todo el mundo. Su origen se remonta a una fecha tan lejana como 1754, cuando 22 de los más prestigiosos caballeros locales se reunieron para fundar la Society of St Andrews Golfers, «admiradores del ancestral y saludable ejercicio del golf», un deporte que venía practicándose en la región desde el siglo XV. La carretera que accede a la ciudad por poniente discurre paralela a las llanuras del famoso **Old Course**, uno de los seis campos de golf adyacentes al casco urbano. El muy selecto **club de socios** del Old Course ocupa un recio edificio de planta cuadrada cuya construcción data de 1854 y que se eleva sobre el extremo oriental del campo, desde el que domina la extensa llanura verde y la larga playa que cobró fama mundial a raíz de la película *Carros de fuego (Chariots of fire)*. Corría el año 1873 cuando el Old Course se convirtió en el escenario elegido para celebrar la primera edición del *open* británico de golf, y desde entonces sus campos han sido testigo de esta competición en numerosas ocasiones. En el interesante **British Golf Museum** (abril-oct., todos los días, 9.30-17.30 h; nov.-marzo, jue.-lun., 11-15 h; 3,75 libras), situado en Bruce Embankment (terraplén que desciende hasta el mar desde el edificio del club), los amantes del golf podrán deleitarse con una amplia colección de fotografías de los grandes maestros de este deporte, desde Tom Morris a Tiger Woods, así como una variada panoplia de objetos relacionados con este deporte donados por ellos mismos. También se pueden ver simulaciones hechas por ordenador y la proyección de las mejores imágenes de los campeonatos de golf británicos.

Ahora bien, si una vez que se encuentre en esta localidad, le vence el deseo de probar suerte con los palos, sepa que podrá hacerlo en cualquiera de los campos de golf de la ciudad, incluido el Old Course, aunque para ello tendrá que presentar una carta de recomendación de su propio club de golf y no podrá elegir el día, ya que le tocará por sorteo. Y por último, no olvide que aunque logre superar todas las pruebas de acceso, la tarifa no bajará de 72 libras. Por suerte, el resto de clubes de golf de la ciudad suelen ser bastante más asequibles. Para más información, llamar a la St Andrews Golf Line (℡01334/472021).

La oferta relacionada con este deporte incluye también varios *driving ranges* (campos especialmente diseñados para practicar tiros de salida) y el National Golf Centre, situado en Drumoig, a unos 13 kilómetros de St Andrews, donde los más expertos podrán utilizar las instalaciones interiores destinadas a perfeccionar el tiro corto, y los menos ambiciosos probar suerte en el maravilloso circuito de golf de 18 hoyos bautizado como los Himalayas, que se encuentra justo al lado del Old Course.

LINLITHGOW PALACE

Abril-sept., todos los días, 9.30-18.30 h; oct.-marzo, lun.-sáb., 9.30-16.30 h; dom., 14-16.30 h; 2,50 libras.

Cerca de 25 kilómetros al oeste de Edimburgo se hallan las románticas ruinas del espléndido **Linlithgow Palace**, levantado en el siglo XV a orillas del lago homónimo. Este palacio está relacionado con algunas de las principales figuras históricas de Escocia, entre ellas la ubicua María Estuardo, que nació entre sus muros en 1542. Al parecer, en este lugar hubo, desde tiempos del rey David I, una casa señorial propiedad de la corona que fue pasto de las llamas en 1424. Tras el incendio, Jacobo I ordenó la construcción del palacio, que no se acabaría hasta dos siglos más tarde, consumidos los reinados de no menos de ocho monarcas. Desde la terraza superior de la torre orientada al noroeste, la reina Margarita oteaba el horizonte mientras aguardaba en vano el regreso de Jacobo IV, que murió en la batalla de Flodden en 1513. En el patio interior del palacio hay una **fuente** octagonal con figuras minuciosamente talladas y medallones de cuyos caños manó vino el día en que se celebró la boda de Jacobo V y María de Lorena. El último monarca reinante que se hospedó en el palacio fue Carlos I, en el año 1633. Carlos Eduardo Stuart pasó una noche entre sus muros en 1745, y al año siguiente los soldados del duque de Cumberland —que allí recalaron en su expedición al norte del país, donde pretendían acabar con los últimos jacobitas— le prendieron fuego, y desde entonces está en ruinas.

La falta del techo proporciona insólitas vistas desde el interior del castillo, y las curiosas escaleras en espiral que unen las distintas dependencias, en las que aún se percibe la elegancia de la decoración, produce en el visitante un efecto laberíntico. Se destacan sobre todo el **Great Hall** o salón principal, presidido por una magnífica galería corrida, así como la estancia adyacente, que albergaba la cocina de palacio y en la que aún se conserva una imponente chimenea de piedra. No deje de visitar la fría y húmeda **bodega** donde se fabricaban ingentes cantidades de cerveza. Al parecer, en el siglo XVI se consumían por noche en el palacio 100 litros de esta bebida.

Linlithgow se encuentra a 20 minutos de Waverley en **ferrocarril**, y los trenes circulan durante todo el día; salen aproximadamente cada 30 minutos.

EAST LOTHIAN

La región de East Lothian, situada inmediatamente al este de Edimburgo, comprende una franja de territorio que da a la costa y al interior. El paisaje se compone en buena parte de verdes colinas y fértiles tierras de labranza, aunque el principal reclamo turístico de la región es sin duda su litoral, y sobre todo la extensión de costa comprendida entre Aberlady y North Berwick, donde encontrará interminables **playas** de arena blanca, **bucólicos senderos** que remontan el perfil de abruptos acantilados, espectaculares formaciones montañosas de origen volcánico como **Bass Rock** y las ruinas de los castillos medievales de **Dirleton** y **Tantallon**. Hacia el interior, siguiendo el trazado de la autopista A1, vale la pena detenerse en **Lennoxlove House** y visitar su célebre restaurante, así como la fortaleza de **Trappain Law**, cuya construcción se remonta a la Edad del Hierro. Los autobuses que salen de Edimburgo con destino a esta región serpentean a lo largo de la costa oriental y se detienen en la mayoría de los puntos de interés hasta **North Berwick**, población a la que también se puede llegar en tren, al igual que **Dunbar**.

Aberlady y Dirleton Castle

Lo mejor de la línea costera empieza a menos de 10 kilómetros de Edimburgo, en **Aberlady**, una aldea de contorno alargado, salpicada de casas de campo y residencias de estilo gótico, que ha sido declarada patrimonio histórico nacional. Las salinas y dunas de la aledaña **Aberlady Bay Nature Reserve**, un paraíso para los amantes de las aves, delimitan el emplazamiento de un puerto medieval. Desde la mencionada reserva natural hay una distancia de poco más de 3 kilómetros hasta **Gullane**, donde encontrará un buen número de campos de golf, incluidas las famosas pistas junto al mar del **Muirfield Golf Course**, escenario habitual del open británico de golf fundado a fines del siglo XIX. Otro reclamo de esta zona son las hermosas **playas** de arena de Gullane Bay, que ofrecen estampas de gran belleza en los días de tormenta, así como las excelentes vistas panorámicas del firth de Forth y las tierras que se extienden más allá del curso fluvial.

Más o menos a 3 kilómetros al este de Gullane se halla la encantadora aldea de **Dirleton**, donde se eleva **Dirleton**

Castle (todos los días, abril-sept., 9.30-18.30 h; oct.-marzo, todos los días, 9.30-16.30 h; 2,50 libras). Buena parte de la fortaleza está en ruinas, pero alberga entre sus muros un maravilloso jardín que bien se merece la visita. Al cruzar el umbral de la puerta de entrada, no deje de buscar con la mirada el «orificio asesino», una apertura circular en el tejado que se utilizaba antaño para dejar caer pesados objetos sobre la cabeza de las visitas *non gratas*. Una vez dentro, a mano izquierda, está la estancia conocida como **Lord's Hall**, una habitación de grandes dimensiones, con un hermoso techo abovedado, que pertenece a la construcción original, encargada a principios del siglo XIII por la familia De Vaux. En las dos centurias siguientes, los Halyburton ordenaron la ampliación del ala oriental del castillo, de la que sobresale el impresionante **Great Hall**. El añadido más reciente es la torre de **Ruthven Lodging**, una construcción renacentista mandada erigir, al norte de la torre original, por la familia Ruthven, cuya debilidad por las intrigas y conjuras de todo tipo —incluido el asesinato de **David Rizzio** y el rapto de **Jacobo IV**— acabó propiciando la confiscación del castillo en el año 1600. Medio siglo más tarde, Dirleton —al igual que el cercano castillo de Tantallon— fue bombardeado y destruido por la artillería de Cromwell.

En los cuidados **jardines** del castillo encontrará una pista de petanca del siglo XVI, un hermoso mirador cubierto y un palomar que tiene 400 años. Si el tiempo acompaña, se puede recorrer el camino que une la iglesia de la aldea con la playa de **Yellowcraigs**, una extensión de arena abrazada por los escollos, desde la que se ve la **isla Fidra**, un gran promontorio de roca basáltica que sirve de hogar a miles de aves marinas.

North Berwick y Bass Rock

Encontrará más playas arenosas en **North Berwick,** a unos 3 kilómetros al este de Dirleton. Esta población costera, aunque retiene un aire algo decadente y trasnochado, está llena de encanto, como se aprecia en la sobriedad victoriana y eduardiana de las casas de huéspedes y hoteles que jalonan la orilla. No obstante, sus principales reclamos turísticos siguen siendo dos formaciones volcánicas: **Bass Rock,** un coloso de roca basáltica que emerge desde el fondo del mar hasta alcanzar una altura de 105 m, y **North Berwick Law**, un promontorio de 183 m de altitud que domina North Berwick y desde cuya cima es posible contemplar, en un día despejado, hermosas vistas del firth de Forth hasta Fife y a lo largo de la costa hasta Arthur's Seat, en Edimburgo.

El islote de **Bass Rock** recuerda una muela gigante y a lo largo de los siglos ha sido utilizado como cárcel, fortaleza y retiro monástico, comunicado con la capilla por un túnel natural que discurre bajo tierra de este a oeste. Hoy habitan el islote millones de aves marinas, entre ellas, la segunda colonia de alcatraces más numerosa de Escocia, tras la de St Kilda, aunque alcas, golondrinas de mar, frailecillos, araos y petreles plateados les van a la zaga. Siempre que las condiciones climatológicas lo permiten, se organizan **excursiones en barco** alrededor de la isla desde el puerto de North Berwick (Pascua–oct., todos los días; 3,50 libras). Actualmente en North Berwick se está construyendo el **Scottish Seabird Centre**, un centro dedicado al estudio de las aves marinas en el que se podrán contemplar imágenes en vivo de la fauna local captadas por una serie de cámaras previamente colocadas en Bass Rock. El centro ofrece, asimismo, información específica sobre las aves que habitan el islote y el litoral de North Berwick.

Tantallon Castle

Abril-sept., todos los días, 9.30-18.30 h; oct.-marzo, lun.-miér. y sáb., 9.30-16.30 h; jue., 9.30-12 h; dom., 14-16.30 h; 2,50 libras.
Las sobrecogedoras ruinas de **Tantallon Castle**, cuyos mu-

ros de piedra arenisca presentan un bello tono rosáceo, se encuentran a poco menos de 5 kilómetros al este de North Berwick por la A198. Rodeado en tres de sus flancos por abruptos acantilados que descienden hasta el mar, y custodiado el acceso terrestre por un doble foso, parece tan inexpugnable como desolado y resulta algo inquietante, sobre todo cuando el oleaje azota los escollos que lo sostienen y el viento aúlla entre las almenas que aún quedan en pie.

Tantallon Castle, construido a fines del siglo XIV, fue el bastión de los Douglas, los duques de Angus, una de las familias nobiliarias más poderosas de Escocia. Llevaba este apellido el hombre que ocupó el trono de Escocia en condición de regente a principios del reinado de Jacobo II, y un Douglas fue también el tutor de Jacobo IV, cuya viuda, Margarita Tudor, desposó otro descendiente del linaje. Su nieto fue lord Darnley, segundo consorte de María Estuardo y padre de Jacobo VI (Jacobo I de Inglaterra). El castillo sobrevivió a numerosos avatares hasta que en 1651 Cromwell lo destruyó tras 12 días de asedio. Lo que resistió a la acometida de sus soldados, como el palomar del siglo XVII, ofrece una bella estampa, con Bass Rock y el firth de Forth como telón de fondo. Desde North Berwick con el **autobús** que sale de Dunbar (lun.-sáb., 6 diarios; dom., 2 diarios) se llega a Tantallon Castle en 15 minutos; hacerlo caminando a lo largo de la costa, lleva cerca de 1 hora.

Dunbar

A 19 kilómetros más al norte, siguiendo la línea costera, se encuentra **Dunbar**, ciudad que debe su fama a la figura de John Muir, el explorador y naturalista que fundó la red de parques naturales de Estados Unidos. La casa en la que nació, la **John Muir House,** está en el 128 High Street (jun.-sept., lun.-sáb., 11-13 h y 14-15 h; dom., 14-17 h; entrada gratuita). La vivienda ha sido redecorada y amueblada con piezas de época, y alberga un diminuto museo dedicado a la vida y obra del hijo predilecto de la ciudad, cuya memoria se honra asimismo en el **parque natural** que lleva su nombre. Desde allí, un camino de fácil recorrido se desvía 5 kilómetros al oeste del puerto y bordea las ruinas del castillo de Dunbar para luego acompañar un tramo escarpado de costa hasta desembocar en las arenas de la **bahía de Belhaven**. La ciudad cuenta con numerosos pubes de ambiente acogedor, muchos de los cuales ofrecen una excelente variedad de cervezas de fabricación local.

Lennoxlove y Trapain Law

Aunque la ruta que se interna tierra adentro y recorre la región de East Lothian por la autopista rápida A1 no posee ni de lejos el valor paisajístico de la costa, sepa que si se decanta por esta alternativa hay por aquí un par de lugares dignos de conocer. Más o menos 1,5 kilómetros al sur de Haddington, y a 25 kilómetros al este de Edimburgo, se encuentra la **Lennoxlove House** (Pascua-oct., miér., sáb. y dom., 14-17 h; 3,50 libras), un caserón medieval unido a una torre que alberga una espléndida colección de objetos de arte y artesanía, legado del duque de Hamilton. Ahora bien, el motivo que suele atraer a los visitantes hasta este lugar, no es la exposición en sí, sino los manjares que se sirven en *The Garden Café* (mar.-dom., 11-17 h), el restaurante que regenta Clarissa Dickson Wright, presentadora de *Two Fat Ladies*, un programa culinario de la televisión escocesa.

A 8 kilómetros más al este se encuentra el poblado de East Linton, desde el cual una buena caminata de algo más de 10 kilómetros lo llevará a remontar el curso del río Tyne para subir luego hasta la cima de **Trapain Law**, un promontorio relativamente bajo (66 m de altitud) que, aun así, es una privilegiada atalaya desde la que se domina todo el paisaje de la región de East Lothian. En la cima propiamente dicha se conservan las escasas ruinas de un fuerte de la Edad del Hierro que, según se ha podido deducir gracias a las excavaciones arqueológicas realizadas en la zona, fue el cuartel general del clan Votadini, el más importante del sureste de Escocia por aquel entonces. En 1919, se encontró en esta zona uno de los yacimientos arqueológicos romanos más importantes de Gran Bretaña, la Trappain Silver Collection, compuesta por numerosas piezas de plata que hoy se exponen en el National Museum of Scotland de Edimburgo (véase pág. 72).

LA REGIÓN DE BORDERS

Al sur de Edimburgo, más allá de las colinas de Pentland y Moorfoot, se abre el valle del **río Tweed**, verdadero corazón de la región escocesa de Borders, famosa por su actividad pesquera. Para muchos, esta zona ofrece los paisajes más serenos y cautivadores del país. Conocida popularmente como Southern Uplands o «tierras altas del sur», la sierra de Borders se compone de colinas de perfil redondeado y desnudo —muy distintas de las escarpadas cumbres de las Highlands— que constituyen el telón de fondo de un pasado histórico rico en vicisitudes y episodios turbulentos de refriegas fronterizas, guerras religiosas y contiendas intestinas.

Si visita la región en una excursión de 1 día desde la capital, los puntos más recomendables son las famosas ruinas de las abadías de **Melrose**, **Dryburgh** y **Jedburgh**, así como las impresionantes casas solariegas de **Abbotsford** —el adorado retiro campestre de sir Walter Scott— y **Traquair**, cuyos principales reclamos son su fascinante —si bien estrafalaria— historia y una diminuta fábrica antigua de cerveza. Por otra parte, la región en general hará las delicias de los excursionistas, ya que en ella abundan las rutas para realizar **largas caminatas**, ya sea por las colinas o siguiendo algún curso flu-

176

Información turística en Borders

Galashiels, 3 St John's Street (abril-jun. y sept., lun.-sáb., 10-17 h; dom., 14-16 h; jul. y agos., lun.-sáb., 10-18 h; dom., 13-17 h; oct., lun.-sáb., 10-12.30 h y 13,30-16.30 h; ©01896/755551).
Melrose, junto a las ruinas de la abadía (marzo-mayo y oct., lun.-sáb., 10-17 h; dom., 10-13 h; jun., lun.-sáb., 10-18 h; dom., 10-14 h; jul. y agos., lun.-sáb., 9.30-18.30 h; dom., 10-18 h; sept., lun.-sáb., 10-18 h; dom., 10-14 h; ©01896/822555).
Jedburgh, Murray's Green (abril, mayo y oct., lun.-sáb., 10-17 h; dom., 12-16 h; jun. y sept., lun.-sáb., 10-18 h; dom., 12-16 h; jul. y agos., lun.-vier., 9-20.30 h; sáb., 9-19 h, dom., 10-19 h; nov.-marzo, lun.-vier., 10-16.30 h; ©01835/863435).

vial, sobre todo el del Tweed, que cuenta con un sendero bien señalizado y un camino para bicicletas. Le facilitarán más información sobre excursiones en la **oficina de información turística local** (véase recuadro, arriba).

Ahora bien, la red de **transportes públicos** que comunica la región de Borders deja bastante que desear. No llega ningún tren, y si bien es cierto que desde Edimburgo salen con bastante regularidad autobuses con destino a Galashiels, enlazar desde este punto con otras poblaciones suele requerir una cuidadosa planificación. Para más detalles, póngase en contacto con Traveline (©0131/225 3858) o con cualquiera de las oficinas de información turística locales.

Melrose Abbey

Abril-sept., todos los días, 9.30-18.30 h; oct.-marzo, lun.-sáb., 9.30-16.30 h; dom., 14-16.30 h; 3,50 libras.

A poco menos de 5 kilómetros al este de Galashiels se encuentra la pequeña población de **Melrose**, entre el río

Tweed y las colinas de Eildon, cuyas cumbres arboladas se recortan sobre el horizonte. Por detrás de la plaza principal asoman las ruinas de color rosado y ocre de la **Melrose Abbey**, dominando la franja ribereña que se extiende a su alrededor. Fundada en 1136 por David I, alcanzó gran prosperidad gracias al comercio de lana y pieles con Flandes, aunque no tardó en declinar. Los ingleses la arrasaron en repetidas ocasiones; dos de ellas fueron especialmente devastadoras: la que tuvo lugar en 1385, durante el reinado de Ricardo II, y la comandada por el duque de Hertford en 1545. La mayor parte de las ruinas que hoy se pueden ver data del período intermedio, cuando las obras de reconstrucción reemplazaron la original austeridad del edificio por un elaborado estilo gótico inspirado en las abadías del norte de Inglaterra. La silueta de la **iglesia**, recortada por los elegantes arcos que sostienen las ventanas, domina el paisaje. Por desgracia, los grandes pilares del **coro de los monjes** se encuentran desfigurados por la mampostería de una iglesia parroquial añadida posteriormente. Mejor conservado está el **presbiterio**, justo al lado, cuya esbelta estructura se halla iluminada por una magnífica ventana, perfecta síntesis del gótico perpendicular, bajo la cual descansan los restos mortales de Robert I Bruce. En el **transepto del ala sur**, otro soberbio ventanal del siglo XV exhibe una labor de tracería y ornamentación vegetal aún más delicada. En la fachada, una serie de **gárgolas** jalonan los majestuosos muros de la iglesia. La más peculiar de ellas, situada sobre el ala sur de la nave central, representa a un cerdo tocando la gaita escocesa.

Dryburgh Abbey

Abril-sept, todos los días, 9.30-18.30 h; oct.-marzo, lun.-sáb., 9.30-16.30 h; dom., 14-16.30 h; 2,50 libras.

Quienes vayan en automóvil de Melrose a Dryburgh encontrarán por el camino el **Scott's View,** un mirador asomado al valle de Tweed donde sir Walter Scott pasó numerosos ratos de asueto. En la procesión fúnebre que se celebró a la muerte del escritor, la fuerza de la costumbre hizo que su caballo se detuviera al pasar por este lugar. La mejor forma de llegar a Dryburgh en transporte público es tomando un **autobús** en Jedburgh (lun.-sáb., cada hora; dom., 8 diarios; 10 min.) y bajando en St Boswells. Desde allí, hay una caminata de aproximadamente 1,5 kilómetros para llegar al puente peatonal sobre el río Tweed, al otro lado del cual se encuentra la diminuta aldea de Dryburgh, con las ruinas de la **Dryburgh Abbey**, ubicadas sobre un idílico telón de fondo montañoso, y rodeadas de antiguos cedros y amplias extensiones de césped que enmarcan la mampostería rojiza de sus muros. La abadía fue fundada en el siglo XII por la orden de los monjes premonstratenses, también denominados canónigos blancos, que nunca llegaron a tener tanto éxito —ni, al parecer, tanta devoción— como sus vecinos cistercienses de Melrose. Las crónicas de la abadía relatan infinidad de disputas entre los clérigos por la posesión de las tierras y del dinero, como el altercado que tuvo lugar en el siglo XIV, cuando un monje llamado Marcus tumbó de un puñetazo al mismísimo abad. La amalgama de estilos arquitectónicos que se observan en ella es el resultado de numerosas demoliciones y reconstrucciones, como se observa en la maltrecha **iglesia**, donde la tosca decoración de la entrada principal contrasta con los inspirados motivos que enmarcan la puerta procesional del este. El crucero del ala norte, también bastante estropeado, alberga la sepultura de sir Walter Scott, y cerca de allí descansa asimismo el mariscal de campo Haig, comandante en jefe de las tropas escocesas durante la Primera Guerra Mundial. La puerta procesional del ala este comunica el templo con los **aposentos monásticos**, reunidos en un edificio de dos plantas que permite hacerse una idea de cómo vivían los monjes. Ahora bien, lo más destacado de todo el conjunto

DRYBURGH ABBEY

es, sin duda alguna la **sala capitular**, que se conserva intacta con su bóveda de cañón, sus bancos de piedra, las ventanas agrupadas y la arquería de piedra labrada.

Jedburgh Abbey

Abril-sept., lun.-sáb., 9.30-18.30 h; dom., 14-18.30 h; oct.-marzo, lun.-sáb., 9.30-16.30 h; dom., 14-16.30 h; 3 libras.

A 13 kilómetros al sur de Dryburgh —y tan sólo a 16 kilómetros al norte de la frontera con Inglaterra— se encuentra **Jedburgh**, enclavada en el valle de Jed Water cerca del punto en el que confluyen este río y el Teviot. Las ruinas de la **Jedburgh Abbey,** en el mismo corazón de la ciudad, datan del siglo XII. Incendiada y atacada en numerosas ocasiones, los peores estragos los causaron sin embargo los ingleses (entre 1544 y 1545) durante el llamado «cortejo descortés» del rey inglés Enrique VIII, que pretendía conquistar para su hijo la mano de María Estuardo (para más detalles, véase pág. 346). A pesar de todo, la vida monástica ya hacía mucho tiempo que había sucumbido a la corrupción, y sólo un puñado de clérigos siguieron habitando las ruinas de la abadía hasta que en 1560 la Reforma trajo consigo la clausura del monasterio. Aun así, la iglesia siguió utilizándose 3 siglos más, lo que explica su excelente estado de conservación.

Al recinto de la abadía se accede por el **centro de información** que abre sus puertas al pie de la colina, y a la iglesia, por la puerta procesional del ala este que se conserva sorprendentemente intacta. La espléndida nave central de tres pisos se destaca por la armonía y equilibrio de sus formas, e ilustra como pocas construcciones la transición del románico al gótico. Pero aún más impresionante resulta la achaparrada torre central, apuntalada por los monumentales pilares circulares y arcos truncados del coro anterior, levantado en el siglo XII.

JEDBURGH ABBEY

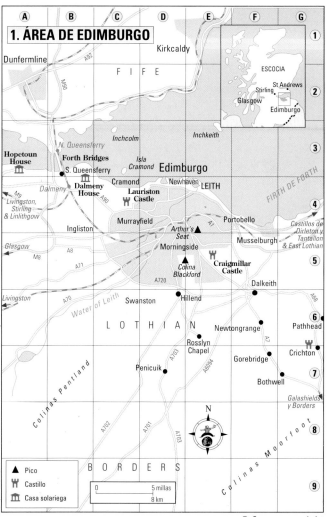

1. ÁREA DE EDIMBURGO

Kirkcaldy

Dunfermline

FIFE

ESCOCIA

St Andrews
Stirling
Glasgow
Edimburgo

Inchcolm

Inchkeith

N. Queensferry

Hopetoun House

Forth Bridges

S. Queensferry

Dalmeny House

Dalmeny

Isla Cramond

Cramond

Edimburgo

Newhaven

LEITH

FIRTH DE FORTH

Lauriston Castle

Livingston, Stirling & Linlithgow

Murrayfield

Portobello

Castillos de Dirleton y Tantallon & East Lothian

Ingliston

Arthur's Seat

Musselburgh

Glasgow

Morningside

Craigmillar Castle

Livingston

Colina Blackford

Dalkeith

Water of Leith

Swanston

Hillend

LOTHIAN

Newtongrange

Pathhead

Rosslyn Chapel

Crichton

Penicuik

Gorebridge

Bothwell

Galashields y Borders

Colinas Pentland

N

Colinas Moorfoot

BORDERS

▲ Pico

♛ Castillo

🏛 Casa solariega

0	5 millas
	8 km

© Crown copyright

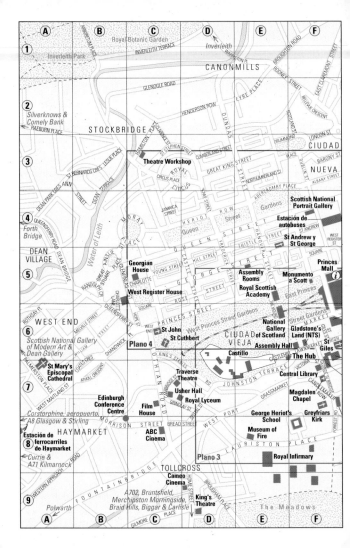

Bonnington & Leith

ALBERT STREET

LEITH WALK

McDONALD ROAD

ANNANDALE STREET

ALBION ROAD

EASTER ROAD

HAWKHILL AVE

Easter Road Park (Hibernian F. C.)

Mansfield Place Church

EAST LONDON STREET

BRUNSWICK ROAD

LEITH WALK

BRUNSWICK ST

HILLSIDE

MONTGOMERY STREET

BROUGHTON PLACE

FORTH STREET

BROUGHTON ST

PICARDY PL

LONDON ROAD

Plano 6

Royal Terrace Gardens

ROYAL TERRACE

LONDON ROAD

A1 Berwick upon-Tweed →

YORK PLACE

St James Centre

Calton Hill

CALTON

Regent Gardens

City Observatory

Monumento a Nelson

National Monument

REGENT TERRACE

REGENT ROAD

ABBEYHILL

LEITH ST

Register House

WATERLOO PLACE

NORTH BRIDGE

Old Calton Burial Ground

Old Royal High School

Sede del nuevo Parlamento

CALTON ROAD

Palacio de Holyroodhouse

QUEEN'S DRIVE

Estación de ferrocarril de Waverley

Canongate Tolbooth

Canongate Kirk

CANONGATE

Scottish Poetry Library

St Anthony's Chapel (ruinas) & St Margaret's Loch

Festival Office

COCKBURN ST

JEFFREY ST

City Chambers

John Knox's House

Huntly House

HOLYROOD ROAD

Dynamic Earth

N

Festival Fringe Office

St Cecilia's Hall

CANONGATE

COWGATE

CHAMBERS ST

Parliament House

National Library

Pleasance Theatre

THE PLEASANCE

DRUMMOND ST

Holyrood Park

Universidad de Edimburgo

Festival Theatre

NICOLSON STREET

Royal Museum of Scotland

BRISTO SQUARE

National Museum of Scotland

SOUTHSIDE

WEST NICOLSON ST

WEST RICHMOND ST

Salisbury Crags

| 0 | 300 yardas |
| 0 | 300 m |

GEORGE SQUARE

A Arthur's Seat (823 pies/ 251 m)

ST PATRICKS SQUARE

Odeon Cinema

ST LEONARD'S LANE

ST LEONARD'S STREET

QUEEN'S DRIVE

Grange Newington & Mayfield

Craigmillar Castle & Duddingston

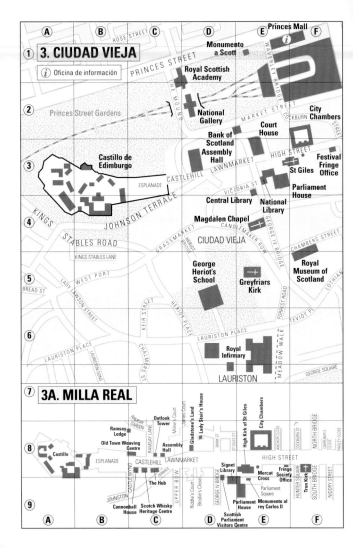

3. CIUDAD VIEJA

(i) Oficina de información

Princes Mall

(i)

ROSE STREET

PRINCES STREET

Monumento a Scott

Royal Scottish Academy

THE MOUND

WAVERLEY BRIDGE

Princes Street Gardens

MARKET STREET

COCKBURN STREET

National Gallery

City Chambers

Court House

Bank of Scotland

Assembly Hall

HIGH STREET

Castillo de Edimburgo

LAWNMARKET

Festival Fringe Office

St Giles

CASTLEHILL

ESPLANADE

VICTORIA ST

Parliament House

Central Library

National Library

GEORGE IV BRIDGE

JOHNSON TERRACE

CANDLEMAKER ROW

Magdalen Chapel

KINGS STABLES ROAD

GRASSMARKET

CANDLEMAKER BRIDGE

CIUDAD VIEJA

CHAMBERS STREET

KINGS STABLES LANE

WEST PORT

HERIOT PLACE

KEIR STREET

George Heriot's School

Greyfriars Kirk

Royal Museum of Scotland

LADY LAWSON STREET

FORREST ROAD

LOTHIAN

BREAD ST

LAURISTON PLACE

CHALMERS ST

LAURISTON PLACE

TEVIOT PL

LAURISTON GDNS

Royal Infirmary

MEADOW WALK

GEORGE SQUARE

LAURISTON

3A. MILLA REAL

RAMSAY GARDEN

Outlook Tower

RAMSAY LANE

Milne's Court

James Court

Gladstone's Land

Lady Stair's House

City Chambers

High Kirk of St Giles

ST GILES ST

NORTH BRIDGE

ANCHOR CLOSE

COCKBURN ST

CARRUBER'S CLOSE

PAISLEY CLOSE

Ramsay Lodge

Old Town Weaving Centre

Assembly Hall

BANK ST

Castillo

CASTLEWYND

CASTLEHILL

TERRACE

LAWNMARKET

HIGH STREET

ESPLANADE

UPPER BOW

Riddle's Court

Brodie's Close

GEORGE IV BRIDGE

Signet Library

Mercat Cross

Fringe Society Office

HUNTER SQUARE

SOUTH BRIDGE

Tron Kirk

NIDDRY STREET

The Hub

JOHNSTON

Cannonball House

Scotch Whisky Heritage Centre

Scottish Parliament Visitors Centre

Parliament House

Parliament Square

Monumento al rey Carlos II

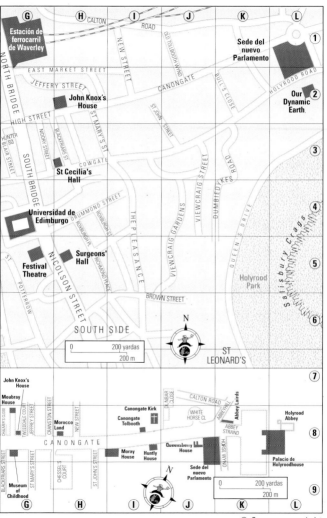

G Estación de ferrocarril de Waverley

H CALTON ROAD

NORTH BRIDGE

EAST MARKET STREET

JEFFERY STREET

NEW STREET

John Knox's House

HIGH STREET

BLACKFRIARS STREET

ST MARY'S ST

CANONGATE

CALTON ROAD

ST JOHN STREET

BULL'S CLOSE

HOLYROOD ROAD

K Sede del nuevo Parlamento

L HOLYROOD ROAD

2 Our Dynamic Earth

3

HUNTER SQ

BLAIR STREET

COWGATE

St Cecilia's Hall

SOUTH BRIDGE

NIDDRY STREET

DRUMMOND STREET

ROXBURGH ST

THE PLEASANCE

VIEWCRAIG GARDENS

VIEWCRAIG STREET

DUMBIEDYKES ROAD

QUEEN'S DRIVE

Salisbury Crags

4

Universidad de Edimburgo

Surgeons' Hall

RICHMOND PLACE

5

ST

POTTERROW

Festival Theatre

NICOLSON STREET

BROWN STREET

Holyrood Park

6

SOUTH SIDE

N

0   200 yardas
    200 m

ST LEONARD'S

7

John Knox's House

Moubray House

DALMENY CLOSE

TWEEDALE COURT

CRANSTON STREET

JEFFREY STREET

NEW STREET

Morocco Land

Canongate Kirk

Canongate Tolbooth

DUNBAR CLOSE

CALTON ROAD

WHITE HORSE CL

ABBEY HILL

Abbey Lairds

Holyrood Abbey

8

BLACKFRIARS

ST MARY'S ST

CHESSEL'S COURT

ST JOHN'S STREET

CANONGATE

Moray House

Huntly House

Queensberry House

HORSE WYND

ABBEY STRAND

Sede del nuevo Parlamento

Palacio de Holyroodhouse

Museum of Childhood

N

0   200 yardas
    200 m

G   **H**   **I**   **J**   **K**   **L**

9

© Crown copyright

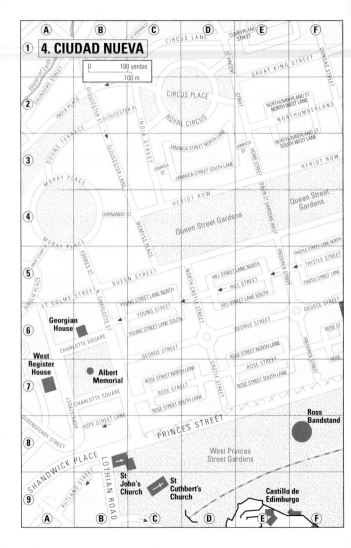

4. CIUDAD NUEVA

0   100 yardas
     100 m

Water of Leith

CIRCUS LANE

CIRCUS PLACE

ROYAL CIRCUS

CUMBERLAND STREET

GREAT KING STREET

DUNDAS STREET

SAUNDERS STREET

INDIA PLACE

GLOUCESTER ST

GLOUCESTER PL

GLOUCESTER LANE

DOUNE TERRACE

INDIA STREET

ST STEPHEN ST

ST VINCENT STREET

NORTHUMBERLAND ST NORTH WEST LANE

NORTHUMBERLAND

NORTHUMBERLAND ST SOUTH WEST LANE

JAMAICA STREET NORTH LANE

JAMAICA ST

HOWE ST

JAMAICA ST

JAMAICA STREET SOUTH LANE

HERIOT ROW

MORAY PLACE

HERIOT ROW

QUEEN ST GARDENS WEST

Queen Street Gardens

DARNAWAY ST

WEMYSS PLACE

Queen Street Gardens

MORAY PLACE

LADY STUART ST

FORRES ST

QUEEN STREET

NORTH CASTLE STREET

FREDERICK STREET

THISTLE STREET-LANE NORTH

THISTLE STREET

THISTLE STREET LANE

AINSLIE PLACE

ST COLME STREET

N. CHARLOTTE ST

HILL STREET LANE NORTH

HILL STREET

HILL STREET LANE SOUTH

GEORGE STREET

Georgian House

YOUNG STREET LANE NORTH

YOUNG STREET

YOUNG STREET LANE SOUTH

ROSE ST

CHARLOTTE SQUARE

GEORGE STREET

GEORGE STREET

FREDERICK STREET

ROSE ST

West Register House

● **Albert Memorial**

CHARLOTTE SQUARE

CASTLE STREET

ROSE STREET NORTH LANE

ROSE STREET NORTH LANE

ROSE STREET

ROSE STREET SOUTH LANE

ROSE STREET

ROSE STREET SOUTH LANE

HOPE STREET

HOPE STREET LANE

QUEENSFERRY STREET

PRINCES STREET

Ross Bandstand

SHANDWICK PLACE

LOTHIAN ROAD

RUTLAND STREET

St John's Church

St Cuthbert's Church

West Princes Street Gardens

Castillo de Edimburgo

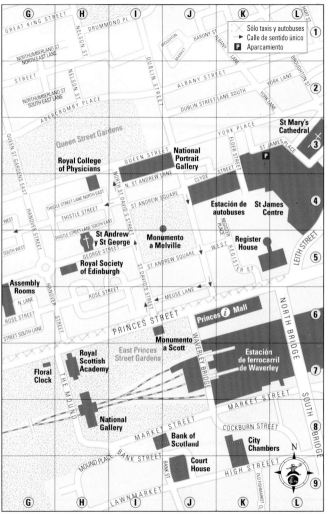

© Crown copyright

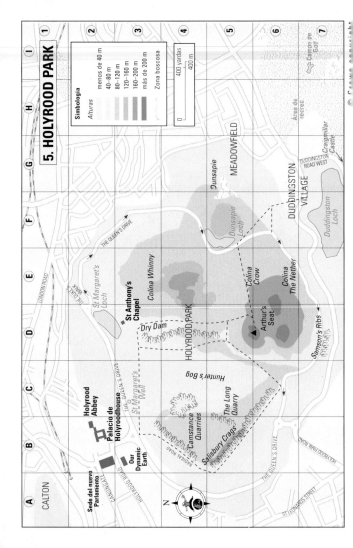

5. HOLYROOD PARK

Simbología

Alturas

- menos de 40 m
- 40-80 m
- 80-120 m
- 120-160 m
- 160-200 m
- más de 200 m
- Zona boscosa

0   400 yardas
0   400 m

CALTON

Sede del nuevo Parlamento

Our Dynamic Earth

Holyrood Abbey

Palacio de Holyroodhouse

St Margaret's Well

THE QUEEN'S DRIVE

THE DUKE'S WALK

St Margaret's Loch

LONDON ROAD

St Anthony's Chapel

Dry Dam

Colina Whinny

HOLYROOD PARK

Hunter's Bog

Camstance Quarries

The Long Quarry

Salisbury Crags

RADICAL ROAD

HOLYROOD PARK ROAD

THE QUEEN'S DRIVE

ST LEONARDS STREET

Arthur's Seat

Colina Crow

Colina The Nether

Samson's Ribs

Dunsapie

Dunsapie Loch

MEADOWFIELD

DUDDINGSTON VILLAGE

DUDDINGSTON ROAD WEST

Duddingston Loch

Craigmillar Castle

Área de recreo

Campo de Golf

N

© Crown copyright

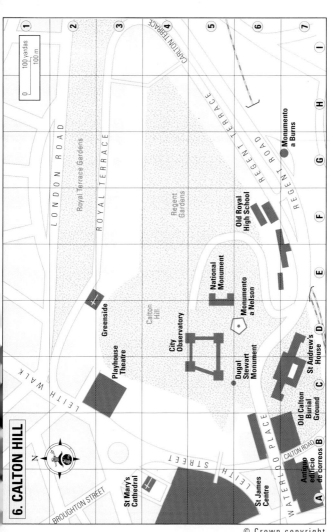

6. CALTON HILL

N

BROUGHTON STREET

St Mary's Cathedral

LEITH WALK

St James Centre

Playhouse Theatre

Greenside

LONDON ROAD

Royal Terrace Gardens

ROYAL TERRACE

Calton Hill

Regent Gardens

CARLTON TERRACE

City Observatory

Dugal Stewart Monument

National Monument

Monumento a Nelson

Old Royal High School

REGENT TERRACE

REGENT ROAD

Monumento a Burns

St Andrew's House

Old Calton Burial Ground

WATERLOO PLACE

CALTON ROAD

LEITH STREET

Antiguo edificio de Correos

0   100 yardas
    100 m

1 2 3 4 5 6 7

A B C D E F G H I

© Crown copyright

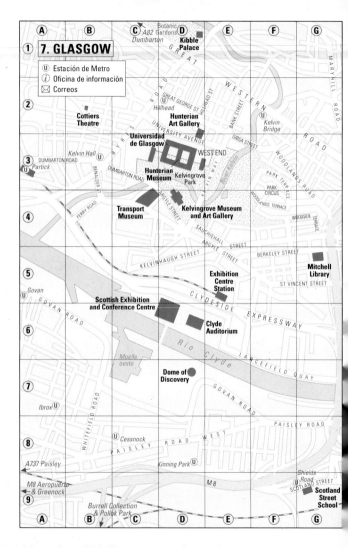

7. GLASGOW

- Ⓤ Estación de Metro
- ⓘ Oficina de información
- ☒ Correos

Botanic Gardens
Kibble Palace
A82 Dumbarton
GREAT

MARYHILL ROAD

GREAT GEORGE ST
Hillhead Ⓤ
WESTERN
BANK STREET
Kelvin Bridge
ROAD

Cottiers Theatre

BYRES ROAD
UNIVERSITY AVENUE
Hunterian Art Gallery
GIBSA STREET

Universidad de Glasgow

WEST END

Kelvin Hall Ⓤ
DUMBARTON ROAD
Ⓤ Partick

BENALDER ST
DUMBARTON ROAD

Hunterian Museum
Kelvingrove Park

KELVIN WAY
River Kelvin

WOODLANDS ROAD
PARK TERRACE
PARK CIRCUS
WOODLANDS TERRACE
WOODSIDE TERRACE

FERRY ROAD

Transport Museum

ARGYLE STREET

Kelvingrove Museum and Art Gallery

SAUCHIEHALL
ARGYLE   STREET

BERKELEY STREET

KELVINHAUGH STREET

Mitchell Library

Ⓤ Govan
GOVAN ROAD

Exhibition Centre Station

CLYDESIDE
ST VINCENT STREET

Scottish Exhibition and Conference Centre

CLYDESIDE
EXPRESSWAY

Clyde Auditorium

Río Clyde

LANCEFIELD QUAY

Muelle oeste

Dome of Discovery

GOVAN ROAD

Ibrox Ⓤ

WHITEFIELD ROAD

PAISLEY ROAD

A737 Paisley

Ⓤ Cessnock
PAISLEY   ROAD   WEST

Kinning Park Ⓤ

M8 Aeropuerto & Greenock

M8

Shields Road Ⓤ
SCOTLAND STREET
Scotland Street School

Burrell Collection & Pollok Park

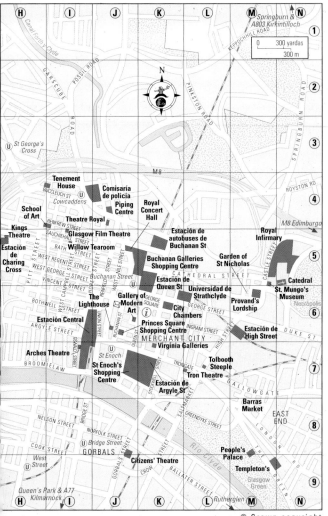

H I J K L M N

Springburn &
A803 Kirkintilloch

KEPPOCHHILL ROAD

1

0   300 yardas
300 m

Canal Forth y Clyde

POSSIL ROAD

GARSCUBE ROAD

PINKSTON ROAD

SPRINGBURN ROAD

2

St George's
Cross

3

M8

ROYSTON ROAD

4

Tenement
House

BUCCLEUCH ST
Cowcaddens

Comisaría
de policía

Piping
Centre

Royal
Concert
Hall

M8 Edimburgo

School
of Art

RENFREW STREET

Theatre Royal

Kings
Theatre

Glasgow Film Theatre

Estación de
autobuses de
Buchanan St

Royal
Infirmary

5

SAUCHIEHALL STREET

Willow Tearoom

Estación
de
Charing
Cross

BATH STREET

WEST REGENT STREET

WEST GEORGE STREET

VINCENT STREET

PITT STREET

HOPE STREET

RENFIELD STREET

WEST NILE STREET

Buchanan Street

Buchanan Galleries
Shopping Centre

Estación de
Queen St

Garden of
St Nicholas

CASTLE STREET

CATHEDRAL STREET

Catedral

Universidad de
Strathclyde

St. Mungo's
Museum

Provand's
Lordship

Necrópolis

BOTHWELL STREET

WEST CAMPBELL STREET

The Lighthouse

Gallery of
Modern
Art

GEORGE
SQUARE

City
Chambers

GEORGE STREET

6

Estación Central

UNION STREET

QUEEN STREET

Princes Square
Shopping Centre

INGRAM STREET

HIGH STREET

Estación de
High Street

DUKE ST

MERCHANT CITY

ARGYLE STREET

BROOMIELAW

Arches Theatre

St Enoch

Virginia Galleries

TRONGATE

Tolbooth
Steeple

Tron Theatre

GALLOWGATE

7

St Enoch's
Shopping
Centre

STOCKWELL STREET

Estación de
Argyle St

SALTMARKET

Barras
Market

LONDON ROAD

EAST
END

8

NELSON STREET

NORFOLK STREET

Bridge Street

GORBALS

COOK STREET

West
Street

BRIDGE ST

GORBALS STREET

Citizens' Theatre

CROW

Rio Clyde

GREENDYKE STREET

THE GREEN

People's
Palace

Templeton's

Glasgow
Green

9

Queen's Park & A77
Kilmarnock

BALLATER STREET

Rutherglen

H I J K L M N

© Crown copyright

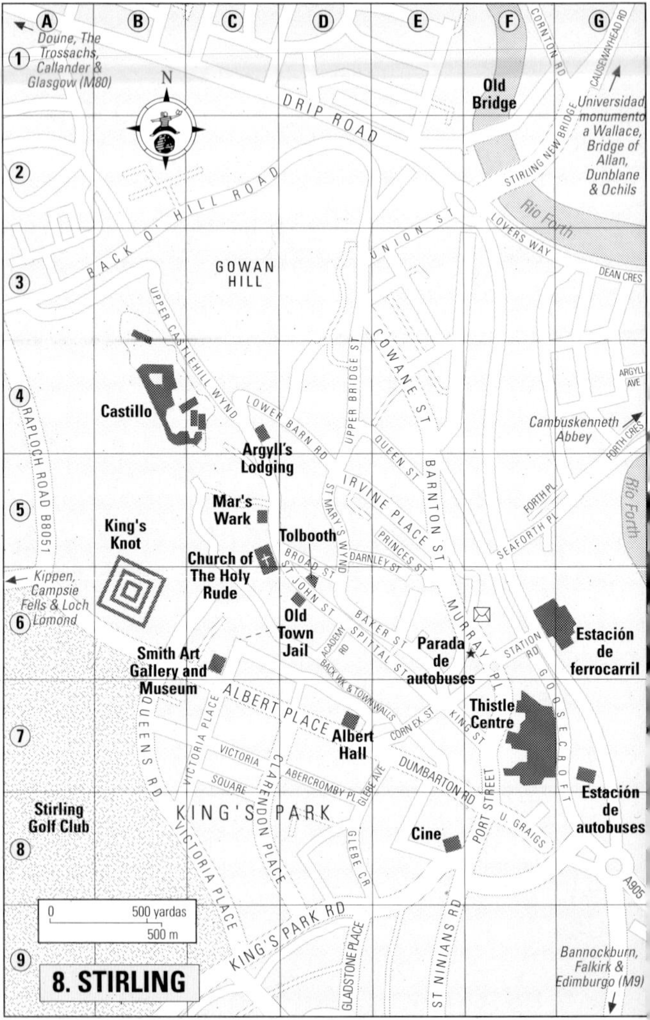

8. STIRLING

Grid references: A B C D E F G (columns), 1-9 (rows)

Doune, The Trossachs, Callander & Glasgow (M80)

DRIP ROAD

N

CORNTON RD

CAUSEWAYHEAD RD

Old Bridge

STIRLING NEW BRIDGE

Universidad monumento a Wallace, Bridge of Allan, Dunblane & Ochils

Rio Forth

LOVERS WAY

BACK O HILL ROAD

GOWAN HILL

UNION ST

COWANE ST

DEAN CRES

UPPER CASTLEHILL WYND

Castillo

LOWER BARN RD

UPPER BRIDGE ST

QUEEN ST

IRVINE PLACE

BARNTON ST

ARGYLL AVE

Cambuskenneth Abbey

FORTH CRES

Rio Forth

RAPLOCH ROAD B8051

Argyll's Lodging

Mar's Wark

Tolbooth

King's Knot

Church of The Holy Rude

Old Town Jail

Kippen, Campsie Fells & Loch Lomond

Smith Art Gallery and Museum

BROAD ST

ST MARY'S WYND

DARNLEY ST

PRINCES ST

MURRAY PL

ST JOHN ST

BAKER ST

SPITTAL ST

ACADEMY RD

BACK WK & TOWNWALLS

Parada de autobuses

STATION RD

FORTH PL

SEAFORTH PL

Estación de ferrocarril

GOOSECROFT

Estación de autobuses

Thistle Centre

ALBERT PLACE

Albert Hall

QUEEN'S RD

VICTORIA PLACE

VICTORIA SQUARE

CLARENDON PLACE

ABERCROMBY PL

GLEBE AV

CORN EX ST

KING ST

DUMBARTON RD

PORT STREET

U GRAIGS

Stirling Golf Club

KING'S PARK

Cine

GLEBE CR

A905

KING'S PARK RD

VICTORIA PLACE

GLADSTONE PLACE

ST NINIANS RD

Bannockburn, Falkirk & Edimburgo (M9)

0   500 yardas
     500 m

© Crown copyright

Abbotsford House

Marzo-mayo y oct., lun.-sáb., 10-17 h; dom. 14-17 h; jun.-sept., todos los días, 10-17 h; 3,50 libras.

En un marco incomparable, a orillas del Tweed y en las afueras de Galashield, se encuentra **Abbotsford House**, una casa solariega concebida como encarnación de los ideales románticos de sir Walter Scott, que vivió en ella desde 1812 hasta su muerte, acaecida 2 décadas más tarde. La construcción de Abbotsford duró 12 años, y en su fachada conviven los elegantes torreones y remates almenados propios del estilo baronial escocés con recreaciones medievales. Así pues, la galería que preside la puerta principal es una reproducción de la entrada al palacio de Linlithgow, y el muro del jardín recuerda al claustro de la abadía de Melrose. Scott estaba orgulloso de su creación ya que, como le contó a un amigo por carta: «Es una suerte de castillo de los acertijos que a buen seguro hará las delicias de cualquier persona amante de la fantasía.»

La visita al interior de la vivienda empieza por el **estudio** del escritor, una estancia revestida con paneles de madera que alberga un pequeño escritorio español rescatado del naufragio de la Armada Invencible. La biblioteca acoge la valiosa colección de libros de Scott, compuesta por más de 9.000 volúmenes de gran valor, así como una extraordinaria selección de reliquias históricas, entre ellas, la bolsa y la navaja de Rob Roy, un mechón de pelo y el cáliz del príncipe Carlos Eduardo Stuart, el monedero de Flora Macdonald, el crucifijo de perlas incrustadas que acompañó a María Estuardo al patíbulo e incluso un trozo de galleta de avena hallado entre los restos de un *highlander* descubierto en Culloden. En el **salón** se encuentra el famoso retrato de Scott realizado por Henry Raeburn, mientras que en la **sala de armas** se exponen todo tipo de artefactos bélicos, y también la espada, la daga y el rifle de Rob Roy. Por último, en el **vestíbulo**

principal, una estancia de aspecto tosco de cuyas paredes cuelgan cabezas de alce y cráneos de ganado, hay un busto de Robert I Bruce.

Traquair House

Abril, mayo y sept., todos los días, 12.30-17.30 h; jun.-agos., todos los días 10.30-17.30 h; oct., vier.-dom., 14-17 h; 5 libras; sólo jardines, 2 libras.

A poco más de 1,5 kilómetros al sur de Innerleithen —población situada a 19 kilómetros al oeste de Galashields y a casi 10 kilómetros al este de Peebles— asoma entre la arboleda la silueta de **Traquair House**, una de las mansiones más antiguas de Escocia —y la más antigua si sólo se contabilizan las que no han dejado de estar habitadas—, que ha permanecido en manos de la misma familia, los Maxwell Stuart, desde una fecha tan remota como 1491. El fundador del linaje, James Maxwell Stuart, primer propietario de Traquair, heredó una torre fortificada que sus poderosos descendientes se encargaron de convertir en una suntuosa mansión digna, según se dice, de la visita de 27 monarcas, María Estuardo entre ellos, y dos aspirantes al trono, incluido el príncipe Carlos Eduardo Stuart.

El principal reclamo de Traquair es la antigüedad de su trazado y estructura. La fachada enjalbegada impresiona por su sobria elegancia, subrayada por las estrechas ventanas que la jalonan y los esbeltos torreones que flanquean incluso las puertas menos importantes. Se trata, en definitiva, de una construcción armoniosa y equilibrada que supone un grato contraste respecto a la grandilocuencia de otras casas solariegas. En el interior, la mansión conserva muchos de los elementos arquitectónicos más antiguos, como los sótanos abovedados donde los lugareños solían ocultar su ganado de los asaltantes, la escalera principal y otra anterior, de la época medieval, que más tarde pasaría a formar parte de un pasadizo secreto por el que huían los católicos en tiempos de persecución religiosa, así como una diminuta **habitación se-creta** cuidadosamente camuflada en la que vivieron ocultos numerosos capellanes hasta que en 1829 la Catholic Emancipation Act restableció la libertad de culto para los católicos. Del mobiliario y los elementos decorativos se destacan la puerta de roble tallada que está al pie de las escaleras, las tallas flamencas con efecto de trampantojo que adornan la **despensa** y la cama con dosel del **dormitorio real**, cubierta por una colcha supuestamente bordada por la reina María Estuardo.

Vale la pena reservarse algo de tiempo para visitar los **jardines** que rodean la mansión, con su laberinto, varios talleres de artesanía y una **fábrica de cerveza** que empezó a funcionar en 1566 y que hoy sigue haciéndolo tras un paréntesis de 150 años. Su actual propietario, que la restauró y abrió al público en el año 1965, sostiene que se trata de la única fábrica de cerveza de Gran Bretaña que realiza todo el proceso de fermentación en barricas de roble. En la Brewery House (abril y mayo, todos los días, 12.30-17.30 h; jun.-agos., todos los días, 10.30-17.30 h; oct., vier.-dom., 12.30-17.30 h), tal y como se la conoce, podrá degustar las distintas clases de cerveza que allí se elaboran, y en el salón de té y en la tienda de recuerdos, comprar también la cantidad de cerveza que guste. Para concluir, una curiosidad histórica: desde la mansión, una alameda conduce a la antigua verja de entrada, la **Bear Gate**, que permanece cerrada desde 1745, año en que el príncipe Carlos Eduardo Stuart pernoctó en la casa mientras su ejército permanecía acuartelado en Edimburgo. Al partir, salió por dicha verja, y el entonces propietario de Traquair House, defensor de la causa católica, juró mantenerla cerrada hasta que un Estuardo volviera a ocupar el trono de Escocia.

TRAQUAIR HOUSE

DIRECCIONES PRÁCTICAS

9	Alojamiento	187
10	Comida	209
11	Bebida	243
12	Música en vivo y clubes nocturnos	259
13	Teatro, humor y cine	267
14	Galerías de arte	273
15	Edimburgo gay	278
16	Edimburgo para niños	284
17	Compras	293
18	El Festival de Edimburgo	306
19	Calendario de acontecimientos	329
20	Información práctica	336

DIRECCIONES PRÁCTICAS |

185

Alojamiento

Como cabe esperar de una de las ciudades más visitadas de Gran Bretaña, Edimburgo dispone de una rica variedad de **alojamiento**. Además de los grandes **hoteles** del centro de la ciudad, existe una amplia oferta de establecimientos hoteleros más pequeños y **casas de huéspedes** con una docena escasa de habitaciones, así como numerosas casas particulares —los famosos B&B *(bed and breakfast)*— que ofrecen **alojamiento y desayuno**. Los viajeros con un presupuesto más limitado disponen, asimismo, de un buen número de albergues entre los que poder elegir, y también de cuatro cámpings habilitados para caravanas a poca distancia del casco urbano. La oferta de **alojamiento sin comida** ha aumentado considerablemente en los últimos tiempos, y durante los meses de verano existe la posibilidad de **alojarse en los campus universitarios** de la ciudad aunque, sorprendentemente, esta opción no resulta tan económica ni cómoda como cabría esperar.

La oferta de alojamiento se concentra sobre todo en tres zonas: la que linda al norte con la estación de ferrocarril de Haymarket, los extremos este y norte de la Ciudad Nueva y, al sur, alrededor de los barrios periféricos de Bruntsfield y Newington, cerca de 1,5 kilómetros del centro. Otras zonas bastante concurridas, aunque un poco más apartadas del centro urbano, son Ferry Road, hacia el norte de la ciudad, y los barrios periféricos del litoral, como Portobello y Joppa, ubicados a 3 km del centro.

En principio, encontrar un lugar donde dormir, no cuesta demasiado durante la mayor parte del año. Ahora bien, en los meses de verano es mejor **reservar con antelación**, sobre todo durante el **Festival**. En la oficina de información turística (véase pág. 7) facilitan gratis una lista con las ofertas de alojamiento disponibles y por 5 libras se encargan hasta de hacer la reserva. Si le interesa esta opción, llame a la oficina de turismo nada más llegar a Edimburgo, o bien escriba con antelación a Edimburgh Marketing Central Reservations Department, 3 Princes St, Edinburgh EH2 2QP (☎0131/ 473 3800; *www.edinburgh.org*) para informarse. La agencia Capital Holidays, que abre sus puertas en la estación de ferrocarril de Waverley (todos los días, 9-17 h; ☎0131/556 0030) también dispone de un servicio de reserva por el que

Códigos de los precios de alojamiento

En esta guía, los precios de alojamiento se reseñan en una escala de ① a ⑨, indicando el precio **más bajo** que puede esperar pagar por noche en un establecimiento por una **habitación doble**, en temporada alta. Los precios, señalados por los códigos, son los siguientes:

- ① menos de 40 libras/ 64 euros
- ② 40-50 libras/64-80 euros
- ③ 50-60 libras/80-96 euros
- ④ 60-70 libras/ 96-113 euros
- ⑤ 70-90 libras/ 113-144 euros
- ⑥ 90-110 libras/ 144-176 euros
- ⑦ 110-150 libras/ 176-240 euros
- ⑧ 150-200 libras/ 240-320 euros
- ⑨ más de 200 libras/ 320 euros

no cobra comisión alguna, aunque exigen abonar por adelantado y con tarjeta de crédito el importe íntegro de la primera noche. También hay algunas agencias especializadas en buscar alojamiento durante los días del Festival, entre ellas: Festival Beds (©0131/225 1011), servicio organizado por la Universidad de Edimburgo que se especializa en alojamiento en casas particulares, y el Fringe Office (©0131/226 5257; *www.edfringe.com*), que dispone además de un tablón de anuncios en Internet. También vale la pena echar un vistazo a las **secciones de anuncios** de las publicaciones especializadas en el tema, como *Private Eye* y *Time Out*, así como de los principales diarios. Si tiene la intención de quedarse en Edimburgo durante todo el Festival, quizá le saldrá más a cuenta **alquilar un piso**. Los precios, como es natural, están bastante inflados, pero si se va en grupo esta opción resulta notablemente más barata —y, desde luego, mucho más cómoda— que hospedarse en un B&B.

HOTELES

Los grandes **hoteles** del centro de Edimburgo suelen pertenecer a estas dos categorías: a la de los establecimientos majestuosos de mucha solera y precios elevados, o a la de los hoteles modernos de estilo continental que ocupan la franja de precios intermedia. De un tiempo a esta parte en los confines de la ciudad —en barrios como Leith y el West End—, han abierto sus puertas hoteles de lujo bastante sofisticados, y en las zonas periféricas y más allá, se han habilitado numerosas casas solariegas como hostales.

CIUDAD VIEJA

Apex International
Plano 3, C4. 31-35 Grassmarket; ©0131/300 3456; fax 220 5345; e-mail mail@*apexhotels.co.uk*.

En lo que antaño fuera una residencia de estudiantes abre sus puertas este gran hotel de reciente construcción, orientado al mundo de los negocios, que queda a un tiro de piedra de los bares y restaurantes de Grassmarket. Las habitaciones de la última planta y el bar restaurante de la azotea ofrecen buenas vistas del castillo. ⑥

Bank Hotel

Plano 3, G3. 1 South Bridge; ℂ0131/556 9043.

Estratégicamente situado en el cruce de la Milla Real y South Bridge, este hotel, instalado en un antiguo banco de los años veinte, dispone de nueve habitaciones, decoradas de una manera un tanto insólita, pero cómodas, que evocan con buen gusto la vida y obra de dos personajes escoceses célebres. ⑤

Ibis Hotel

Plano 3, G3. 6 Hunter Square; ℂ0131/240 7000.

Este establecimiento de la económica cadena hotelera francesa homónima, ofrece habitaciones funcionales pero a la vez acogedoras en el corazón mismo de la Ciudad Vieja. La tarifa de alojamiento no incluye el bufé de desayuno continental. ③

Point Hotel

Plano 3, A5. 34-59 Bread Street; ℂ0131/221 9919; fax 221 9929.

Este inmenso hotel, sofisticado y moderno, surgió de rehabilitar una antigua cooperativa de viviendas y goza de una buena ubicación para los amantes del teatro. El restaurante de la planta baja, muy animado, dispone de un menú para la noche cuya relación calidad-precio es excelente. ⑥

Tailors Hall Hotel

Plano 3, F4. 139 Cowgate; ℂ0131/622 6800.

No se deje amedrentar por el ambiente algo lúgubre de Cowgate. Este hotel, instalado en un edificio de 1621 que en otros tiempos albergó el gremio de sastres y una factoría de cerveza, dispone de habitaciones modernas y elegantes. En el edificio adyacente abre sus puertas el animado *Three Sisters Bar*, de estilo neogótico. ⑥

Albany Hotel

Plano 4, J2. 39-43 Albany Street; ℂ0131/556 0397; fax 557 6633.
Tres mansiones georgianas componen este hotel situado en una zona céntrica pero tranquila. Las habitaciones, de techos altos, se han restaurado recientemente. ⑦

The Balmoral

Plano 4, K6. 1 Princes Street; ℂ0131/556 2414; fax 557 3747;
www.rfhotels.com.
Este hotel, un auténtico monumento —bautizado originalmente como *North British*— es sin duda el mejor de los grandes hoteles de lujo de la ciudad. Absolutamente todo, desde el color verde con el que están decoradas las habitaciones hasta las vidrieras que adornan el hueco de la escalera principal, destila una refinada elegancia de sabor escocés. Dispone de casi 200 habitaciones, salas de conferencias y todo tipo de servicios para la celebración de convenciones, además de piscina, gimnasio y dos restaurantes que han alcanzado un gran prestigio. Su famosa torre mide 57 metros de altura y alberga un reloj que siempre va 2 minutos adelantado, para apremiar a quienes se dirigen a la estación de Waverley. ⑧

The Bonham

Plano 2, A5. 35 Drumsheugh Gardens; ℂ0131/226 6050;
e-mail *reserve@thebonham.com*.
Al otro lado de una majestuosa fachada victoriana del West End se encuentra uno de los hoteles de lujo más elegantes y modernos de Edimburgo. La originalidad es la nota dominante en la decoración de las habitaciones, que combina mobiliario moderno y de época. Todas disponen de un ordenador conectado a Internet y de correo electrónico. ⑧

Caledonian Hotel

Plano 4, B9. Princes Street; ©0131/459 9988.

Este magnífico edificio de arenisca roja construido junto a la vía férrea para alojar a los viajeros con posibles en sus desplazamientos entre Londres y las Highlands, donde tenían sus haciendas, es un importante punto de referencia de la ciudad; se alza sobre el extremo occidental de Princes Street. Es el preferido de algunas celebridades, entre ellos Sean Connery, y cuenta con unas buenas instalaciones, amén de numerosas comodidades, como una suite de negocios, piscina, gimnasio y un restaurante de lujo. ⑨

Frederick House Hotel

Plano 4, E5. 42 Frederick Street; ©0131/226 1999;
e-mail *frederickhouse@ednet.co.uk*.

Un hotel pequeño y asequible que disfruta de una ubicación inmejorable, a dos pasos de George Street. La decoración quizá sea demasiado ostentosa, pero las habitaciones son amplias y están bien equipadas. Aquí no se sirven desayunos, pero al otro lado de la calle está el *Café Rouge*, donde se puede tomar un buen desayuno continental. ④

Howard Hotel

Plano 4, G1. 34 Great King Street; ©0131/557 3500;
e-mail *reserve@thehoward.com*.

Hotel exclusivo y elegante, instalado en una antigua mansión, y que sólo dispone de quince habitaciones, lujosamente decoradas y amuebladas. En el restaurante *36*, que abre sus puertas en el sótano de este mismo edificio, se sirven sofisticados platos de cocina escocesa contemporánea. ⑨

Old Waverley Hotel

Plano 4, J6. 43 Princes Street; ©0131/556 4648.

Este hotel, uno de los más antiguos del centro de la ciudad, cuenta con más de 60 habitaciones un tanto anodinas pero inmaculadas y provistas de todas las comodidades necesarias. Los salones y demás instalaciones han sido remozados recientemente, por lo que en su conjunto muestra un aspecto más atractivo y moderno que antes, aunque su verdadero gancho es su privilegiada ubicación, ya que está justo enfrente de la estación de Waverley y del monumento a Walter Scott. Las habitaciones que dan a la fachada ofrecen unas magníficas vistas de la ciudad. ⑧

Parliament House Hotel

Plano 2, G4. 15 Calton Hill; ✆0131/478 4000;
e-mail *phadams@aol.com*.

Discretamente ubicado en una pequeña calle adoquinada entre Princes Street y Calton Hill, un poco más alejado de la nueva sede del Parlamento escocés de lo que se había previsto cuando se inauguró, este hotel de primera categoría dispone de una cuidada decoración, un ambiente distendido y un personal atento. ⑦

LEITH

Malmaison Hotel

Plano 1, E4. 1 Tower Place; ✆0131/468 5000;
e-mail *edinburgh@malmaison.com*.

Pese a su ubicación, cerca de los muelles de Leith, este hotel es el no va más de la sofisticación. Todas las habitaciones disfrutan de un diseño osado y vital, así como de un equipo de música y televisión por cable. El mobiliario y la ropa de cama son de la máxima calidad. También dispone de gimnasio, servicio de habitaciones, un café-restaurante de estilo parisino y una cafetería. El personal es excepcionalmente amable. ⑦

AL SUR DEL CENTRO

Allison House Hotel

Plano 1, E5. 15-17 Mayfield Gardens. Mayfield; ✆0131/667 8049;
e-mail *dh007ljh@msn.com*.

Este hotel recientemente ampliado ofrece la ventaja de que se

HOTELES: LEITH Y AL SUR DEL CENTRO

encuentra en una de las principales rutas de autobuses que van al centro urbano. El servicio es eficiente y dispone de un bar muy original, en el que los clientes se sirven a sí mismos y pagan al salir, además de un aparcamiento gratuito para huéspedes. ④

Bruntsfield Hotel

Plano 1, D5. 69-74 Bruntsfield Place, Bruntsfield; ℂ0131/229 1393; e-mail *bruntsfield@queensferry-hotels.co.uk*.

Aproximadamente a 1,5 kilómetros al sur de Princes Street abre sus puertas este hotel con vistas a Bruntsfield Links, prolongación del parque The Meadows, a escasa distancia de Bruntsfield y su nutrida oferta de *delicatessen*, bares y restaurantes. Las 50 habitaciones de las que dispone son cómodas y tradicionales en cuanto a mobiliario y decoración. ⑦

Prestonfield House Hotel

Plano 1, E5. Priestfield Road; ℂ0131/668 3346.

Instalado en una antigua y suntuosa mansión del siglo XVII, cuenta con su propia extensión verde al pie de Arthur's Seat. Una colonia de pavos reales pasea a sus anchas por los jardines, mientras que en los campos cercanos pasta el ganado traído de las Highlands. Una nueva ala, construida recientemente y cuyo diseño respeta el estilo arquitectónico de la vetusta mansión original, ha elevado el número de habitaciones de 5 a 31. ⑦

CASAS DE HUÉSPEDES

Aunque no se puede negar que el coste del alojamiento en las numerosas **casas de huéspedes** y pequeños hoteles que hay en Edimburgo se ha incrementado constantemente en los últimos tiempos, lo cierto es que aún siguen ofreciendo una buena relación calidad-precio, además de un ambiente mucho más auténtico y acogedor que el de los grandes hoteles modernos de la ciudad. De hecho, muchos de estos establecimientos ocupan antiguas mansiones georgianas o victorianas, situadas sobre todo en la **Ciudad Nueva** y un poco más hacia la periferia, junto a las principales rutas de la ciudad, en torno a **Newington** y **Bruntsfield**, y también al norte, en **Ferry Road**. En este apartado se incluyen también unos cuantos **B&B** dignos de especial mención. La oficina de información turística de Edimburgo posee una lista más completa acerca de este tipo de establecimientos y le ayuda a hacer las reservas (véase pág. 7).

CIUDAD NUEVA

Ardenlee Guest House

Plano 2, E2. 9 Eyre Place; ©0131/556 2838.

En un inmueble de cuatro plantas, a poca distancia del Royal Botanic Garden, se encuentra esta casa de huéspedes. Las habitaciones son sobrias pero acogedoras, y hay algunas especialmente habilitadas para familias numerosas. En el comedor se expone una colección de mapas de Edimburgo de todas las épocas, y los vegetarianos tienen la posibilidad de encargar un desayuno a su gusto. Fumadores, abstenerse. Aparcamiento privado. ③

Brodies Guest House

Plano 2, F2. 22 East Claremont Street; ©0131/556 4032; e-mail *rose.olbert@seqnet.co.uk*.

Hermosa mansión victoriana convertida en un acogedor B&B, situada en el límite oriental de la Ciudad Nueva. Las habitaciones son muy sencillas pero inmaculadas. En las que dan a la parte de detrás, hay un pequeño y apacible jardín. ③

Claymore Hotel

Plano 2, 13. 6 Royal Terrace; ©0131/556 2693.

Este pequeño hotel familiar está instalado en una antigua mansión enclavada en un prestigioso *terrace* (conjunto de viviendas adosadas en hilera) sobre la falda septentrional de Calton Hill. Sus doce habitaciones no son demasiado grandes pero han sido recientemente

CASAS DE HUÉSPEDES: CIUDAD NUEVA

restauradas y disponen todas ellas de cuarto de baño. Los desayunos se sirven en un encantador invernadero. ⑤

Davenport House

Plano 2, I3. 58 Great King Street; ℂ0131/558 8495.

Esta espléndida casa de huéspedes suntuosamente decorada, abre sus puertas en una bella mansión georgiana. Proporciona una oferta de alojamiento bastante más asequible y acogedora que algunos hoteles de la zona. ④

Dene Guest House

Plano 2, E3. 7 Eyre Place; ℂ0131/556 2700.

Un B&B asequible, que está situado en el límite de la Ciudad Nueva, a 10 minutos caminando de Princes Street. Todas las habitaciones son correctas, y algunas están amuebladas con muy buen gusto. Los propietarios se muestran hospitalarios y solícitos. ②

Frasers B&B

Plano 2, F2. 7 Bellevue Place; ℂ0131/556 5123.

Esta diminuta casa de huéspedes, con una buena ubicación, a escasa distancia de Broughton Street, dispone de tres habitaciones más bien pequeñas pero limpias y decoradas con buen gusto. ②

Greenside Hotel

Plano 2, I3. 9 Royal Terrace; ℂ y fax 0131/557 0022.

Se trata de otro de los pequeños hoteles de Royal Terrace; los pisos superiores disfrutan de unas soberbias vistas de Leith y de las tierras que se extienden más allá del firth de Forth. El hotel dispone de quince habitaciones, todas ellas con cuarto de baño, y algunas lo bastante grandes para albergar a toda una familia. En el bar-restaurante se sirven aperitivos y tentempiés durante todo el día, y cenas por las noches. Excelente relación calidad-precio, si se tiene en cuenta su ubicación. ④

Sibbet House

Plano 4, F2. 26 Northumberland Street; ℰ0131/556 1078;
e-mail *sibbet.house@zetnet.co.uk*.

Esta casa de huéspedes familiar, pequeña pero suntuosa, dispone
de habitaciones exquisitamente decoradas y se rige por elevados
patrones de calidad. El desayuno se sirve en una gran mesa. Prohibido
fumar. ⑥

Six Mary's Place

Plano 2, B3. 6 Mary's Place, Raeburn Place; ℰ0131/332 8965;
e-mail *sixmarysplace@btinternet.com*.

En Stockbridge encontrará esta casa de huéspedes «alternativa»,
que funciona un poco a la manera de una cooperativa y que se ha
hecho famosa por los insuperables desayunos vegetarianos que
sirve en un luminoso invernadero. También se puede cenar, y las
noches de verano, uno se puede sentar a descansar en el jardín.
Fumadores abstenerse. ③

Stuart House

Plano 2, F2. 12 East Claremont Street; ℰ0131/557 9030;
e-mail *stuartho@globalnet.co.uk*.

Esta casa de huéspedes, que ocupa una mansión adosada de estilo
georgiano, soleada y acogedora —aunque un tanto barroca—,
se encuentra al este de la Ciudad Nueva, a pocos minutos de la
animada Broughton Street. Fumadores abstenerse. ④

LEITH E INVERLEITH

A-Haven Town House

Plano 1, D4. 180 Ferry Road, Leith; ℰ0131/554 6559;
e-mail *reservations@a-haven.co.uk*.

Establecimiento de once habitaciones y ambiente hogareño,
considerado una de las mejores casas de huéspedes de la principal
arteria del norte de Edimburgo, que discurre de este a
oeste. Los desayunos son especialmente sustanciosos. ⑤

CASAS DE HUÉSPEDES: LEITH E INVERLEITH

Ashlyn Guest House

Plano 1, D4. 42 Inverleith Row, Inverleith; ©0131/552 2954.

Esta acogedora casa de huéspedes cuya calidad y elegancia quedan fuera de toda duda, se encuentra a dos pasos del Royal Botanic Garden, y a 20 minutos a pie del centro. Prohibido fumar. ③

Bar Java

Plano 1, E4. 48-50 Constitution Street, Leith; ©0131/467 7527; *www.scoot.co.uk/bar_java.*

Encima de uno de los bares más populares de Leith se alquilan habitaciones sencillas pero luminosas. Los desayunos son excelentes, y en el bar propiamente dicho se puede comer y beber hasta bien entrada la noche. ②

Camore Hotel

Plano 1, E4. 7 Links Gardens, Leith; ©0131/554 7897.

Esta mansión georgiana reconvertida en hotel conserva muchos de sus encantos originales, incluidas varias chimeneas de mármol. Además, disfruta de espléndidas vistas de Leith Links, Calton Hill y Arthur's Seat. ③

Ravensdown Guest House

Plano 1, E4. 248 Ferry Road, Inverleith; ©0131/552 5438.

Esta casa de huéspedes queda lo bastante alejada del centro como para ofrecer unas extraordinarias vistas panorámicas de los campos de juego de Inverleith, que se extienden hacia poniente con la ciudad como telón de fondo. Alojamiento y desayunos de calidad. Prohibido fumar. ②

AL SUR DEL CENTRO

Ashdene House

Plano 1, E5. 23 Fountainhall Road, Grange; ©0131/667 6026; e-mail *Ashdene_House_Edinburgh@compuserve.com.*

En el área meridional de la periferia de Edimburgo, una zona muy tranquila, abre sus puertas esta casa de huéspedes bien regentada, en la que se percibe un especial respeto hacia el medio ambiente. Prohibido fumar. Las cinco habitaciones disponibles tienen cuarto de baño y están decoradas de una manera muy sencilla pero agradable. ③

Finlay Guest House

Plano 2, C9. 4 Harlington Place, Viewforth; ℂ0131/229 1620; e-mail *finlays@btinternet.com*.

Un B&B acogedor y económico situado cerca de Bruntsfield, a unos 20 minutos andando del centro de la ciudad. Todas las habitaciones disponen de las comodidades básicas, televisor incluido. Hay habitaciones para fumadores, y algunas poseen cuarto de baño. ③

The Greenhouse

Plano 2, C9. 14 Hartington Gardens, Viewforth; ℂ0131/622 7634; e-mail *greenhouse_edin@hotmail.com*.

La casa de huéspedes más vegetariana y ecologista de Edimburgo, algo que se nota hasta en el jabón y en los edredones, aunque se respira un ambiente más tolerante que militante. Las habitaciones se mantienen impecables y el buen gusto de quienes las han decorado se refleja no sólo en el mobiliario, sino también en detalles como los platos con fruta fresca y las flores naturales. ③

Hopetoun Guest House

Plano 1, E5. 37 Mayfield Road, Newington; ℂ0131/667 7691; e-mail *hopetoun@aol.com*.

Una casa de huéspedes diminuta pero alegre que sólo dispone de tres habitaciones y de dos cuartos de baño compartidos. A las espléndidas vistas de Arthur's Seat y la colina Blackford hay que sumarle lo bien comunicada que está con el centro, ya que por esta calle pasan numerosos autobuses que van al centro de la ciudad. Fumadores, absténganse. ②

CASAS DE HUÉSPEDES: AL SUR DEL CENTRO

Ravensneuk Guest House

Plano 1, E5. 11 Blacket Avenue, Newington; ✆ y fax 0131/667 5347.

Esta casa de huéspedes familiar construida en 1836 en una selecta zona, protegida por su interés arquitectónico, se halla cerca de Holyrood Park y del centro de la ciudad. Dispone de siete habitaciones, tres de ellas con cuarto de baño. El menú del desayuno incluye macedonia de fruta fresca y yogur. Prohibido fumar. ②

The Stuarts B&B

Plano 2, D9. 17 Glengyle Terrace, Bruntsfield; ✆0131/229 9559; e-mail *reservations@the-stuarts.com*.

Este acogedor B&B, que abre sus puertas en el centro de Edimburgo, ofrece un excelente servicio de alojamiento y desayuno, acorde con sus elevados precios. Las tres habitaciones disponibles —cómodas y bien equipadas— ocupan un sótano aledaño a Bruntsfield Links. ⑥

Teviotdale House Hotel

Plano 1, E5. 53 Grange Loan, Grange; ✆0131/667 4376; e-mail *teviotdale.house@btinternet.com*.

Apacible hotel vetado a los fumadores, que ofrece un servicio de lujo a precios razonables. Sus desayunos escoceses caseros son especialmente abundantes y deliciosos. ③

AL ESTE DEL CENTRO

Devon House Guest House

Plano 1, F4. 2 Pittville Street, Portobello; ✆ y fax 0131/669 6067.

Esta casa de huéspedes, situada en una tranquila calle secundaria donde también hay jardines, permite darse unos estupendos paseos por el cercano paseo marítimo. Buen menú a la hora del desayuno. ②

CASAS DE HUÉSPEDES: AL ESTE DEL CENTRO

Joppa Turrets Guest House

Plano 1, F4. 1 Lower Joppa, Joppa; ©0131/669 5806;
e-mail *stanley@joppaturrets.demon.co.uk*.

En la localidad de Joppa, a 8 kilómetros del centro de Edimburgo y a pie de playa se encuentra esta casa de huéspedes tranquila y bien atendida que ofrece espléndidas vistas del firth de Forth. ②

Stra'ven Guest House

Plano 1, F4. 3 North Brunstane Road, Joppa; ©0131/669 5580;
fax 657 2517.

Esta casa de huéspedes queda a dos pasos de la playa; dispone de siete habitaciones, y de un magnífico vestíbulo. El ambiente es sumamente tranquilo. Aparcamiento gratuito. Prohibido fumar. ②

APARTAMENTOS DE ALQUILER

Alquilar un apartamento a título particular es una buena opción para quienes viajan en grupo o buscan un grado de independencia e intimidad que no siempre ofrecen las casas de huéspedes y los hoteles. A este respecto la oferta de alojamiento en régimen de alquiler es de dos tipos: por un lado, están los apartamentos modernos y elegantes, equipados con todas las comodidades imaginables y destinados sobre todo a quienes acuden a la ciudad por motivos profesionales, y por el otro, las residencias orientadas al turismo, que suelen hacer gala de su valor histórico pero que por lo general imponen un plazo mínimo de alquiler de una semana —sobre todo en verano— y deben reservarse con bastante antelación.

Canon Court Apartments

Plano 2, E1. 20 Canonmills; ©0131/474 7000;
e-mail *canon.court@dial.pipex.com*.

Junto al extremo norte de la Ciudad Nueva, cerca del Water of

Leith, se encuentran estos dos modernos bloques de apartamentos, cómodos y elegantes, de dos o tres habitaciones, pro-
vistos de todas las comodidades necesarias, incluidos televisión
por cable, equipo de música, cocina totalmente equipada y
portero automático. A un lado del bloque hay un área de es-
tacionamiento gratuito. Los precios oscilan entre las 89 libras
por noche un apartamento de dos habitaciones, y las 248 libras por uno de dos habitaciones con un sofá cama en el salón.

Gladstone's Land

Plano 3, D3. Ponerse en contacto con el National Trust for
Scotland, 5 Charlotte Square; ©0131/243 9331.
Alquilar un apartamento de dos habitaciones en Gladstone's
Land, una magnífica mansión del siglo XVII (véase pág. 29), cues-
ta por lo menos 350 libras por semana. En verano la estancia mí-
nima es de una semana, y en invierno de tres noches.

Rosslyn Castle

Plano 1, E6. Roslin, Midlothian; ©01628/825925.
Este castillo del siglo XV afianzado sobre un peñasco que se eleva sobre el río Esk, a tan sólo 5 minutos a pie de Rosslyn
Chapel (véase pág. 131), está aproximadamente a unos 11 kilómetros del centro de Edimburgo y disfruta de unas vistas extraordinarias. Tiene capacidad para siete personas y cuesta entre
650 y 1.269 libras por semana. La estancia mínima es de tres
noches.

West End Apartments

Plano 2, A4. Brian Matheson, 2 Learmonth Terrace, Comely Bank;
©0131/332 0717 y 226 6512; e-mail *brian@sias.co.uk*
Cinco apartamentos correctos y bien equipados instalados en
una antigua casa adosada del West End. La estancia mínima es de
dos noches, tiene capacidad para cinco personas y cuesta entre
200 y 800 libras por semana.

ALOJAMIENTO EN EL CAMPUS UNIVERSITARIO

Gracias a la gran cantidad de estudiantes que residen durante buena parte del año en la capital escocesa, en ciertas épocas es posible encontrar **alojamiento en residencias universitarias y pisos compartidos por estudiantes**. La oferta es muy variada, desde diminutas habitaciones individuales que se abren a interminables pasillos solitarios, a estancias relativamente cómodas en pequeños apartamentos compartidos. Ahora bien, la mayoría de ellas se encuentra bastante lejos del centro, con alguna que otra excepción, como Pollock Halls, junto a Arthur's Seat.

Heriot-Watt University

Plano 1, C5. Riccarton Campus, Currie; ©0131/451 3669.

Esta residencia, situada en el extremo occidental de la ciudad, aunque está un poco alejada del centro, dispone durante todo el año de habitaciones cómodas con cuarto de baño. Durante las vacaciones lectivas es posible encontrar, además, habitaciones de estudiante, más sencillas. Para los desplazamientos al centro urbano hay que tomar el tren, que sale de Curriehill, y los autobuses 22, 22A, 45 y 65. ②-③

Napier University

Plano 1, D5. 219 Colinton Road, Merchiston; ©0131/455 4921.

En una zona no demasiado apartada, el primer anillo de la periferia hacia el sur, abre sus puertas esta residencia universitaria (①), que sólo acoge turistas entre julio y mediados de septiembre. Se exige una estancia mínima de dos noches. Los autobuses 23 y 37 llevan hasta Princes Street. En esta misma época, la universidad también alquila apartamentos para tres y cinco personas (©0131/455 4427) en una zona más céntrica, cerca de Haymarket. La estancia mínima es de 7 días y no cuesta menos de 300 libras por semana.

University of Edinburgh Pollock Halls
of Residence

Plano 5, B7. 18 Holyrood Park Road, Newington; ©0131/651 2011.
Esta residencia es, sin lugar a dudas, la mejor opción de alojamiento universitario de todo Edimburgo, ya que se encuentra a
dos pasos de la Royal Commonwealth Pool y Holyrood Park.
Los precios son un poco elevados para tratarse de una residencia
de estudiantes, pero el desayuno va incluido en el precio. Sólo
admiten turistas durante las vacaciones de Semana Santa y de fines de junio a mediados de septiembre. ⑤

ALBERGUES

Hoy por hoy, Edimburgo dispone de una buena red de **albergues**, entre los que se incluyen dos de juventud estata-
les gestionados por la SYHA (Scottish Youth Hostels Aso-
ciation), así como un buen puñado de establecimientos
particulares que se concentran en torno a la Milla Real.
Todos los albergues de la ciudad disponen de dormitorios
con literas, grandes cocinas comunitarias y amplios espacios de esparcimiento. Actualmente, la mayoría de los albergues proporcionan a sus huéspedes ropa de cama, y muchos disponen de habitaciones privadas, dobles o de cuatro
camas, aunque éstas suelen costar aproximadamente lo
mismo que una habitación en las casas de huéspedes más
modestas. Una cama en el dormitorio cuesta unas 10 libras
por noche, aunque durante el Festival esta tarifa suele in-
crementarse un par de libras. Tampoco hay que olvidar
que, de un tiempo a esta parte, algunos establecimientos
han decidido elevar los precios para atraer a una clientela
con mayor poder adquisitivo. A no ser que se especifique
lo contrario, los albergues reseñados en esta guía permanecen abiertos durante todo el año. Y en los casos en que co-
rresponde también se advierte de la existencia de «toque de
queda».

Argyle Backpackers Hotel

Plano 1, D5. 14 Argyle Place, Marchmont; ©0131/667 9991;
e-mail *argyle@sol.co.uk*.

Este establecimiento, que disfruta de una buena ubicación, en el
barrio estudiantil de Marchmont, cerca de The Meadows, es una
versión más sosegada de los típicos y bulliciosos albergues juveniles. Dispone de tres dormitorios con nueve camas cada uno, y
de una buena selección de habitaciones dobles, dobles con camas
individuales y habitaciones de cuatro camas; los precios son una
libra o dos más elevados de lo habitual. Las zonas comunes incluyen un luminoso jardín de invierno.

Belford Hostel

Plano 2, A6. 6-8 Douglas Gardens, West End; ©0131/225 6209;
reservas ©0800/096 6868; e-mail *info@hoppo.com*.

Este albergue situado al oeste del centro urbano, cerca de St Mary's
Cathedral y la Gallery of Modern Art, ocupa una antigua iglesia
decorada al estilo Arts and Crafts. En los dormitorios colectivos
se pueden ver los techos abovedados de la iglesia.

Bruntsfield Hostel

Plano 2, D9. 7 Bruntsfield Crescent, Bruntsfield; ©0131/447 2994;
reservas ©0541/553255.

Un albergue bastante grande gestionado por la SYHA, que se
eleva sobre Bruntsfield Links, a menos de 2 km al sur de Princes
Street. Los autobuses 11, 15 y 16 lo conectan con el centro. No
se puede entrar pasadas las 2 h y el desayuno va incluido en el
precio.

Castle Rock Hostel

Plano 3, D4. 15 Johnston Terrace, Ciudad Vieja; ©0131/225 9666.

En este albergue de 200 camas que abre sus puertas junto a la
muralla del castillo, siempre hay mucho movimiento. Los dormitorios son amplios y luminosos, y las áreas comunes incluyen
una sala de juegos con mesas de billar y pimpón.

ALBERGUES

Cowgate Tourist Hostel

Plano 3, F4. 112 Cowgate, Ciudad Vieja; ©0131/226 2153.

En el corazón de la Ciudad Vieja encontrará estos pequeños apartamentos con cocina; aunque suponen una alternativa económica de alojamiento, no espere encontrar más que las comodidades básicas. Hay una lavandería a disposición de los huéspedes. (Jul.-sept.)

Edinburgh Backpackers Hostel

Plano 3, F2. 65 Cockburn Street, Ciudad Vieja; ©0131/220 1717; reservas ©0800/096 6868; e-mail *info@hoppo.com*.

Este gran albergue disfruta de una ubicación inmejorable, en una calle secundaria que desemboca en la Milla Real. El alojamiento se reduce básicamente a unos grandes dormitorios compartidos bastante luminosos, aunque también cuenta con algunas habitaciones dobles.

Eglinton Hostel

Plano 2, A7. 18 Eglinton Crescent, Haymarket; ©0131/337 1120; reservas ©0541/553255.

Este albergue, el más caro, pero también el más céntrico, de los dos que gestiona la SYHA en Edimburgo, abre sus puertas en una pintoresca casa al sur del centro, cerca de la estación de Haymarket. A las 2 h empieza el toque de queda. El desayuno va incluido en el precio.

High Street Hostel

Plano 3, H3. 8 Blackfriars Street, Ciudad Vieja; ©0131/557 3984.

En un edificio del siglo XVII, nada más doblar la Milla Real, encontrará este popular albergue en el que reina un ambiente de lo más animado.

Royal Mile Backpackers

Plano 3, G2. 105 High Street, Ciudad Vieja; ©0131/557 6120.

Este albergue pequeño y acogedor es muy popular entre quienes hacen estancias prolongadas en Edimburgo. Las áreas comunes son limitadas, pero los huéspedes pueden utilizar los servicios y comodidades del cercano High Street Hostel.

Residencias de estudiantes

Plano 3, I4 y G3. New Arthur Place, Pleasance; 4 Robertson Close, Cowgate; ©0131/337 1120; reservas ©0541/553255.

Además de gestionar los albergues Bruntsfield y Eglinton, durante los meses de julio y agosto la SYHA regenta dos residencias de estudiantes, una en The Pleasance y otra en Cowgate. Ambas disponen de más de 100 habitaciones sencillas que cuestan 16 libras por noche.

CÁMPINGS

En la periferia de Edimburgo hay cuatro cámpings que admiten caravanas: uno al oeste, otro al este y dos más al norte. Aunque distan bastante del centro urbano, todos están bien comunicados por autobús. En cuanto a precios, seguramente le costará menos de 10 libras pasar la noche acampado.

Drummohr Caravan Park

Plano 1, F4. Levenhall, Musselburgh; ©0131/665 6867.

En esta población costera de la periferia oriental de Edimburgo encontrará una extensa y agradable zona de acampada que, además, está muy bien comunicada con la ciudad por los autobuses 15, 15A, 26, 44, 66 (SMT) y 85. (Marzo–oct.)

Mortonhall Caravan Park

Plano 1, B6. 38 Mortonhall Gate, East Frogston Road; ©0131/664 1533.

Un cámping muy concurrido que se halla al noroeste de Edimburgo. Tal vez no sea la mejor zona de la ciudad, pero queda cerca del mar y de Lauriston Castle, y en tan sólo media hora el autobús 14 se planta en el centro urbano. Tiene capacidad para un centenar de tiendas. (Abril-sept.)

Silverknowes Caravan Park

Plano 1, C4. Marine Drive, Silverknowes; ℂ0131/312 6874.

Lugar muy concurrido al noroeste de la ciudad. Rodeado por el mar y próximo a Lauriston Castle. No es la mejor zona de la ciudad, pero el entorno es agradable y hay un autobús (14) que enlaza con el centro de la ciudad en 30 minutos. Posee un centenar de plazas. (Abril-sept.)

Slatebairns Caravan Club Site

Plano 1, E6. Roslin, Midlothian; ℂ0131/440 2192.

Este atractivo cámping que dispone de extensas zonas verdes y buenas instalaciones para caravanas y tiendas de campaña, se encuentra sólo a 11 kilómetros del centro de Edimburgo (autobús 87A). (Pascua-oct.)

Comida

asta hace poco, salir a comer por Edimburgo implicaba o bien acudir a un restaurante de ambiente selecto y precios desorbitados, o bien a un salón de té en el que las posibilidades de elección no solían ir más allá de un triste sándwich y una simple taza de té. Sin embargo, hoy, la capital escocesa cuenta con una variedad mucho más amplia de establecimientos donde se sirven comidas. Las **cafeterías** viven su época dorada: las mesas y las sillas invaden las aceras en los meses de verano, y los clientes de estos locales podrán degustar sabrosos platos de cocina contemporánea casi a cualquier hora del día y o de la noche. Por otro lado, también han empezado a proliferar los pequeños **restaurantes económicos y bistros** de ambiente informal, y que en muchos casos ofrecen una buena relación calidad-precio. La **cocina tradicional escocesa**, elaborada con productos frescos de la tierra, todavía se ofrece en los restaurantes con más solera de Edimburgo, si bien algunos han decidido dar a dichos platos un toque más sofisticado y actual. La ciudad cuenta asimismo con numerosos restaurantes de **pescado**, y los amantes del marisco no deben dejar de ir a **Leith**, cuyos establecimientos a orillas del mar son famosos por la calidad de sus especialidades. La cocina internacional, desde la española a la del sureste asiático, también forma parte de la oferta gastronómica local y, pese a su escasa presencia, las comunidades de in-

CAPÍTULO 10 • COMIDA

209

migrantes también están bien representadas. De hecho hay algunas *trattorias* **italianas** dignas de quitarse el sombrero, y una corte de excelentes restaurantes **indios**. Los vegetarianos tampoco deben preocuparse. Y por último, no hay que olvidar que en la mayoría de los **pubes** (los encontrará reseñados en el capítulo siguiente) también se sirven comidas, y que en muchos casos estos locales hasta cuentan con un restaurante anexo. Los grandes hoteles del centro de la ciudad también suelen tener restaurante, aunque normalmente sus precios no están al alcance de todos los bolsillos.

Hemos clasificado los locales en cuatro amplias **categorías según el importe** que se paga por una comida de dos platos, sin contar la bebida: si el restaurante es **económico,** eso significa que se puede comer por menos de 10 libras; si es **moderado,** que el ágape cuesta entre 10 y 20 libras; si es **caro**, que oscilará entre las 20 y 30 libras, y si está clasificado de **muy caro**, la broma no le saldrá por menos de 30 libras. Algunos locales añaden al importe de la factura un recargo del 10 % en concepto de servicio pero, si no lo hacen, lo habitual es dejar una propina por ese valor.

Aunque la mayoría de los locales que se reseñan a continuación aceptan las principales **tarjetas de crédito**, hemos tenido la precaución de indicar las excepciones. Casi todos los restaurantes de Edimburgo **abren** de 12 a 14.30 h y de 18 a 23 h. A menos que se especifique lo contrario, todos cierran el domingo por descanso del personal. Este horario varía durante el Festival, en que la mayoría permanecen abiertos todo el día y hasta bien entrada la noche.

LA CIUDAD VIEJA

En las pintorescas calles del casco antiguo se concentran espléndidas cafeterías y algunos de los mejores y más selectos restaurantes de comida francesa y escocesa de Edimburgo, así como un amplio abanico de opciones gastronómicas entre las que no falta un par de excelentes restaurantes vegetarianos. La zona de Tollcross, muy a mano para quienes tengan intención de acudir al teatro, también está llena de buenos locales, incluidos algunos restaurantes chinos dignos de las mejores alabanzas.

BRASERÍAS Y CAFETERÍAS

blue

Plano 2, C7. 10 Cambridge Street; ✆0131/221 1222.

Dom. y lun., 10-24 h; mar.-sáb., 10-1 h. Moderado.

Situado en el edificio del vanguardista Traverse Theatre, a medio camino entre un café y un restaurante. Acompañado de una deslumbrante decoración de cristal y madera clara, ofrece una selección gastronómica no menos sorprendente en la que tienen cabida platos tan originales y sabrosos como paloma torcaz con setas orientales o salchichas de venado y grosellas acompañadas con puré de patata, todo ello por menos de 10 libras.

Clarinda's

Plano 3, I8. 69 Canongate; ✆0131/557 1888.

Lun.-sáb., 9-16.45 h; dom., 10-16.45 h. Económico.

En esta acogedora cafetería ubicada al pie de la Milla Real se sirven desayunos, una excelente repostería casera y almuerzos ligeros. El servicio es tradicional y un poco anticuado, pero el trato es afable y el local goza del aprecio de los lugareños.

Common Grounds

Plano 3, E3. 2-3 North Bank Street; ✆0131/226 1146.

Lun.-vie., 9-22 h, sáb. y dom., 10-20 h. Económico.

Cafetería de estilo americano con dos niveles; uno de ellos —el superior— está vetado a los fumadores. Entre las especialidades disponibles se incluyen cruasanes rellenos, *quiches* y una buena selección de cafés (si tiene problemas para asistir despierto a una sesión del cercano Parlamento, le recomendamos encarecida-

LA CIUDAD VIEJA: BRASERÍAS Y CAFETERÍAS

~~~~~~ ~~ ~~~~~ ~~~~~~~~~ ~~~ ~~~~~~ ~~~~~~~~~ ~~ ~~~~~~ ~~~~~
espresso). Los viernes por la noche hay música en vivo.

Deacon's House Café

Plano 3, D8. 3 Brodie's Close, 304 Lawnmarket; ©0131/226 1894.
Todos los días, 9-primeras horas de la noche (cierra más tarde
durante el Festival). Económico.

Un café tranquilo que tiene permiso para vender bebidas alcohólicas. Abre sus puertas en un callejón perpendicular a la Milla
Real y presume de ocupar el mismo inmueble en el que tuvo su
taller el tristemente célebre Deacon Brodie (véase pág. 33). Aquí
podrá degustar ligeros tentempiés, una ración de repostería casera y hasta un trago de whisky.

Elephant House

Plano 3, E4. 21 George IV Bridge; ©0131/220 5355.
Lun.-vier., 8-23 h; sáb. y dom., 10-23 h. Económico.

Esta popularísima cafetería, donde los estudiantes se arraciman
alrededor de mesas de madera, tiene las paredes cubiertas, del
suelo al techo, con imágenes de elefantes. Ofrece una amplia selección de tés y cafés acompañados de pastas y tartas, así como
comidas ligeras y especialidades del día. La gran sala de la parte
de atrás no es apta para los más sensibles al humo del tabaco, aunque desde sus ventanas se obtienen unas vistas espléndidas del
castillo. También hay pilas de periódicos a disposición de la
clientela, aunque quizá prefiera echar a volar la imaginación
mientras contempla las obras de arte que cuelgan de las paredes,
o bien seguir disimuladamente la acalorada discusión filosófica
que está teniendo lugar en la mesa de al lado.

Lower Aisle

Plano 3, E8. En los sótanos de la High Kirk of St Giles, High Street;
©0131/225 5147.
Lun.-vier., 9.30-16.30 h; dom., 9-14 h (sáb., cerrado).
Económico.

Esta cafetería instalada en la antigua cripta de la iglesia de St Giles es bastante popular entre los abogados que trabajan en la High Court. Se sirven almuerzos ligeros con una buena relación calidad-precio y excelentes platos de cocina casera.

Ndebele
Plano 2, D9. 57 Home Street, Tollcross; ©0131/221 1141.

Todos los días, 10-22 h. Económico.
Cafetería africana muy de moda que ofrece sabrosos bocadillos, aperitivos y ensaladas, todo ello regado con zumos naturales y una amplia variedad de tés y cafés. El nombre del local hace referencia a una tribu del sur de África y los propietarios juran por lo más sagrado que el juego de palabras acuñado por los habituales —«In da belly», es decir, «en el estómago»— no es deliberado.

Netherbow Café
Plano 3, G8. Netherbow Arts Centre, 43 High Street; ©0131/556 9579.

Todos los días, 10-16 h. Económico.
Esta cafetería, adyacente a la casa-museo de John Knox, en la Milla Real, sirve estupendos platos elaborados con alimentos integrales, sopas vegetarianas y comidas ligeras. En los meses de verano, el patio se transforma en una terraza al aire libre.

Patisserie Florentin
Plano 3, D8. 8-10 St Giles Sreet; ©0131/225 6267.

Todos los días, 7-23 h. Económico.
Nada más doblar High Street se encuentra esta cafetería de estilo francés que ocupa dos plantas. En la inferior se sirven exquisitas pastas y un café delicioso, mientras que la superior se reserva para las comidas calientes. Aunque de día la frecuentan en especial oficinistas, por la noche se convierte en un concurrido local de moda, sobre todo durante el Festival, cuando permanece abierto hasta las 3 h.

LA CIUDAD VIEJA: BRASERÍAS Y CAFETERÍAS

Jasmine

Plano 2, C7. 32 Grindlay Street; ℂ0131/229 5757.
Lun.-vier., 12-14 h y 17-23.30 h; sáb. y dom., 14-23.30 h.
Moderado.

Este restaurante, muy bien ubicado, cerca de los cines y teatros de Lothian Road, ofrece una buena relación calidad-precio. Su punto fuerte son los platos de pescado fresco. La decoración es moderna —alejada de los tópicos habituales en este tipo de establecimiento— y el trato, agradable.

Oriental Dining Centre

Plano 2, C8. 8-14a Morrison Street, Tollcross; ℂ0131/221 1288.
Noodle Shack: lun.-sáb., 17.30-2 h; *Rainbow Arch*: todos los días, 12-24 h; *Henry's*: todos los días, 12-3 h. Económico-moderado.

En un mismo edificio abren sus puertas tres restaurantes distintos de cocina oriental. El más popular de los tres es el *Ho-Ho-Mei Noodle Shack*, pero también vale la pena probar el *Rainbow Arch Gourmet* —que ofrece un excelente banquete de tres platos para dos personas por unas 20 libras— y el *Henry's Dim Sum Cellar*, que cuenta además con un concurrido bar.

COCINA ESCOCESA

The Atrium

Plano 2, C7. 10 Cambridge Street; ℂ0131/228 8882.
Lun.-vier., 12-14.30 h y 18-22.30 h; sáb., 18-22.30 h. Muy caro.

En opinión de muchos, este selecto restaurante, galardonado con varios premios gastronómicos, es el mejor de la ciudad. En él se sirven innovadores platos de la *nouvelle cuisine* elaborados con productos de la tierra, siempre de la máxima calidad. Las robustas mesas del comedor reposan sobre traviesas de ferrocarril, y el local se ilumina con antorchas. Entre las especialidades de la casa destaca el pargo con puré de rábanos y apio confitado.

LA CIUDAD VIEJA: COCINAS CHINA Y ESCOCESA

Creelers
Plano 3, F8. 3 Hunter Square; ℰ0131/220 4447.

Lun.-jue., 12-14.30 h y 17.30-22.30 h; vier. y sáb., 12-14.30 h y
17.30-23 h; dom., 17.30-22.30 h. Moderado-caro.

Excelente casa de marisco que se destaca por ofrecer a sus clientes productos frescos recién llegados de una pescadería-restaurante de Arran perteneciente a los mismos dueños. Nada más entrar, hay una sala donde se sirven tapas y bebidas, pero el restaurante propiamente dicho, está en la parte posterior, y es más caro. En verano se puede comer al aire libre.

Point Hotel
Plano 2, D8. 34 Bread Street; ℰ0131/221 5555.

Lun.-miér., 12-14 h y 18-21.30 h; jue.-dom., 12-14 h y 18-22.30 h.
Moderado.

Restaurante de decoración modernista y elegante, con manteles blancos y camareros trajeados, que propone una exquisita selección de platos elaborados a base de carne y pescado nacionales, siempre frescos. El menú de tres platos cuesta sólo 12 libras y ofrece una relación calidad-precio casi insuperable.

The Tower
Plano 3, E5. Museum of Scotland, Chambers Street;
ℰ0131/225 3003.

Todos los días, 12-23 h. Caro.

The Tower abre sus puertas en la quinta planta del nuevo Museum of Scotland, con vistas al castillo de Edimburgo; podrá degustar lo último de la moderna cocina escocesa en un ambiente elegante y un tanto afectado.

The Witchery by the Castle
Plano 3, C3. 352 Castlehill, Royal Mile; ℰ0131/225 5613.

Todos los días, 12-16 h y 17.30-23.30 h. Caro.

Paredes revestidas de madera tallada al estilo gótico, tapices y gruesos muros de piedra, todo ello a dos pasos del castillo de

LA CIUDAD VIEJA: COCINA ESCOCESA

Edimburgo. Los platos de pescado y de caza, no están al alcance de todos los bolsillos. Sin embargo, es posible captar la esencia del local, tomándose, por tan sólo 10 libras, un menú de noche, a la salida del teatro.

COCINA ESPAÑOLA

Igg's

Plano 3, H2. 15 Jeffrey Street; ℗0131/557 8184.
Lun.-sáb., 12-14.30 h y 18-22.30 h. Caro.

Este restaurante, propiedad de un español, ofrece por un lado una selección híbrida de tapas y platos mediterráneos, y por el otro, cocina tradicional escocesa. A mediodía sirven una buena selección de tapas por unas 5 libras.

COCINA FRANCESA

Bleu

Plano 3, D3. 36-38 Victoria Street; ℗0131/226 1900.
Todos los días, 9-madrugada. Moderado.

De la mano del fundador del original *Pierre Victoire* llega una nueva y vanguardista interpretación de la gastronomía gala que se traduce en los *bouchées* («bocaditos»), sofisticadas tapas a medio camino entre un aperitivo y un segundo plato. La decoración es más minimalista que francesa. Vale la pena visitar el local en las horas de mayor afluencia, para vivir de cerca su ambiente bullicioso y animado.

Grain Store

Plano 3, E3. 30 Victoria Street; ℗0131/225 7635.
Todos los días, 12-15 h y 18-23 h. Moderado.

Este restaurante sirve en el amplio comedor abovedado de la primera planta, platos de la cocina gala y escocesa. Los entrantes incluyen ensaladas y marisco. Para el segundo plato, recomendamos la pintada, el venado o una de las especialidades vegetarianas de la casa. La exquisita tabla de quesos de la carta procede de la maravillosa quesería de Iain Mellis que abre sus puertas en la planta baja (véase pág. 303).

Le Sept
Plano 3, E8. 7 Old Fishmarket Close; ©0131/225 5428.

Lun.-jue., 12-13.45 h y 18-22 h; vier., 12-23 h; sáb., 12-22.30 h; dom., 12.30-21.30 h. Moderado.

Esta veterana cafetería francesa está un poco escondida, en un callejón adoquinado perpendicular a la Milla Real, cerca del Fringe Office. Mientras que al mediodía se sirven menús de tres platos por 6 libras, por la noche, un menú de igual enjundia vale 15 libras de domingo a jueves. Sólo se puede comer a la carta de viernes a domingo.

Pierre Victoire
Plano 3, E3. 10 Victoria Street; ©0131/225 1721.

Todos los días, 12-15 h y 17.30-23 h. Moderado.

Aquí empezó el «fenómeno PV», como se ha dado en llamar a esta famosa cadena de restaurantes. Y la verdad es que el negocio va viento en popa, pese a un reciente enfrentamiento con los bancos, porque sigue haciendo lo que mejor se le da: excelente cocina francesa en un ambiente informal, y a precios nada desorbitados.

COCINA INDIA

Shamiana
Plano 2, D9. 14 Brougham Place, Tollcross; ©0131/228 2265.

Lun.-sáb., 18-21 h; dom., 18-20 h. Moderado.

Este consolidado y selecto restaurante especializado en cocina del norte de la India y de la región de Cachemir se halla a medio camino entre dos salas de teatro, el King's Theatre y el Lyceum. Aunque es uno de los locales más caros de esta franja de precios y posee una ambientación un tanto lúgubre, puede estar seguro de que vale la pena. Entre las especialidades de la carta merecen especial mención la Royal Chicken y el Chashini Tikka.

**Para más información acerca de las mejores cafeterías
y restaurantes para ir con niños, véase pág. 290.**

COCINA ITALIANA

Caffe Sardi
Plano 3, E5. 18-20 Forrest Road; ✆0131/220 5553.
Lun.-sáb., 9.30-23 h. Moderado.

En este restaurante se sirve durante todo el día buena comida fresca; en la carta figuran los platos habituales de la cocina italiana, pero siempre con algún toque de originalidad. El menú de noche consta de tres platos y cuesta unas 10 libras.

Mamma's
Plano 3, C4. 30 Grassmarket; ✆0131/225 6464.
Dom.-jue., 12-22.30 h; vier. y sáb., 12-23 h. Económico-moderado.

¿A que nunca ha probado la pizza de *haggis* (embutido escocés, elaborado con vísceras de cordero y avena)? En esta animada pizzería de ambientación estadounidense, muy apreciada por los estudiantes y los grandes grupos, podrá elegir su propia combinación de ingredientes entre un total de 49 (según el último recuento). En verano, se puede comer al aire libre en la terraza. Buena comida y diversión aseguradas.

COCINA VEGETARIANA

Bann's Vegetarian Café
Plano 3, F8. 5 Hunter Square; ✆0131/226 1122.
Todos los días, 10-23 h. Moderado.

Cafetería de consolidado prestigio informal, a medio camino de la Milla Real, que dispone de una carta cambiante pero siempre apetitosa en la que se incluyen especialidades como hamburguesas vegetarianas, platos al curry y enchiladas, además de cerveza y vino elaborados sin pesticidas ni aditivos. Se come bien por menos de 12 libras. En los meses de verano hay mesas al aire libre.

Black Bo's

Plano 3, H3. 57-61 Blackfriars Street; ℂ0131/557 6136.

Lun.-sáb., 12-14 h y 18-22.30 h; dom., 18-22.30 h. Moderado.
En este restaurante vegetariano se practica una cocina imaginativa —una de sus especialidades es el rollo de verduras al horno—. El trato es muy cordial y la decoración rústica: suelo de piedra, madera oscura y colores campestres.

LA CIUDAD NUEVA

La amplia oferta gastronómica de la **Ciudad Nueva** y los barrios periféricos de **Stockbridge** y **Broughton** —desde la cocina japonesa y magrebí a la versión naturista de la cocina tradicional escocesa— convierten esta zona en una auténtica meca para los *gourmets*. Además, los precios a menudo son aquí más bajos que en la Ciudad Vieja.

BRASERÍAS Y CAFETERÍAS

Bell's Diner

Plano 2, C3. 7 St Stephen Street; ℂ0131/225 8116.

Lun.-vier., 18-23 h; sáb. y dom., 12-23 h. Moderado.
En una calle recóndita del periférico barrio de Stockbridge se encuentra este pequeño café-restaurante, sin demasiadas pretensiones, que cuenta con una nutrida clientela habitual. La carta no destaca por su variedad, ya que apuesta por un puñado de especialidades. Particularmente recomendables son las hamburguesas, muy buenas y baratas, así como la amplia selección de crepes y los filetes de carne.

Cyberia

Plano 4, G6. 88 Hanover Street; ✆0131/220 4403;
e-mail *manager@cybersurf.co.uk*
Lun.-sáb., 10-22 h; dom., 12-19 h. Económico.

Diáfano y espacioso cibercafé que ofrece una aceptable variedad
de tés, cafés, pastas y sándwiches. Media hora de navegación por
la red de redes cuesta 2,50 libras. El café tiene permiso para vender alcohol, organiza exposiciones de arte y ofrece cursos de ini-
ciación para los más inexpertos en las lides cibernéticas.

The Gallery Café

Plano 1, D4. Scottish National Gallery of Modern Art, Belford Road;
✆0131/332 8600.
Lun.-sáb., 10-16.30 h; dom., 14-16.30 h. Moderado.

La elegante ambientación de este café, unida a su tentadora repostería y sus almuerzos ligeros pero imaginativos, la convierten
en mucho más que un lugar en el que recalan los visitantes del
museo entre exposición y exposición. De hecho, cuenta con una
fiel clientela local, lo que siempre es un buen indicio.

Glass & Thompson

Plano 4, F3. 2 Dundas Street; ✆0131/557 0909.
Lun.-vier., 8.30-18.30 h; sáb., 8.30-17.30 h; dom., 11-16.30 h.
Económico.

En este diáfano *deli* (de *delicatessen*, comercio que vende todo
tipo de «exquisiteces», un poco al modo de las antiguas charcu-
terías y tiendas de ultramarinos) encontrará una insuperable selección de deliciosas especialidades, desde enormes frascos de
aceitunas a un mostrador de quesos que hacen la boca agua. Las
mesas y sillas dispersas por el local le brindan la oportunidad de
sentarse a degustar un bocadillo recién preparado a su gusto, una
irresistible tarta casera o un sabroso café.

Laigh Bake House

Plano 4, G5. 117a Hanover Street; ✆0131/225 1552.

Lun.-sáb., 8.30-17 h. Económico.

Esta vetusta y acogedora cafetería de la Ciudad Nueva con suelo de piedra y hornos de hierro fundido es famosa por sus *scones* y pasteles de confección propia, pero también sirve buenas ensaladas y sopas elaboradas con productos cultivados biológicamente.

L'Alba d'Oro

Plano 2, D2. 5 Henderson Row; ©0131/557 2580.
Lun.-vier., 12-14 h y 18-24 h; sáb. y dom., 12-24 h. Económico.

El cálido sonido de la lengua italiana llena el aire en este clásico de la comida para llevar. A un lado se sirve el típico *fish and chips* (pescado con patatas fritas), y por el otro, se despachan pizzas, bocadillos y pasta recién hecha.

Lost Sock Diner

Plano 2, G2. 11 East London Street, Broughton; ©0131/557 6097.
Lun., 9-16 h; mar.-sáb., 9-22 h; dom., 10-17 h. Económico.

Excelente para entretenerse dando buena cuenta de una hamburguesa y unas chips de chirivía, todo ello a unos precios de risa, mientras su ropa sucia da vueltas y más vueltas en la lavandería de al lado.

Starbucks Coffee

Plano 4, D7. Waterstone's, 128 Princes Street; ©0131/226 3610.
Lun.-sáb., 8-20 h; dom., 10.30-18 h. Económico.

La idea de abrir una librería-café ya no es tan original como hace algún tiempo, pero ésta se ha hecho famosa gracias a su excelente café y las soberbias vistas de Princes Street Garden con el castillo de Edimburgo al fondo.

Terrace Café

Plano 2, C1. Royal Botanic Garden; ©0131/552 0616.
Todos los días, marzo-oct., 10- 17 h; nov.-feb., 10-14.30 h.
Económico.

Local de categoría superior. Dispone de una terraza desde la que se obtienen unas vistas espectaculares de la ciudad recortada sobre el horizonte. La oferta gastronómica es correcta, aunque poco original: sándwiches, patatas al horno, *quiches* y pasteles, además de zumos naturales y tentempiés pensados para los más pequeños.

Valvona and Crolla

Plano 2, H2. 19 Elm Row, Leith Walk; ✆0131/556 6066.

Lun.-sáb., 8-17 h. Moderado.

En la parte posterior del exquisito *deli* homónimo abre sus puertas esta cafetería en la que se sirven deliciosos desayunos, almuerzos y tentempiés de auténtico sabor italiano. La tienda que preside la cafetería es la mejor propaganda que se le puede hacer, ya que basta echarle un vistazo a sus vitrinas repletas de apetitosas aceitunas, carnes y quesos para quedar convencido de las bondades del local.

COCINA CHINA

Bamboo Garden

Plano 4, E5. 57a Frederick Street; ✆0131/225 2382.

Lun.-jue., 12-14 h y 17.30-23 h; vier. y sáb., 12-23.30 h; dom., 17.30-23.30 h. Moderado.

Algunas familias chinas residentes en Edimburgo se reúnen los fines de semana en este económico restaurante, situado en un sótano, para compartir el delicioso *dim sum* de la casa. En lugar de dejarse guiar por la limitada carta redactada en inglés, recomendamos pedir directamente al camarero una breve descripción de los platos principales.

Kweilin

Plano 4, F1. 19 Dundas Street; ✆0131/557 1875.

Mar.-jue., 12-22.45 h; vier. y sáb., 12-23.45 h; dom., 17-22.45 h. Moderado.

Este veterano y concurrido restaurante cantonés también ha pasado la prueba de fuego granjeándose el aprecio de la comunidad china local. Extenso menú con mucho marisco. Cenas de tres platos a 16,50 libras.

Loon Fung

Plano 2, D1. 2 Warriston Place; ©0131/556 1781.
Lun.-jue., 12-23.30 h; vier., 12-0.30 h; sáb., 14-0.30 h; dom., 14-23.30 h. Moderado.

Excelente restaurante cantonés que ofrece una amplia selección de especialidades *dim sum*, con mucho marisco y platos vegetarianos. Otros platos dignos de mención son los calamares en salsa de judías negras y las algas crujientes.

COCINA ESCOCESA

Duck's at Le Marché Noir

Plano 2, E2. 2-4 Eyre Place; ©0131/558 1608.
Lun.-vier., 12-14 h y 19-22 h; sáb. y dom., 18.30-21.30 h. Caromuy caro.

Cocina tradicional escocesa con una considerable influencia gala que se evidencia sobre todo en su inabarcable carta de vinos y algunos coñacs a un precio exorbitante. Mención aparte merecen ciertas especialidades de la casa, como los fideos con *haggis* (embutido elaborado con vísceras de cerdo y avena) o el salmón a la salsa de pomelo. Hay un comedor para no fumadores.

Martin's

Plano 4, C7. 70 Rose Street, North Lane; ©0131/225 3106.
Mar.-vier., 12-14 h; sáb., 19-22 h; dom. y lun., cerrado. Muy caro.

No se deje engañar por la ubicación barriobajera de este restaurante de lujo que goza de gran prestigio entre los lugareños. La carta es rica en ingredientes naturales: de cultivo biológico en el caso de las verduras o criados en libertad en el caso de los animales. Tal es el caso del salmón, el venado o la selección de quesos no pasteurizados, así como la carne de caza y el marisco procedente de la costa oeste de Escocia.

Stac Polly

Plano 4, I2. 29-33 Dublin Street; ©0131/556 2231.

Lun.-vier., 12-13.45 h y 18-22 h; sáb. y dom., 18-22 h. Caro.

Cocina inconfundiblemente escocesa, pero con numerosos toques de originalidad. La carta incluye buenos platos de caza, pescado y carne. Recomendamos el cordero escocés adobado con miel, mostaza y hierbas.

36

Plano 4 E1. 36 Great King Street; ©0131/556 3636.

Dom.-vier., 12-14 h y 19-22 h; sáb., 19-22 h. Muy caro.

Puede que la decoración sea minimalista, pero la soberbia selección de platos escoceses que conforman la carta es fruto de una minuciosa elaboración culinaria. Predominan los platos de carne, acompañados de exquisitas salsas y verduras que más que cortadas parecen esculpidas. Buena carta de vinos y un servicio atento, aunque ligeramente pomposo.

COCINA ESPAÑOLA

The Tapas Tree
Plano 2, G3. 1 Forth Street, Broughton; ©0131/556 7118.

Todos los días, 11-23 h. Moderado.

Un bar de tapas auténtico y animado en el que se encuentran especialidades tan típicas de la cocina popular española como las patatas bravas, los calamares a la romana o las berenjenas rebozadas. Los miércoles por la noche el aire vibra al compás de la guitarra clásica española y los jueves por la noche hay un espectáculo de flamenco.

COCINA FRANCESA

Café St Honoré
Plano 4, F4. 34 Thistle Street Lane; ©0131/226 2211.

Lun.-vier., 12-14 h y 19-22 h; sáb., 19-22 h. Caro.

Este restaurante cuya decoración evoca las típicas *brasseries* parisinas, abre sus puertas en una calle secundaria del centro de la Ciudad Nueva. Cocina francesa con algún que otro toque oriental, acompañada de sabroso pan y unos postres para chuparse los dedos. Prohibido fumar.

La Cuisine d'Odile

Plano 2, B5. French Institute, 13 Randolph Crescent; ©0131/225 5685.
Mar.-sáb., 12-14 h; jul., cerrado. No se admiten tarjetas de crédito. Económico.

Esta prestigiosa cafetería gala que ocupa el sótano del Instituto Francés de Edimburgo, en el West End, sólo abre a mediodía. Sublime cocina francesa en un ambiente relajado y cordial.

La P'tite Folie

Plano 4, E5. 61 Frederick Street; ©0131/225 7983.
Lun.-sáb., 12-15 h y 18-23 h; dom., 18-23 h.
Moderado.

Otro descendiente directo del *Pierre Victoire*, que sigue las huellas del pionero en cuanto a la consistente calidad de sus platos y la sencillez de la decoración. Popular y concurrido. A mediodía, menú de 6 libras. Por la noche, a la carta.

Maison Hector

Plano 2, B3. 47 Deanhaugh Street; ©0131/332 5328.
Dom.-jue., 11-24 h; vier. y sáb., 11-1 h. Moderado-caro.

En Stockbridge encontrará este concurrido establecimiento de ambiente posmoderno presidido por un bar en el que reina el lujo y la ostentación. En la parte de atrás, más intimista, está el restaurante propiamente dicho; desde él se puede ver la cocina a través de una mampara de cristal. A mediodía se sirven tentempiés y bocadillos elaborados con pan de *baguette*. Por la noche, cocina francesa y escocesa.

LA CIUDAD NUEVA: COCINA FRANCESA |

Indian Cavalry Club

Plano 2, A7. 3 Atholl Place; ©0131/228 3282.

Todos los días, 12-14 h y 17.30-23.30 h. Moderado.

Situado en el West End, la decoración evoca los tiempos del dominio colonial británico en la India. A pesar de ser un restaurante de lujo, sus precios no resultan tan exorbitantes. Además, aunque las especialidades son sabrosas, no hay ninguna especialmente digna de alabanza. Un almuerzo de dos platos cuesta 6,95 libras, mientras que una opípara cena de cinco platos, cerca de 17 libras. También ofrece una buena carta de vinos a precios razonables.

Lancers

Plano 2, C3. 5 Hamilton Place; ©0131/332 3444.

Todos los días, 12-14.30 h y 17.30-23.30 h. Moderado-caro.

Selecto restaurante de Stockbridge que prepara especialidades culinarias de Bengala y del norte de la India. Si desea darse un verdadero banquete, le recomendamos el cordero *kurji*, una pierna entera de cordero marinada, sazonada con hierbas y cocinada a la parrilla que requiere un mínimo de cuatro comensales y cuesta unas 70 libras. A mediodía se sirven *thalis* de tres platos por menos de 10 libras.

COCINA ITALIANA

Cosmo

Plano 4, D5. 58a North Castle Street; ©0131/226 6743.

Lun.-vier., 12.30-14 h y 19-22.30 h; sáb., 19-22 h. Caro.

En esta veterana *trattoria* se puede degustar auténtica y deliciosa cocina tradicional italiana. Algunos de los segundos platos de la carta, tanto de carne como de pescado, son para quitarse el sombrero. No hay que dejarse impresionar por las fotos de famosos que adornan las paredes; el único motivo por el que acuden a Cosmo es la excelente calidad de su cocina.

Est Est Est

Plano 4, C6. 135 George Street; ©0131/225 2555.
Todos los días, 12-1 h. Moderado.

La madera de tono claro, la iluminación sutil y los techos altos le confieren a este concurrido restaurante de cocina italiana moderna un ambiente irresistiblemente sofisticado. En su abultada carta figuran los platos de siempre, pero aderezados con un toque vanguardista, desde los calamares en su tinta al parmesano rallado.

Pizza Express

Plano 2, C3. 1 Deanhaugh Street, Stockbridge; ©0131/332 7229.
Todos los días, 11.30-24 h. Económico-moderado.

Franquicia de una conocida cadena de pizzerías que ha triunfado gracias a una sabia combinación de elegancia en la decoración y calidad en la elaboración de sus más que aceptables pizzas. En este caso, a todo ello se añade una magnífica ubicación, en el interior de una torre de reloj que se eleva sobre el **Water of Leith** y que dispone de una terraza para las noches cálidas de verano.

COCINA MEXICANA

Blue Parrot Cantina

Plano 2, C3. 49 St Stephen's Street; ©0131/225 2941.
Lun.-vier., y dom. 17-22.30 h; sáb., 13-22.30 h. Moderado.

Este acogedor restaurante con un reducido y siempre cambiante menú, abre sus puertas en un sótano de Stockbridge. Sus creadores se han atrevido a apartarse de los tópicos más manidos de la cocina mexicana para sugerir platos tan sorprendentes como nachos de espinacas o abadejo a la lima con salsa de cilantro.

TEX MEX
Plano 4, G5. 47 Hanover Street; ℗0131/225 1796.

Lun.-sáb., 12-23 h; dom., 12.30-23 h. Moderado.

Auténticos burritos y filetes de carne mexicanos a precios razonables. Si acude al restaurante entre las 16 y 19 horas, pregunte por el «menú para los amantes del teatro» *(pre-theatre menu)* que consta de tres platos, cuesta 12,50 libras y ofrece una buena relación calidad-precio.

COCINA MARROQUÍ

The Marrakech
Plano 2, F2. 30 London Street; ℗0131/556 4444.

Todos los días, 18-21.30 h. Moderado.

Pese a lo que sugiere su nombre, los propietarios de este establecimiento no son de Marrakech sino de Rabat, pero eso no resta un ápice de encanto a este pequeño gran restaurante ubicado en el sótano de un hotel. La carta incluye platos tan típicos de la cocina marroquí como el *tajine* (estofado de carne o pescado aromatizado con especias), el cuscús y la reconfortante *harira* (caldo de garbanzos). Para acompañar, un riquísimo pan casero, y para postre las pastas típicas de la repostería magrebí. El restaurante no tiene permiso para vender bebidas alcohólicas, pero tampoco le cobrarán ningún recargo si se lleva su propia botella.

COCINA DEL SURESTE ASIÁTICO

Siam Erewan
Plano 4, E3. 48 Howe Street; ℗0131/226 3675.

Lun.-sáb., 12-14.30 h y 18-23 h. Moderado.

Restaurante tailandés de gran calidad, donde se hace buen uso de la fruta y la verdura exóticas, siempre frescas. Las especialidades de la casa incluyen gambas al vapor, crujientes crepes tailandesas y platos al curry con distintos grados de sabor picante. Mientras que el menú de mediodía consta de tres platos y cuesta 6,95 libras, el de noche, un auténtico festín, cuesta 19,95 libras.

Singapura

Plano 4, D5. 69 North Castle Street; ℂ0131/538 7878.

Lun.-jue., 12-14.30 h y 18-22.30 h; vier. y sáb., 12-14.30 h y 18-23 h; dom., 18-22.30 h. Moderado.

Una colección de viejas fotografías, salacots y baúles evocan la relación colonial de Gran Bretaña con Singapur. La carta refleja la variada influencia de numerosos países de Asia oriental: el curry picante al estilo tailandés, el tofu chino especiado y una deliciosa ensalada *gado-gado* originaria de Indonesia dan fe de ello. Para acompañar todos estos platos, la mejor elección es una cerveza Tiger Beer de Singapur, o bien un vino de los que figuran en la nada despreciable carta de caldos europeos.

Tampopo

Plano 4, F5. 25a Thistle Street; ℂ0131/220 5254.

Lun., 12-15 h; mar.-sáb., 12-15 h y 18-21 h. Económico.

En este pequeño y sencillo puesto de fideos japoneses, un tazón de sopa de fideos —de verdura o marisco— capaz de aplacar el apetito más voraz, no le costará mucho más de 5 libras. No se venden bebidas alcohólicas, pero se hacen entregas a domicilio.

COCINA VEGETARIANA

Henderson's Salad Table

Plano 4, G4. 94 Hanover Street; ℂ0131/225 2131.

Lun.-sáb., 8-22.45 h. Económico.

El primer restaurante vegetariano de Edimburgo acaba de cumplir treinta años y puede presumir de seguir siendo el mejor de la ciudad. En la carta figuran a diario tres o cuatro platos calientes recién preparados, que se acompañan con una selección de aproximadamente doce ensaladas. Recomendamos reservar un hueco en el estómago para los tentadores flanes o la impresionante tabla de quesos. Otra pequeña advertencia: se trata de un *self-service,* así que no se desanime si encuentra una larga cola al entrar.

El bar *Henderson's Bistro*, que abre sus puertas justo al lado, en el 25 Thistle Street (℡0131/225 2605), ofrece también deliciosos tentempiés y platos combinados a buenos precios, aunque sólo abre por la noche, de jueves a sábado.

PESCADO Y MARISCO

Café Royal Oyster Bar

Plano 4, K5. 17a West Register Street; ℡0131/556 4124.
Lun.-sáb., 12-14 h y 19-22 h; dom., 12.30-14.30 h y 19-22 h. Caro.

Este prestigioso restaurante con suelo de mármol, en cuyas paredes de madera se recortan elegantes vidrieras en las que se representan distintas actividades deportivas, ha pasado a ser conocido como «el que sale en *Carros de Fuego*». En la carta, ostras de la costa occidental escocesa y toda clase de pescados servidos a la manera tradicional. Los domingos se puede degustar un suntuoso *brunch* (apócope de *breakfast* y *lunch,* desayuno y almuerzo) que incluye bollitos de arándanos y un vaso de *buck's fizz* (cóctel de champaña y zumo de naranja).

Mussel Inn

Plano 4. 61-65 Rose Street; ℡0131/225 5979.
Lun.-jue., 12-15 h y 18-22 h; vier. y sáb., 11-22 h. Moderado.

Este local cuyas mesas siempre están de bote en bote le obliga a convenir en la idoneidad de su nombre (literalmente, «el hostal del mejillón», aunque también puede interpretarse como *to mussel in,* es decir «apretujar»). Ahora bien, después de haber dado buena cuenta de 1 kilo de mejillones y una bandeja de patatas fritas por menos de 10 libras, uno comprende el porqué de tanta popularidad. Es propiedad de dos criadores de marisco de la costa oeste, lo que constituye una garantía de frescura.

LEITH

El antiguo barrio portuario de Edimburgo, **Leith**, es hoy por hoy la zona donde se concentran los restaurantes y bares más concurridos de la ciudad. Allí encontrará un sinfín de excelentes establecimientos, muchos de los cuales abren sus puertas frente al mar y son famosos por su carta de mariscos. La mayoría de los restaurantes de la zona flanquean el eje adoquinado que sigue el curso del Water of Leith, o bien se agrupan en torno a Dock Place. En Commercial Street, frente al nuevo y descomunal edificio del Scottish Office —y precisamente a raíz de su apertura— ha ido surgiendo también un rosario de restaurantes.

BRASERÍAS Y CAFETERÍAS

Bar Sirius
Plano 1, E4. 10 Dock Place; ℂ0131/555 3344.

Lun.-miér., 11.30-24 h; jue.-dom., 11.30-1 h. Moderado.

Este establecimiento toma su nombre de un barco construido en los astilleros de Leith, y tiene el aspecto sofisticado y minimalista que se puso de moda en los años noventa, con mesas bajas y colores muy suaves. A mediodía se sirven sobre todo platos de pasta y ensaladas, aunque si su estómago reclama algo más sustancioso, puede inclinarse por un salteado tailandés o un cuscús de pollo.

Daniel's
Plano 1, E4. 88 Commercial Street; ℂ0131/553 5933.

Todos los días, 10-22 h. Moderado.

Clásico *bistro* de primera categoría, situado en la planta baja de un antiguo almacén portuario que le brinda un ambiente especial. Se sirven platos típicos de la región gala de Alsacia; una de las mejores especialidades de la casa es la *tarte flambée*, algo así como una pizza italiana con nombre francés e ingredientes alemanes.

LEITH: BRASERÍAS Y CAFETERÍAS

Malmaison Café Bar

Plano 1, E4. 1 Tower Place; ℭ0131/555 6969.
Lun.-vier., 7-10.30 h, 12-14.30 h y 18-22.30 h; sáb. y dom., 8-10.30 h,
12-14.30 h y 18-22 h. Caro.

Café-restaurante al estilo francés que abre sus puertas en el hotel más selecto de la zona y goza de un ambiente agradable. La
escueta carta incluye bistec con patatas fritas, pollo a la brasa
y croquetas de salmón acompañadas de un delicioso puré de
patatas.

COCINA CHINA

Joanna's Cuisine

Plano 1, E4. 42 Dalmeny Street; ℭ0131/554 5833.
Lun.-vier., 11.30-14.30 h y 17-22.30 h; sáb., 11.30-14.30 h y 17-
23.30 h. Moderado.

Pequeño y acogedor restaurante situado en una calle secundaria
que intercepta Leith Walk a mitad de su recorrido. En la carta
encontrará las especialidades más suculentas de la cocina china,
como el pato a la pequinesa, y podrá beber auténtico té chino,
servido como mandan los cánones.

COCINA ESCOCESA

(Fitz)henry

Plano 1, E4. 19 Shore Place; ℭ0131/555 6625.
Lun.-jue., 12.30-14.30 h y 18.30-22 h; vier. y sáb., 12.30-14.30 h y
18.30-22.30 h; dom., cerrado. Caro-muy caro.

Instalado en un antiguo almacén portuario del siglo XVII este
café-restaurante, singular y sofisticado, ya se ha hecho con una
M roja en la guía Michelín. Su original carta desafía todo intento de clasificación, ya que en ella es posible encontrar cualquier cosa, desde un plato de mollejas a una cabeza de cerdo. El
menú de mediodía consta de dos platos, cuesta 10 libras y ofre-

ce una buena relación calidad-precio. El menú de noche, de tres y cuesta 22 libras.

COCINA INDIA

The Raj Restaurant
Plano 1, E4. 89-91a Henderson Street; ©0131/553 6968.

Lun.-jue. y dom., 17.30-11.30 h; vier. y sáb., 17.30-24 h.
Moderado.
Excelente alternativa exótica a los restaurantes de cocina convencional de la zona. Esta antigua sala de cine alberga hoy un restaurante muy amplio y luminoso, desde el que se obtienen fabulosas vistas del Water of Leith. Cocina de calidad, especializada en los usos y costumbres culinarios de Goa y Bangladesh.

COCINA ITALIANA

Tinelli
Plano 2, K2. 139 Easter Road; ©0131/652 1932.

Lun.-sáb., 12-14.30 h y 18-22.30 h. Moderado.
Vale la pena desviarse un poco hacia esta zona poco visitada de la ciudad, para conocer este concurrido local que muchos no dudan en calificar como el mejor restaurante italiano de Edimburgo. La carta es escueta pero interesante e incluye platos tan exquisitos como la pasta rellena de calabaza. No hay música de fondo y el personal es atento.

COCINA JAPONESA

Daruma-Ya
Plano 1, E4. 82 Commercial Street; ©0131/554 7660.

Lun., 18.30-23 h; mar.-sáb., 12-14 h y 18.30-23 h. Moderado-caro.
Este restaurante de ambiente elegante y sofisticado abre sus puertas frente a la nueva sede del Scottish Office. Sirve los mejores *sushi* y *sashimi* de la ciudad. Los camareros le ayudarán a desci-

frar los nombres de los platos. La carta de vinos, igualmente exótica, incluye varios tipos de cerveza japonesa y sake caliente.

COCINA SUIZA

Denzlers

Plano 1, E4. 121 Constitution Street; ✆0131/554 3268.
Mar.-vie., 12-14 h y 18.30-22 h; sáb., 18.30-22 h; dom., cerrado.
Moderado.

Restaurante de auténtica cocina centroeuropea, donde brillan con luz propia los platos de carne y la *fondue* de queso. Elevados criterios de calidad en un entorno agradable. De las paredes cuelgan obras de artistas escoceses. El menú de noche consta de tres platos y cuesta menos de 15 libras.

PESCADO Y MARISCO

Marinette

Plano 1, E4. 52 Coburg Street; ✆0131/555 0922.
Mar.-sáb., 12-13.30 h y 18-22 h. Caro.

Las paredes pintadas de colores claros y adornadas con redes de pesca le confieren a este prestigioso restaurante francés, especializado en marisco, un inconfundible ambiente mediterráneo. Para abrir boca, sugerimos la bullabesa, y de segundo cualquiera de los pescados del día acompañados de una salsa como la *meunière*, elaborada con jengibre, cilantro o tomillo y limón.

The Shore

Plano 1, E4. 3-4 The Shore; ✆0131/553 5080.
Lun.-sáb., 11-24 h; dom., 12.30-23 h. Moderado.

Restaurante vetado a los fumadores en el que se sirven buenos platos de pescado y vinos nada despreciables. Para una cena más informal, a base de tapas, pruebe el bar de al lado, donde además puede que le amenicen la velada con una actuación en vivo de jazz o música folk. En ambos locales domina un ambiente bohemio y agradable; en verano hay una terraza desde la que se puede contemplar la puesta de sol.

Skipper's
Plano 1, E4. 1a Dock Place; ✆0131/554 1018.

Lun.-sáb., 12.30-14 h y 19-22 h. Caro.

Este local de ambientación vagamente náutica abre sus puertas frente a *The Shore*. Dispone de una soberbia carta de pescados —bastante cara— que cambia en función de lo que llega cada día a la lonja.

The Vintner's Rooms
Plano 1, E4. The Vaults, 87 Giles Street; ✆0131/554 6767.

Lun.-sáb., 12-14 h y 19-22.30 h. Muy caro.

Una antigua bodega que da a un patio adoquinado fue el lugar elegido para ubicar este selecto restaurante donde el lujo y la elegancia son la nota dominante. Cocina creativa de primera categoría, elaborada con ingredientes de sabor exótico, que ofrece combinaciones tan inesperados como pintada con lentejas.

Waterfront Wine Bar
Plano 1, E4. 1c Dock Place; ✆0131/554 7427.

Lun.-jue., 12-23 h; vier. y sáb., 12-24 h; dom., 12.30-22.30 h. Moderado.

Este popular restaurante-bodega abre sus puertas en la antigua vivienda del sereno, una casita con terraza frente al mar y un agradable interior de madera. Además de buenos vinos, sirve platos de pescado a precios más que razonables.

SOUTHSIDE

En la zona del **Southside** encontrará numerosos restaurantes económicos cuya principal clientela son los estudiantes que viven por allí, y algunos de los locales más exóticos y originales de la ciudad. El grueso de la oferta se concentra en torno a Nicolson Street, aunque también vale la pena darse un paseo por Marchmont y Bruntsfield.

BRASERÍAS Y CAFETERÍAS

Brattisani's

Plano 1, E5. 85-87 Newington Road; ©0131/667 5808.
Todos los días, 9.30-24 h. Económico.

Se trata del restaurante italoescocés más antiguo de la ciudad, con una amplia oferta de platos para comer *in situ* o para llevar. El ambiente no es muy sofisticado, pero podrá llenar el estómago y captar el auténtico espíritu de Edimburgo.

Café Q

Plano 2, I9. 87 Clerk Street; ©0131/668 3456.
Lun.-sáb., 9.30-24 h. Económico.

Este café abre sus puertas en el Queen's Hall, un prestigioso espacio cultural donde se celebran conciertos y exposiciones de arte. En la carta figuran elaboradas ensaladas, platos vegetarianos, cremas de verdura y repostería, así como una selección nada despreciable de vinos y cervezas.

Kaffe Politik

Plano 1, D5. 146-148 Marchmont Road; ©0131/446 9837.
Todos los días, 8-18 h; dom., 9-18 h. Económico.

La tradición de las tertulias de café ha echado raíces entre la comunidad estudiantil de Marchmont, y buena prueba de ello es este local de ambiente relajado y elegante que sirve cafés y sustanciosos tentempiés.

Mango & Stone

Plano 1, D5. 165a Bruntsfield Place; ©0131/229 2987.
Lun.-sáb., 8-18 h; dom., 9-18 h. Económico.

Se sirven coloridos cócteles de fruta recién exprimida que son auténticas bombas de vitaminas. También se preparan sándwiches y cafés.

Maxies

Plano 2, H8. 32b West Nicolson Street; ©0131/667 0845.
Lun.-jue., 12-24 h; vier. y sáb., 12-1 h. Moderado.

Esta *brasserie* con algo de cueva de jazz —instalada en un sótano y escenario habitual de conciertos en vivo— resulta perfecta para comer algo antes de asistir a una función teatral y goza de gran popularidad entre los estudiantes y el profesorado de la universidad. Predominan el marisco, la carne y los platos vegetarianos, todo ello cocinado al gusto francés. La carta de vinos es excelente y la cerveza no desmerece.

Metropole

Plano 2, H9. 33 Newington Road; ©0131/668 4999.
Todos los días, 9-22 h. Económico.

En lo que antaño fuera un banco abre hoy sus puertas este tranquilo bar de ambientación Art Déco, donde podrá picar algo o tomar un café mientras lee el diario. La carta incluye sopas y cremas, sándwiches, quiches y pasteles. Prohibido fumar.

Nicolson's

Plano 2, H8. 6a Nicolson Street; ©0131/557 4567.
Lun.-vier., 9-15 h y 17-23 h; sáb. y dom., 12-24 h. Caro.

Este espacioso restaurante sin demasiadas ínfulas ocupa la primera planta del edificio que se eleva frente al Festival Theatre y ofrece una buena selección de cocina creativa. De día abre sus puertas en la planta baja el Black Medicine Café, donde le recetarán una cura de cafeína y un buen tentempié para paliar las consecuencias de los excesos cometidos por la noche.

SOUTHSIDE: BRASERÍAS Y CAFETERÍAS |

COCINA CHINA

Chinese Home Cooking
Plano 2, H9. 34 West Preston Street; ✆0131/668 4946.

Lun.-sáb., 12-14 h y 17.30-23 h; dom., 17.30-23 h. Económico.
Este económico y alegre restaurante chino BYOB (Bring Your Own Beverage, es decir, «llévese su propia botella», siglas que se emplean para indicar que un establecimiento no tiene permiso para vender alcohol, pero permite que los clientes lo traigan consigo) goza de gran popularidad entre los estudiantes. El menú de mediodía consta de tres platos y cuesta 4,50 libras. Por la noche, lo mejor es hacer caso a la recomendación especial del chef.

COCINA ESCOCESA

Howies
Plano 2, H8. 75 St Leonard's Street; ✆0131/668 2917
y 208 Bruntsfield Place; ✆0131/221 1777.

St Leonard's St: lun., 18-22 h; jue-sáb., 12-14 h y 18-22 h;
Bruntsfield Place: todos los días, 12-14.30 h y 17-22 h. Moderado
Un café-restaurante bien consolidado donde la cocina tradicional escocesa es sometida a nuevas combinaciones que dan como resultado platos tan sugestivos como la morcilla con avellanas y pimientos picantes. No se sirve alcohol, pero le dejarán que lo traiga usted.

Kelly's
Plano 2, H8. 46b West Richmond Street; ✆0131/668 3847.

Miér.-sáb., 12-14 h y 19-21.30 h; dom.-mar., cerrado. Caro.
Este veterano establecimiento disfruta de una popularidad rayana en el culto entre los sibaritas de Edimburgo. Su especialidad es la cocina contemporánea escocesa, elaborada con las mejores materias primas y servida en un ambiente intimista y acogedor. Su carta, bastante cambiante, en la que no suelen faltar la langosta y el anadón, hará las delicias de quienes aprecian los sabores exóticos.

Parrots

Plano 1, D5. 3 Viewforth, Bruntsfield; ©0131/229 3252.
Mar.-sáb., 18-22.30 h. Económico-moderado.

La decoración —que abusa un poco del terciopelo y evoca el nombre del local («loros») en incontables detalles— resulta algo chillona y recargada, pero difícilmente encontrará un servicio más amable y una selección más acertada de platos típicos escoceses cocinados a la antigua usanza. Humeantes estofados, sabrosos currys y compactos pasteles son las bazas de una carta que funciona como un verdadero antídoto contra las veleidades y abusos de las modernas modas culinarias.

Sweet Melinda's

Plano 1, D4. 11 Rosneath Street, Marchmont; ©0131/229 7953.
Mar.-sáb., 12-14 y 19-22 h; dom. y lun., cerrado. Moderado.

Restaurante de ambiente afable que goza de gran prestigio y en cuya carta encontrará platos de marisco y cocina tradicional escocesa. Los martes por la noche sólo tendrá que pagar por su consumición lo que usted crea que vale.

COCINA FRANCESA

La Bonne Mer

Plano 1, E5. 113 Buccleuch Street; ©0131/662 9111.
Jue.-sáb., 12-14 h y 18-22 h; Moderado.

Bar-restaurante BYOB (Bring Your Own Beverage, es decir que puede llevar su propia botella) de ambiente informal, que sirve marisco y otras especialidades de la cocina gaélica a precios razonables. La comida no es nada del otro mundo, pero la relación calidad-precio es más que satisfactoria, como bien demuestra la popularidad de que disfruta.

La Bonne Vie

Plano 2, H9. 49 Causewayside; ©0131/667 1110.
Todos los días, 12-14.30 h y 18-22.30 h. Moderado.

SOUTHSIDE: COCINA FRANCESA

239

Restaurante francés de ambiente íntimo especializado en carne de caza y pescado. Los entrantes incluyen platos tan sugerentes como pastel de hígado de pato o melón marinado con beicon, mientras que de segundo podrá deleitarse con un salmón a la plancha o un estofado de carne de venado o ternera. El menú de noche consta de tres platos y cuesta 15 libras.

COCINA INDIA

Ann Purna
Plano 2, H9. 45 St Patrick Square; ✆0131/662 1807.

Lun.-vier., 12-14 h y 17.30-23 h; sáb. y dom., 17.30-23 h.
Moderado.

En este restaurante que sirve auténtica cocina gujarati y del sur de la India, encontrará una excelente relación calidad-precio. El menú de mediodía consta de tres platos y cuesta 4,95 libras.

Kalpna
Plano 2, H9. 2 St Patrick Square; ✆0131/667 9890.

Lun.-vier., 12-14 h y 17.30-23 h; sáb., 17.30-23 h; dom., cerrado, excepto durante el Festival. Moderado.

En este excepcional restaurante vegetariano que sirve auténticas especialidades gujarati, la decoración es funcional pero cada plato es una verdadera obra de arte. A mediodía, hay un bufé libre que cuesta 5 libras y ofrece una buena relación calidad-precio. Los miércoles por la noche se organiza un bufé más sofisticado y completo que cuesta 8,95 libras por persona.

Khushi's Lothian Restaurant
Plano 2, H7. 16 Drummond Street; ✆0131/556 8996.

Lun.-jue., 12-14.30 h y 17-20.30 h; vier. y sáb., 12-14.30 h y 17-21 h. No se aceptan tarjetas de crédito. Económico.

Este restaurante indio, el primero que se abrió en Edimburgo, tiene más de café que de restaurante y se caracteriza por un ambiente sencillo y hogareño, sin grandes pretensiones. La comida es barata y de confianza, y en la carta abundan los platos vegetarianos. No sirven alcohol, así que lo mejor será hacer escala en *Stewart's*, el bar de al lado, y llevarse consigo una pinta de cerveza.

Suruchi

Plano 2, H8. 14a Nicolson Street; ℘0131/556 6583.
Lun.-sáb., 12-14 h y 17.30-23.30 h; dom., 17.30-23.30 h. Moderado.

Establecimiento popular que sirve auténtica cocina del sur de la India. Otro buen motivo para visitarlo es leer —o intentar leer— la carta escrita en gaélico. Abundan los platos de arroz y verdura, pero hay unas cuantas especialidades de pollo que están para chuparse los dedos y alguna que otra sorpresa, como la trucha tandoori. El menú de mediodía cuesta entre 3,50 y 6,50 libras.

COCINA MAGREBÍ

Phenecia

Plano 2, H8. 55 West Nicolson Street; ℘0131/662 4493.
Lun.-sáb., 12-14 h y 18-23 h; dom., 18-22 h. Económico-moderado.

Este restaurante ecléctico y económico sirve platos típicos del norte de África y del Mediterráneo. El humus y el cuscús son insuperables, y el menú de mediodía cuesta menos de 5 libras.

COCINA VEGETARIANA

Engine Shed

Plano 1, E4. 19 St Leonard's Lane; ℘0131/662 0042.
Sólo abre a mediodía. Lun.-vier., 10.30-14.30 h; sáb., 10.30-16 h; dom., 11-16 h. No se aceptan tarjetas de crédito. Económico.

Vale la pena desviarse para repostar en este excelente restaurante vegetariano situado cerca de Pollock Halls. La carta incluye sopas y cremas, ensaladas, estofados vegetarianos y patatas al horno. En el mismo local abre sus puertas una fantástica panadería.

Susie's Diner

Plano 2, I9. 51 W Nicolson Street; ℂ0131/667 8729.

Lun., 9-20 h; mar.-sáb. 9-21 h; dom., 12-19 h. Económico.

Concurrido café donde se sirven imaginativas sopas y cremas, tentempiés salados y postres, así como una buena selección de platos vegetarianos. La abultada clientela se compone casi exclusivamente de estudiantes. Algunas noches hay espectáculos en vivo, como la danza del vientre. No se venden bebidas alcohólicas.

Bebida

E n Edimburgo el arte de beber es verdaderamente uno de los grandes placeres de la vida. Muchos de los **pubes** de la ciudad —sobre todo los que abren sus puertas en la Ciudad Vieja— tienen cientos de años, mientras que otros —en especial los de la Ciudad Nueva— son auténticas reliquias de la época victoriana o eduardiana que han llegado intactas a nuestros días, erigiéndose en los ejemplos más sublimes de diseño interior que se conservan en la capital escocesa. Si a esto añadimos un buen número de locales de copas de ambiente moderno y sofisticado, no cabrá sino concluir que, en lo que a bares se refiere, Edimburgo cuenta con una variedad de estilos y ambientes como para satisfacer todos los gustos. El horario oficialmente establecido para la venta de bebidas alcohólicas es de 11 a 23 h (dom., 12.30-23 h) pero muchos pubes disponen de permisos especiales que les permiten alargar el horario de venta y apertura. Durante el Festival, en concreto, no tendrá problemas para encontrar locales abiertos como mínimo hasta la 1 h de la madrugada.

Hoy en día, la mayor parte de los pubes de la ciudad dispone de una buena selección de *real ale* o «cerveza verdadera», una cerveza de color oscuro, fermentada en barril, que se conoce genéricamente como **heavy ale** o «cerveza pesada». La graduación varía considerablemente de unas variedades a otras, y a menudo viene indicada en las botellas mediante la

Visitas guiadas a pubes y fábricas de cerveza

Una forma original e interesante de conocer los pubes de Edimburgo es tomando el autobús 80 de MacEwan y embarcarse en el Edinburgh Literary Pub Tour, un periplo de resonancias literarias que lo llevará a visitar los abrevaderos más célebres de la Ciudad Vieja y la Ciudad Nueva. Un grupo de actores profesionales hacen de guías y amenizan la visita escenificando algunas de las peripecias vitales de los principales literatos escoceses —Burns, Scott y MacDiarmid, entre otros— y recitando extractos de sus obras. El recorrido empieza en *Beehive Inn*, 18-20 Grassmarket (marzo-mayo y oct., jue.-dom., 19.30 h; jun.-sept., todos los días, 18 y 20.30 h; nov.-feb., vier., 19.30 h; 7 libras, bebidas no incluidas). Puede presentarse sin más, o bien reservar plaza con antelación llamando al ©0131/226 6665 o a la oficina de información turística de Princes Street.

De junio a septiembre, la cervecera Caledonian Brewery, sita en Slateford Road (©0131/337 1286) organiza visitas guiadas a su fábrica (lun.-vier., 11.30 y 14.30 h), aunque en este caso es aconsejable reservar con antelación.

tasa arancelaria que se pagaba antaño por cada barril de cerveza, a saber: 60, 70 u 80 chelines. La mayoría de la cerveza verdadera que hoy se comercializa en Escocia está elaborada por una de las dos grandes cerveceras nacionales: Tennant's y Scottish & Newcastle (que también produce las marcas McEwan y Younger). No pierda la ocasión de probar las sublimes cervezas galardonadas en certámenes internacionales que elabora, según el método tradicional, la pequeña cervecera independiente Caledonian Brewery (para más información sobre las visitas guiadas a fábricas de cerveza, véase recuadro, arriba). Otras cerveceras particulares, como

Belhaven Brewery de West Lothian o la diminuta Rose Street Brewery producen asimismo una gama de cervezas muy agradables. En numerosos pubes se sirve la denominada **bitter ale,** la tradicional cerveza inglesa rubia y amarga, aunque para encontrar una buena selección de esta variedad deberá buscar un pub donde se sirva *real ale*. Por lo que respecta a la cerveza importada, la más difundida es la **lager**, también rubia y más similar a la cerveza española, que se sirve en todos los bares, ya sea en barril o en botella. En lo tocante al **whisky**, la calidad varía de unos bares a otros, y si bien un *nip* o chupito de whisky de malta suele costar más que uno de whisky de mezcla, muchos pubes hacen ofertas especiales del tipo «malta del mes» a precios bastante más asequibles.

Tiempo ha, la principal zona de copas de Edimburgo era la poco menos que legendaria **Rose Street** —una calle peatonal de aspecto nada tentador enclavada entre Princes Street y George Street— y la máxima hazaña de los bebedores de entonces consistía en trasegar media pinta de cerveza en cada uno de sus doce bares y en los dos de West Register Street, prolongación oriental de Rose Street. Hoy, sin embargo, la oferta lúdica de la zona es bastante más variopinta y se ha visto animada por la apertura de numerosos locales que atraen a una abundante clientela. **George Street** es una de las calles que se han puesto de moda, y los bancos que antaño flanqueaban sus aceras han ido desapareciendo uno tras otro para dar paso a los pubes y a la previsible invasión de trajes de negocios durante el día y sofisticados modelitos por la noche. La mayor parte de los **pubes frecuentados por estudiantes** abre sus puertas en Grassmarket y alrededores, aunque existe otro núcleo importante de vida nocturna en el Southside que la mayoría de los turistas suele ignorar. **Leith** posee asimismo una amplia oferta de locales de copas, desde los baruchos más toscos y arrabaleros hasta los más remilgados cafés neovictorianos, mientras que hacia el oeste, frente a la orilla de **Newhaven**, abren sus puertas dos de los mejores y más pintorescos pubes de la ciudad.

CIUDAD VIEJA

Bannermans
Plano 3, H3. 212 Cowgate.

Este pub de distribución laberíntica, antaño fue una bodega de vino. Es el mejor de esta calle y tiene una buena cerveza de barril. Durante la semana, se sirven sabrosos almuerzos vegetarianos a precios de ganga, y los fines de semana, desayunos de 11 a 16 h. Todos los días, hasta la 1 h de la madrugada.

Bar Kohl
Plano 3, E4. 54 George IV Bridge.

Concurrido bar especializado en vodka donde se puede elegir entre más de 200 formas de conseguir un buen resacón. Lun.-sáb., hasta 1 h. Dom., cerrado.

Black Bo's
Plano 3, H3. 57-61 Blackfriars Street.

Bar pequeño y moderno, aledaño al restaurante vegetariano homónimo. Es apacible durante el día, aunque por la noche resuenan a todo volumen los ritmos más apreciados del momento y el ambiente se caldea de forma considerable.

Bow Bar
Plano 3, D4. 80 West Bow.

Viejo bar con paredes revestidas de madera que hace algunos años fue proclamado el mejor pub de Gran Bretaña. Podrá elegir entre casi 150 clases distintas de whisky, una variedad casi idéntica de otras bebidas alcohólicas y una selección siempre cambiante de cervezas de barril escocesas e inglesas de la máxima calidad. Dom. tarde, cerrado.

City Café

Plano 3, G4. 19 Blair Street.

Este veterano café que no ha perdido una pizca de su popularidad, abre sus puertas en la calle que comunica la Milla Real con el centro de la vida nocturna de Cowgate. En la barra, de tipo americano, se sirven todo tipo de golosinas y no desentonaría en el plató de rodaje de *El show de Truman (The Truman Show)*.

Doric Tavern

Plano 3, F2. 15 Market Street.

Abrevadero muy frecuentado por periodistas y bohemios en general. En la planta baja se encuentra *McGuffie's Tavern*, el típico pub de Edimburgo, y en la de arriba, la *Doric Tavern*, café-restaurante cuya cocina goza de gran prestigio; también dispone de una refinada selección de vinos. Abierto hasta la 1 h de la madrugada.

EH1

Plano 3, G2. 197 High Street.

El hierro forjado y una paleta de refrescantes tonos marinos son las características que definen el ambiente de este moderno bar de la Milla Real, en el que suelen recalar los noctámbulos empedernidos antes de seguir hacia los clubes y discotecas. Se sirve buena comida durante todo el día, así como jarras rebosantes de coloridos cócteles. Abierto hasta la 1 h de la madrugada.

Fiddlers Arms

Plano 3, C4. 9-11 Grassmarket.

Bar tradicional en el que se sirve una excelente 80 Shilling de McEwan (cerveza de gran calidad). Lunes por la noche, actuación en directo de *fiddlers*, violinistas que interpretan melodías tradicionales escocesas. Lun.-jue., hasta 11.30 h; vier. y sáb., hasta 1 h.

CIUDAD VIEJA

Greyfriars Bobby

Plano 3, E5. 34 Candlemaker Row.

Este veterano bar provisto de una larga barra y una potente máquina de discos goza de bastante popularidad entre los estudiantes y los turistas. Como es fácil de imaginar, el nombre le viene de la estatua erigida en esta calle en honor del cánido más célebre de Edimburgo, aunque por fortuna no se encuentra repleto de recuerdos y alusiones al fidelísimo Greyfriars Bobby. Abierto hasta la 1 h de la madrugada.

Hebrides Bar

Plano 3, G2. 17 Market Street.

Se trata del segundo hogar de las gentes de las Highlands que residen en Edimburgo, un bar de ambiente auténticamente tradicional —típico pero no tópico— entre cuyas paredes resuenan los acordes de la música popular escocesa.

Iguana

Plano 3, F5. 41 Lothian Street

Escaleras de metal retorcido y paredes pintadas de un luminoso color naranja, muy al gusto de los años noventa, forman el telón de fondo de este garito de moda, frecuentado en las primeras horas de la noche por los asiduos a los clubes nocturnos y que cuenta con la presencia regular de los disc-jockeys más aclamados del momento. Los monitores de televisión repartidos por el local proyectan vídeos realizados por artistas de la ciudad. Se sirve comida durante todo el día, incluido un abundante desayuno vegetariano.

Jolly Judge

Plano 3, D8. 7a James Court.

En una calle sin salida, al pie del castillo, abre sus puertas este bar de techos bajos y ambiente genuino que se llena rápidamente de humo, pero que resulta acogedor en invierno y muy agradable en verano, ya que dispone de terraza.

Malt Shovel

Plano 3, F2. 11-15 Cockburn Street.

Bar de iluminación sutil y ambiente agradable situado justo por encima de la estación de Waverley; ofrece una excelente variedad de cervezas de barril y whisky puro de malta. A mediodía, se sirven también generosas raciones de abadejo y patatas fritas. Dom.-jue., 11-0.30 h; vier. y sáb., 11-1 h.

Sandy Bell's

Plano 3, E6. 25 Forrest Road.

Se trata del bar preferido por los jugadores de ajedrez de la ciudad; también se ha convertido en toda una institución de la música folk, ya que a menudo se transforma en escenario de improvisados conciertos. Impresionante selección de cervezas y whiskys. Lun.-sáb., hasta las 0.30 h.

CIUDAD NUEVA

Abbotsford

Plano 4, I5. 3 Rose Street.

Pub de grandes dimensiones cuya genuina decoración victoriana, en la que no faltan detalles como las paredes revestidas de madera y una barra «en isla», le ha valido un lugar de honor entre los locales de copas de la ciudad. Dispone de una buena variedad de cervezas, incluida la de la casa, producida en la región de Borders por la cervecera Broughton Brewery. El restaurante de la planta superior sirve sustanciosos platos de cocina tradicional escocesa. Dom., cerrado.

Baillie Bar

Plano 2, C3. 2 St Stephen Street.

Este tradicional bar abre sus puertas en un sótano de la esquina más bohemia de Edimburgo. Buena selección de cervezas inglesas y escocesas, incluidas algunas de la prestigiosa cervecera Caledonian

Brewery. Lun.-jue., hasta medianoche; vier. y sáb., hasta 1 h; dom., hasta 23 h.

The Basement
Plano 4, L1. 10a Broughton Street.

Este local suele llenarse hasta la bandera, sobre todo los fines de semana, cuando en él recalan los más noctámbulos antes de seguir hacia las discotecas y clubes nocturnos de la ciudad. Está regentado por un equipo de gente joven y entusiasta, lo que explica su éxito. Sirve comida mexicana a muy buen precio hasta las 22 h, todos los días. Abierto hasta la 1 h de la madrugada.

Bert's Bar
Plano 2, B3. 29 William Street y 2-4 Raeburn Place.

El primero de estos locales homónimos se llena a mediodía con los oficinistas que trabajan por allí, mientras que el segundo recibe la visita nocturna de los *yuppies* de Stockbridge. Ambos sirven una cerveza excelente y buena comida. Además, tienen en común el hecho de que aspiran a ser auténticos pubes en el sentido más tradicional de la palabra, aunque eso sí: el deporte manda, y siempre que hay un partido importante la tele del bar permanece encendida.

Café Royal Circle Bar
Plano 4, K5. 17 West Register Street.

Este pub forma parte del selecto restaurante victoriano *Café Royal Oyster Bar* (véase pág. 230) y bien vale visitarlo, aunque sólo sea por contemplar su elegante decoración interior, de la que se destaca una enorme barra elíptica «en isla» y los retratos en azulejo de grandes inventores. En la planta superior abre sus puertas el *Café Royal Bistro Bar*, local de escaso encanto consagrado al tema del rugby. Jue., hasta medianoche; vier. y sáb., hasta 1 h.

Catwalk Café
Plano 2, G3. 2 Picardy Place.

Mientras que en la planta superior de este inmueble hay un elegante café con vistas a la calle, en los bajos abre sus puertas un moderno local cuya decoración se reduce a cuatro paredes desnudas y un mobiliario minimalista que le da un cierto aire de provisionalidad, acentuado por detalles como los escalones de cemento y las paredes encaladas de blanco. Durante el día se sirven excelentes desayunos y almuerzos, y también café, pero, a partir de las 18 h, se convierte en un concurrido local de copas, uno más de los que amenizan las horas previas a la entrada en los clubes nocturnos.

Clark's Bar

Plano 2, D2. 142 Dundas Street.

Tradicional bar escocés situado al final de Dundas Street. La estancia por la que se accede al interior es amplia y bulliciosa, pero hacia el fondo se abren *snugs* o pequeñas salas más íntimas. Se trata de un local frecuentado casi exclusivamente por los lugareños, aunque no por ello deja de ser acogedor.

Cumberland Bar

Plano 2, E3. 1 Cumberland Street.

Se trata de uno de los locales más apacibles y venerados de la Ciudad Nueva; no hay máquina de discos pero sí una amplia variedad de cervezas. En verano podrá sentarse en el jardín, y todos los días, entre 12 y 14 h, se sirven abundantes platos combinados.

The Dome Bar and Grill

Plano 4, I5. 14 George Street.

Lo que antaño fuera una monumental sede bancaria acoge hoy este suntuoso y polifacético establecimiento, siempre atestado de pequeñas celebridades locales. Se accede a él por la sofisticada coctelería, que evoca la forma de un crucero de los años veinte, mientras que en la parte posterior del local se encuentra la principal zona de comida y bebida, cuya decoración, muy elegante, con columnas griegas y una enorme cúpula de cristal, es proba-

CIUDAD NUEVA |

blemente la más suntuosa e impresionante de todos los bares de Edimburgo. Dom.-jue., hasta 23.30 h; vier. y sáb., hasta 1 h.

Guildford Arms

Plano 4, K5. 1-5 West Register Street.

En el corazón de la ciudad abre sus puertas este excelente bar victoriano que cuenta con una espléndida selección de cervezas, entre las que se destacan las de la marca Harvieston. En la galería podrá degustar un plato combinado y entretenerse contemplando el ir y venir de la clientela.

Indigo Yard

Plano 4, A7. 7 Charlotte Lane.

Reducto de diseño y sofisticación en el West End, perfecto para quienes aprecien los pastelitos de pescado tailandeses como acompañamiento de la cerveza de barril. En la parte superior hay una galería desde la que podrá contemplar a sus anchas la juvenil fauna local, siempre ataviada a la última moda.

Kay's Bar

Plano 4, C3. 39 Jamaica Street.

Este pequeño y acogedor bar de copas abre sus puertas en lo que fuera una vinatería y dispone de una chimenea de leña donde crepitan las llamas en invierno, así como una excelente selección de cervezas de barril. Lun.-jue., hasta medianoche; vier. y sáb., hasta 1 h.

Mathers

Plano 4, L1. 25 Broughton Street.

Pub tradicional y apacible que atrae a una clientela variopinta. El ambiente se caldea y se vuelve ruidoso siempre que la televisión retransmite algún importante encuentro deportivo. Lun.-jue., hasta medianoche; vier. y sáb., hasta 0.30 h.

Milne's Bar

Plano 4, H6. 35 Hanover Street.

Bar-bodega antaño muy apreciada por los literatos de Edimburgo, lo que le valió el sobrenombre de «el pub de los poetas». Sirve una buena variedad de cervezas de barril, incluida la 80 Shilling de McEwan.

Oxford Bar

Plano 4, C6. 8 Young Street.

Este tradicional bar de Edimburgo, que nunca ha tenido grandes pretensiones, se ha convertido en poco menos que un templo para los fans del rugby y los policías fuera de servicio. Buenos tentempiés de cocina escocesa: los más recomendables, las *Forfar bridies* (empanadillas de patata, cebolla y carne) y la empanada de añojo. Abierto hasta 1 h.

Po-Na-Na

Plano 4, E5. 43b Frederick Street.

En este concurrido local, a medio camino entre un pub y un club nocturno, le cobrarán entrada si llega pasadas las 23 h (lun.-jue. y dom., 2 libras; vie. y sáb., 3 libras), y aun así es posible que tenga que hacer cola. Hay disc-jokeys todas las noches y se sirven tentempiés. Todos los días, hasta 3 h.

Rose Street Brewery

Plano 4, G6. 55 Rose Street.

Se trata de la única «minicervecera» de Edimburgo, cuyas instalaciones se pueden visitar en la planta superior, donde también se encuentra el restaurante. Las dos variedades de cerveza que elabora se sirven directamente del barril en el bar de la planta baja.

The Standing Order

Plano 4, F6. 62-66 George Street.

Este local es, como tantos otros de la zona, resultado de la reconversión de un banco. Vale la pena entrar para echar un vistazo al inmenso salón principal o sentarse a descansar en uno de los mullidos sillones de la biblioteca. Se sirve *real ale* y los platos de la

CIUDAD NUEVA

carta ofrecen una buena relación calidad-precio. Abierto hasta la 1 h de la madrugada.

Peartree House

Plano 2, H8. 36 West Nicolson Street.

Este excelente bar está instalado en una antigua mansión particular del siglo XVIII cuyo patio acoge uno de los escasos bares al aire libre del centro de Edimburgo. A mediodía se sirven almuerzos bastante pasables. Lun.-miér. y dom., hasta medianoche; jue.-sáb., hasta 1 h.

Southsider

Plano 2, H8. 3-5 West Richmond Street.

Auténtico pub edimburgués que cuenta con una insuperable oferta de cerveza de barril y de importación (embotellada). Lun.-jue., hasta medianoche; vier. y sáb., hasta 1 h.

Stewart's

Plano 2, H8. 3-5 West Richmond St.

Genuino pub local con una gran variedad de cervezas nacionales y extranjeras. Lun.-jue., hasta medianoche; vier. y sáb., hasta 1 h.

Bennet's Bar

Plano 2, D9. 8 Leven Street.

Se trata del bar eduardiano más suntuoso de Edimburgo, con espejos enmarcados en madera de caoba y vidrieras de estilo Art Nouveau. Por las noches se llena hasta la bandera, sobre todo cuando hay algún espectáculo de éxito en el adyacente King's Theatre. De lunes a viernes se sirven almuerzos y el local permanece abierto hasta medianoche.

Blue Blazer

Plano 2, D8. 2 Spittal Street.

Este pub tradicional con mobiliario de roble y bancos de iglesia
está situado entre Grassmarket y «theatreland», el barrio de los
teatros; sirve una buena selección de cervezas. Miér. y jue., hasta medianoche; vier. y sáb., hasta 1 h.

Traverse Bar Café

Plano 2, C7. Traverse Theatre, 10 Cambridge Street.

Este bar espacioso y moderno abre sus puertas en las propias
dependencias del Traverse Theatre y cuenta con una clientela
elegante y animada. Sirve buena comida, y otro tanto se puede
decir de Blue, el restaurante situado en la planta superior.

LEITH

Carrier Quarters

Plano 1, E4. 42 Bernard Street.

Este pub de ambiente íntimo y acogedor, cuya fundación se remonta a una fecha tan lejana como 1775, conserva su aspecto
original, incluidos los bancos de madera y la chimenea. Tiene
cerveza de barril de gran calidad.

Kings Wark

Plano 1, E4. 36 The Shore.

Otro de los muchos pubes pintorescos de Leith, donde no sólo
se sirve *real ale*, sino también algunos tentempiés sencillos. Vier.
y sáb., hasta 1 h.

Matt and Hops

Plano 1, E5. 45 The Shore.

Otro de los típicos pubes de Leith para tomar cerveza y tentempiés. Vier. y sáb., hasta 1 h.

LEITH

255

Starbank Inn

Plano 1, E4. 64 Laverockbank Road.

Este excelente y antiguo pub con vistas al río Forth instalado en una recia construcción de piedra, tiene fama de servir buenas cervezas de barril y sabrosos tentempiés. Jue.-sáb., hasta medianoche.

Ye Olde Peacock Inn

Plano 1, E4. Lindsay Road; ©0131/552 8707.

En este local se sirve comida casera barata, incluido el mejor *fish and chips* (pescado con patatas fritas) de la ciudad. Hay que reservar mesa con antelación si se quiere comer en el restaurante propiamente dicho. En caso contrario, siempre se puede probar suerte en el pequeño bar-restaurante que lo preside. No se pierda la galería de daguerrotipos de las vendedoras de pescado de Newhaven realizadas por Hill y Adamson, pioneros locales de la fotografía.

Athletic Arms (The Diggers)

Plano 1, D4. 1 Angle Park Terrace West.

Este local que debe su sobrenombre («los sepultureros») al hecho de estar cerca de un cementerio, abre sus puertas en las afueras occidentales de Edimburgo, a escasa distancia del campo de fútbol de Tynecastle y del estadio de rugby de Murrayfield. Pero pese a su remota ubicación y a su lúgubre vecindad, nadie ha podido arrebatarle la fama entre los buenos apreciadores de cerveza de ser desde hace décadas el mejor pub de Edimburgo. Lun.-sáb., hasta medianoche; dom., hasta 18 h.

Caley Sample Room

Plano 1, D4. 58 Angle Park Terrace West.

Gran pub de estilo tradicional en cuya barra se sirve la amplia variedad de cervezas de barril producida por la cervecera Caledonian Brewery, que se encuentra en la misma calle, un poco más arriba. Dispone asimismo de una buena selección de whisky añejo. Lun.-jue. y dom., hasta medianoche; vier. y sáb., hasta 1 h.

Canny Man's (Volunteer Arms)

Plano 1, D5. 237 Morningside Road, Morningside.

Acogedor pub y pintoresco museo cuyas paredes y techos se encuentran literalmente tapizados con los objetos más variopintos. Cualquier cosa vale, siempre que se pueda colgar, desde viejos violines a las más insólitas jarras de cerveza. Hay un agradable patio con terraza para las noches de verano. Lun.-sáb., hasta medianoche.

Hawes Inn

Plano 1, B3. Newhalls Road, South Queensferry; ©0131/319 1120.

Esta vetusta taberna de paredes enjalbegadas, inmortalizada por Stevenson en *Secuestrado*, se encuentra prácticamente bajo el puente de Forth Rail. El bar sirve una amplia variedad de comida y bebida, y en el laberíntico complejo arquitectónico que lo acoge abren también sus puertas un hotel y un restaurante de lujo.

Sheep Heid

Plano 5, G6. 43 The Causeway, Duddingston.

Da igual si se llega a Duddingston rodeando Arthur's Seat a pie o montado en un autobús. Lo importante es no perderse la oportunidad de visitar este tranquilo pub que abrió sus puertas en el año 1670 y que tiene fama de ser el local más antiguo de Escocia con permiso para vender alcohol. En la parte de atrás hay un patio cercado que funciona como terraza de verano, y en la primera planta se sirven buenos tentempiés y platos tradicionales, incluido un sustancioso asado las noches de domingo. La bolera de al lado, bastante anticuada, se ha puesto de moda entre los estudiantes.

Temple Hall Hotel

Plano 1, E4. 77 Promenade, Portobello.

Frente al mar, en el paseo marítimo de Portobello, abre sus puertas este bar que dispone de una terraza descubierta para los días cálidos de verano. La cerveza es bastante pasable y los camareros, simpáticos.

Música en vivo y clubes nocturnos

A nadie le extrañará que digamos que la **vida nocturna** de Edimburgo registra su máximo apogeo durante el Festival (véase pág. 306) y que, frente a semejante despliegue de actividad lúdica y cultural, las restantes 49 semanas del año pueden llegar a parecer un largo y tedioso letargo. Ahora bien, si bajamos un poco el listón, ya que nada se puede comparar con la época del Festival, descubriremos que Edimburgo tiene mucho que ofrecer a lo largo de todo el año, sobre todo en lo tocante a las artes escénicas y la **música en vivo**.

Rara es la noche en la que no se puede asistir a una actuación en directo de jazz, música folk y rock en uno u otro de los cientos de pubes repartidos por la ciudad. Muchos de los principales grupos de rock no pasan por Edimburgo en sus grandes giras internacionales y sólo hacen escala en Glasgow antes de seguir hacia otro país, pero aquellos que sí recalan en la capital escocesa suelen actuar en escenarios tan emblemáticos como la explanada del castillo, el estadio de Murrayfield o las salas de exposición del Royal Higgland Show de Ingliston, que de tarde en tarde también acoge fiestas en las que la música de baile se convierte en indiscutible protagonista. Los demás grupos suelen actuar en los clubes de aforo intermedio de la ciudad.

El auditorio de **música clásica** más importante de Edimburgo es Usher Hall, objeto de una muy necesitada labor de renovación. Los grandes espectáculos de **ópera** y **ballet** tienen por escenario el Festival Theatre, mientras que los montajes más modestos suelen tener lugar en Queens Hall, que también ofrece un programa nada despreciable de jazz y rock suave. Los recitales de música coral y los conciertos de órgano se realizan en los lugares más diversos, entre ellos en la High Kirk of St Giles.

No siempre es fácil saber lo que se cuece en los **clubes de Edimburgo**, en parte porque ofrecen una ecléctica variedad de estilos musicales, y en parte porque tampoco son tantos los clubes o locales que han logrado hacerse con una clientela numerosa y fiel pese a las modas, como ocurre en muchas otras ciudades británicas. Aun así, la capital escocesa cuenta con una oferta musical en la que tienen cabida todos los estilos y tendencias, desde el reggae al rock pasando por el hip-hop. También vale la pena averiguar dónde actúan los mejores disc-jockeys de la ciudad —entre los que se incluyen nombres tan célebres como Eh-wun, Richie Rufftone o TPV— y cuándo se celebran las populares «noches de revival», dedicadas a los años setenta u ochenta, en las que el atuendo estridente, la bebida y la diversión están asegurados. Por otra parte, en los locales de mayor aforo se puede encontrar un ambiente distinto en cada planta. La mayoría de los clubes nocturnos del centro de la ciudad permanecen abiertos hasta las 3 h de la madrugada.

La mejor forma de averiguar **dónde ir por la noche** es hojeando *The List,* una excelente guía del ocio de publicación quincenal que abarca la vida nocturna de Edimburgo y Glasgow (1,95 libras). Otra posibilidad es consultar el *Edinburgh Evening News*, que sale todos los días excepto el domingo. La sección de ocio de este diario proporciona información detallada de todas las actuaciones que van a tener lugar ese mismo día. Además, en los pósters y los folletos que se amontonan en la mayoría de los bares encontrará abundante información sobre la oferta de los clubes nocturnos más cercanos. Las taquillas de las salas de concierto y los teatros también suelen estar más que bien provistas de folletos publicitarios sobre los conciertos y funciones de teatro, y algunas hasta venden entradas para más de un espectáculo.

LOCALES CON MÚSICA EN VIVO

Cas Rock Café
Plano 3, B5. 4 West Port; ©0131/229 4341.
Este local, situado cerca de la facultad de Bellas Artes, se ha convertido en un verdadero bastión del rock en Edimburgo; en él actúan sobre todo jóvenes promesas y viejas glorias locales, como los UK Subs. Todos los años, en verano, organiza también un festival de música punk al que acuden en masa «mohicanos» con pasaporte escandinavo y alemán.

Cellar No. 1
Plano 3, G4. 1 Chambers Street; ©0131/226 7177.
Bar-bodega tradicional cuya oferta en lo que a música se refiere varía a lo largo de la semana. Según el día, se puede asistir a un concierto de jazz, salsa o flamenco. Abierto hasta 1 h.

Kulu's Jazz Point
Plano 2, C8. 8 Morrison Street, doblando por Lothian Road; ©0131/221 1288.
La mejor sala de jazz y hip-hop de Edimburgo; ofrece música en vivo todas las noches y cuenta con la actuación regular de grandes nombres de ambos géneros.

The Liquid Room
Plano 3, D4. 9c Victoria Street; ©0131/225 2528.

En este amplio local suelen actuar grupos de música indie y rythm and blues, tanto locales como llegados de fuera. La ocasional aparición de alguna gran estrella da pie a interminables colas que dan la vuelta a toda la manzana.

The Queen's Hall

Plano 2, H9. 37 Clerk Street; ©0131/667 2019.

Esta antigua iglesia del Soúthside se ha transformado hoy en un local con capacidad para 800 personas sentadas. Su oferta musical abarca tendencias tan dispares como los ritmos africanos, el funk y grupos de rock a punto de despegar o de capa caída, así como conciertos menores de jazz y música folk. También funciona como base de operaciones de la Scottish Chamber Orchestra y la Scottish Ensemble, y acoge de modo ocasional la actuación de célebres humoristas.

Royal Oak

Plano 2, H7. 1 Infirmary Street; ©0131/557 2976.

Este bar acogedor y sin grandes pretensiones acoge cada noche en sus dos plantas conciertos de música folk, protagonizados por grupos locales y foráneos a los que cualquiera puede unirse para hacer sus gorgoritos.

Sandy Bell's

Plano 3, E5. 25 Forrest Road; ©0131/225 2751.

Pequeño bar de ambiente amistoso que ofrece música folk en vivo todas las noches de la semana. Suele atraer a buenos músicos locales.

Tron Ceilidh House

Plano 3, F9. 9 Hunter Square; ©0131/226 0931.

Inmenso y concurrido complejo arquitectónico con distintos niveles en el que se agrupan varios bares. Son habituales las noches de jazz y música folk en vivo. Los viernes, «noche de comedia».

The Venue

Plano 6, B7. 15 Calton Road; ©0131/557 3073.

Por el escenario de este pub suelen pasar las grandes promesas de la música indie —ya sean locales o foráneas— así como alguna que otra vieja gloria del rock. El ambiente cavernoso resulta perfecto para escuchar los acordes roncos de las guitarras.

Reid Concert Hall

Plano 2, G8. Bristo Square; ©0131/650 2423.

Este auditorio, propiedad de la Universidad de Edimburgo, se emplea ocasionalmente a lo largo del año para celebrar conciertos de música clásica. A mediodía, recitales gratuitos de composiciones para órgano y piano.

St Cecilia's Hall

Plano 3, G3. Esquina de Cowgate y Niddry Street; ©0131/650 2805.

El auditorio más antiguo de Escocia, actualmente propiedad de la Universidad de Edimburgo. La excelente colección de antiguos instrumentos de teclado que se expone aquí a lo largo del año, vuelve a sonar durante el Festival y en fechas señaladas. La acústica es buena, pero la música debe hacerse oír por encima del ruido del tráfico que invade esta parte de la ciudad.

Usher Hall

Plano 2, C7. Esquina de Lothian Road y Grindlay Street; ©0131/228 1155.

Gran auditorio eduardiano con aforo para 2.500 personas, cuyo escenario suele acoger los principales acontecimientos de música clásica y la actuación de las grandes estrellas del pop y del country. Tras un concierto de Tony Bennet, el techo casi se vino abajo, por lo que ha sido sometido por fin a una restauración largo tiempo postergada.

The Attic
Plano 3, H3. Dyers Close, Cowgate; ©0131/225 8382.
Este popular local de aforo intermedio con capacidad para 300 personas abre sus puertas en el corazón mismo de la vida nocturna de Edimburgo. Recientemente redecorado, ahora dispone de aire acondicionado, nuevos lavabos y un flamante suelo de parqué. Los miércoles por la noche, la sesión Transporter Room ofrece una muy recomendable mezcla de música en directo y disc-jokeys.

The Bongo Club
Plano 3, I1. 14 New Street; ©0131/556 5204.
Estupendo local situado por encima de un aparcamiento cerca de Waverley Station; en él actúan regularmente algunos de los disc-jockeys más interesantes de la ciudad. No se pierda la potente sesión Messenger Sound System de los sábados por la noche.

The Cavendish
Plano 2, C9. 3 West Tollcross; ©0131/228 3252.
Local ligeramente lúgubre, que pese a ello registra un lleno absoluto los viernes por la noche, cuando resuenan en vivo los ritmos del ragga, el reggae y el sonido roots o «raíces», que nace de la fusión de los anteriores con la tradición musical autóctona. Entre semana, la clientela se compone sobre todo de estudiantes. Ocasionalmente, acoge también espectáculos en directo de los últimos irreductibles de los años sesenta y los setenta, como Mungo Jerry y Geno Washington.

Club Mercado
Plano 3, F2. 36-39 Market Street; ©0131/226 4224.
Los viernes a las 17 h empieza a formarse la cola frente a las puertas de este local. El motivo: la fiebre del revival, que recupera la música estridente y el look hortera de los años setenta. Los

sábados por la noche conviene llegar pronto y vestirse a la última para bailar al ritmo del house y el glam. Sesiones de matiné (19.30–22.30 h) para los menores de 18 años.

Honeycomb

Plano 3, G3. 36-38a Blair Street; ©013/220 4381.

Este local construido en 1996 con los últimos adelantos en materia de acústica, disfruta de un soberbio sistema de sonido. La consolidada oferta del viernes por la noche oscila entre el sonido garage, el hip-hop y el house. Es lo bastante grande como para tener dos zonas de baile separadas: los sábados, se puede elegir entre el house de la sala principal y los clásicos del jazz-funk y la música disco de la de atrás. Las noches de domingo, consagradas al garage y el house, son para muchos las mejores de Edimburgo. De lunes a miércoles se organizan asimismo sesiones de jazz en vivo que incluyen un homenaje a Coltrane todos los martes por la noche.

Jaffa Cake

Plano 2, C7. 28 King Stables Road; ©0131/229 7986.

El Jaffa Cake o «pastel de Jaffa» (ciudad israelí famosa por sus naranjos), así llamado porque la franja central de sus paredes, divididas en tres niveles, está pintada de color naranja, es un concurrido punto de encuentro de la comunidad estudiantil de la ciudad. El indie y pop comercial son los sonidos más escuchados. A lo largo de los últimos años, los responsables de este local han liderado un intento de atraer la música pop al Fringe Festival.

La Belle Angèle

Plano 3, G4. 11 Hasties Close; ©0131/225 2774.

Los ritmos latinos, el soul, el hip-hop y el jazz se alternan a lo largo de la semana. Los viernes, se convierte en el mejor club de drum'n'bass de Edimburgo, mientras que los sábados reina el sonido house. De tanto en tanto acoge la actuación de importantes grupos a su paso por la capital escocesa.

CLUBES NOCTURNOS

The Liquid Room
Plano 3, D3. 9c Victoria Street; ℂ0131/225 2564.

Local veterano de grandes dimensiones cuya principal clientela son los estudiantes, que acuden aquí en masa. La música indie, los últimos éxitos del pop y los ritmos más bailables animan a mover el esqueleto en la gran pista, animada por un potente sistema de sonido.

Negociants
Plano 3, F5. 45-47 Lothian Street; ℂ0131/225 6313.

Este local, instalado en el sótano de un bar muy concurrido, a dos pasos de la universidad, cambia de ritmo cada noche a lo largo de la semana: casi todas las variedades de la moderna música de baile, house, funk, soul e incluso algunas mezclas. Y por si fuera poco, la cerveza no está nada mal. Entrada gratuita.

The Venue
Plano 6, B7. 15 Calton Road; ℂ0131/557 3073.

Cuando no es un siniestro garito de *rock'n'roll*, The Venue se transforma en un club nocturno muy recomendable en cuyas tres plantas caben 1.000 personas. La oferta musical incluye sesiones ya consagradas, entre las que se destacan Pure, la de las noches del viernes, consagradas al techno y al house, y la sabatina Tribal Funktion, dedicada a los ritmos del house y el garage soul. A lo largo de la semana, el reggae y la mezcla de disco y funk también tienen su espacio en este local que atrae a una clientela de lo más variopinta.

Wilkie House
Plano 3, G3. Cowgate; ℂ0131/225 2935.

Excelente local con capacidad para 700 personas, que es lo bastante amplio para albergar un cómodo chill-out. Las noches de los viernes tienen nombre propio, «Sublime», una febril invitación al estado de trance de la mano del techno, mientras que los sábados la sesión Vena propone una alternancia entre la música gay de Joy y el progressive house.

Teatro, comedia y cine

Una vez pasados los fastos del Festival, Edimburgo se queda con un **panorama teatral y cinematográfico** más bien modesto pero muy dinámico, que cada año va a más. The Traverse abre la senda en lo tocante al teatro de vanguardia, mientras que el Royal Lyceum lleva a escena con regularidad las mejores obras de teatro comercial del momento, con preferencia por la temática escocesa. Por su parte, el inmenso Festival Theatre acoge los más grandiosos y celebrados espectáculos itinerantes, entre los que se incluyen la ópera y el ballet. Las obras que triunfan en el West End londinense tienden a estrenarse en el escenario del Playhouse, mientras que los montajes más pequeños e innovadores lo hacen en salas alternativas como el Theatre Workshop y el Edinburgh University's Bedlam Theatre. El precio de las entradas para asistir a una obra de teatro varían de forma ostensible, y van de las 5 libras, lo más barato, a las 25, los más caros, en función del local y del tipo de obra que se represente.

Por lo que respecta al séptimo arte, la ciudad cuenta con varias multisalas y dos excelentes **salas de cine** tradicionales, el Cameo y el Filmhouse, en cuyas pantallas se proyecta a diario una amplia selección filmográfica, tanto comercial como experimental. Las entradas para una sesión de noche cuestan unas 6 libras, y algo menos durante el día. Para más información sobre la cartelera, las ofertas especiales de los preestrenos o los descuentos para estudiantes, acudir a la taquilla del propio cine, o bien consultar *The List* o la sección de cultura y espectáculos del diario *The Scotsman*.

TEATRO Y COMEDIA

Bedlam Theatre
Plano 3, E5. 2a Forrest Road; ©0131/225 9893.
Instalado en una antigua iglesia, en este teatro se estrenan las obras producidas por los estudiantes de la Universidad de Edimburgo, montajes en los que el bajo presupuesto se ve compensado por la entrega de los actores y directores, que cristaliza a veces en espectáculos de elevada calidad.

W. J. Christie & Son
Plano 3, B5. 27-31 West Port; ©0131/228 3765.
Un bar-bodega, pequeño pero animado, donde cada noche hacen sus pinitos los comediantes en ciernes de la ciudad; algunos de ellos son realmente buenos. Jue.-dom.

Church Hill Theatre
Plano 1, D5. Morningside Road; ©0131/220 4349.
Esta vieja iglesia victoriana reconvertida en un teatro de aspecto algo despojado la utilizan sobre todo los grupos de teatro aficionado, y, durante el Festival, los grupos que vienen de fuera.

Festival Theatre
Plano 3, G5. Nicolson Street; ©0131/529 6000.
En este antiguo teatro de variedades —hoy restaurado y presidi-

do por una grandiosa fachada de cristal— falleció en el año
1911, abrasado por las llamas, el Gran Lafayette, un famoso ilu-
sionista. Como resultado de las reformas emprendidas a raíz de
aquel trágico suceso, el teatro alberga hoy el mayor escenario
de Gran Bretaña, que se utiliza sobre todo para las actuaciones de
la Scottish Opera en la capital escocesa y otros montajes orques-
tales de gran envergadura, aunque de forma ocasional acoge
también espectáculos tan variopintos como la obra infantil
Singing Kettle o un concierto de Engelbert Humperdinck.

King's Theatre

Plano 2, D9. 2 Leven Street; ©0131/228 5955.
Teatro municipal de arquitectura eduardiana y muy señorial que
tiene la oferta más ecléctica de la ciudad. En él, además de actuar
las principales compañías teatrales del mundo, se pone en escena el repertorio shakespeariano, las tradicionales *pantomimes* o las
comedias musicales navideñas, las comedias destinadas al gran
público y hasta las representaciones de variedades.

Netherbow Arts Centre

Plano 3, H2. 43 High Street; ©0131/556 9579.
Un pequeño local de la Milla Real que ofrece de forma regular
espectáculos escénicos de talante innovador, entre los que predominan los cuentacuentos, los guiñoles, el teatro infantil y las
piezas tradicionales escocesas. Dispone de un agradable café.

Playhouse Theatre

Plano 2, H3. 18-22. Greenside Place; ©0131/557 2590.
Este inmenso teatro, restaurado tras el incendio que lo devoró en
1993, tiene capacidad para unos 3.000 espectadores y se utiliza durante la mayor parte del año para poner en escena los musicales más
populares del West End, como *El fantasma de la ópera* o *Cats*.

Royal Lyceum Theatre

Plano 2, C7. 30 Grindlay Street; ©0131/229 9697.

TEATRO Y COMEDIA |

Elegante teatro público victoriano que dispone de un pequeño auditorio. De las salas de teatro que permanecen abiertas todo el año y programan espectáculos de tipo comercial, ésta es la más importante de la ciudad.

St Bride's Centre

Plano 2, A8. 10 Orwell Terrace; ℗0131/346 1405.

Una vez más, una iglesia alberga hoy un espacio con una doble función cultural, ya que no sólo acoge espectáculos teatrales, sino que también se utiliza como centro de reunión para los vecinos. Durante el mes de agosto pone su escenario a disposición de los artistas del Festival, y los restantes meses del año se convierte en el escaparate de los grupos locales de teatro aficionado.

The Stand Comedy Club

Plano 4, J3. 5 York Place; ℗0131/558 7272.

El mejor local de la ciudad para asistir a un número de humor. Todas las noches actúa un artista diferente, y los fines de semana encabezan el cartel algunos de los humoristas más consagrados del Reino Unido. El bar en sí mismo es un local de lo más recomendable para comer y tomarse unas copas, aunque no haya nada que ver sobre el escenario.

Theatre Workshop

Plano 2, C3. 34 Hamilton Place; ℗0131/226 5425.

Tentadores programas de teatro innovador y otras artes escénicas a lo largo de todo el año.

Traverse Theatre

Plano 2, C7. 10 Cambridge Street; ℗0131/228 1004.

El Traverse es sinónimo de teatro experimental y se trata, sin lugar a dudas, de una de las principales salas de estreno de nuevas obras y nuevas tendencias teatrales de la Gran Bretaña. Los éxitos se suceden en la nueva sede del teatro, un edificio construido a la medida de sus necesidades junto al Usher Hall, que dispone de

TEATRO Y COMEDIA

un excelente bar en la planta baja y el original café-restaurante *Blue* en la planta superior.

SALAS DE CINE

ABC Filmcentre
Plano 2, C9. 120 Lothian Road; información ©0131/228 1638; venta anticipada ©0131/229 3030.
Una de las dos salas de cine comercial más antiguas del centro de la ciudad que, junto con el Odeon, acapara los grandes estrenos del momento.

Cameo
Plano 2, D9. 38 Home Street; información ©0131/228 2800; venta anticipada ©0131/228 4141.
Tres salas de proyección, una de ellas especialmente lujosa, conforman este espacio dedicado al cine de calidad, en el que se estrenan los títulos más recientes del cine independiente y experimental. También se programan de forma regular ciclos de filmes de culto, y los fines de semana hay sesiones de madrugada para los amantes de títulos como *Betty Blue* o *Reservoir Dogs,* amén de interesantes matinés dominicales. Tarantino lo ha visitado y opina que es genial.

Filmhouse
Plano 2, C7. 88 Lothian Road; ©0131/228 2688.
Esta antigua iglesia acoge hoy un local con un programa bastante ecléctico, en el que conviven el cine independiente, el experimental y los grandes clásicos del séptimo arte. Es la principal sala de exhibición del Edinburgh International Film Festival. Dispone de un excelente bar-café donde, una noche al mes, se organiza un divertido concurso que pone a prueba los conocimientos y la memoria de los cinéfilos locales. Buenas instalaciones para los discapacitados físicos.

The Lumière

Plano 3, F5. Royal Museum of Scotland (acceso por Lothian Street); ℡0131/247 4219.

Títulos de cine experimental y de autor agrupados en ciclos temáticos que varían a lo largo del año. Sólo vier.-dom.

Odeon

Plano 2, H9. 7 Clerk Street; ℡0131/667 0971; información y venta anticipada mediante tarjeta de crédito ℡0870/505 0007.

Multicine de cinco salas donde se estrenan los últimos títulos del cine comercial. La inmensa sala principal es el lugar perfecto para contemplar el último taquillazo de Hollywood.

Galerías de arte

A demás de la National Gallery (véase pág. 92), la Portrait Gallery (véase pág. 102), la Gallery of Modern Art (véase pág. 110) y la Dean Gallery (véase pág. 112) Edimburgo cuenta con una serie de interesantes galerías y museos más pequeños en los que se puede contemplar tanto muestras de la escuela pictórica tradicional escocesa, representada sobre todo por los bellos paisajes de las Highlands, como tendencias más contemporáneas abanderadas por una nueva generación de jóvenes artistas bendecidos por el éxito.

Los lugares donde con mayor probabilidad encontrará exposiciones de artistas locales o muestras itinerantes son el **City Art Centre**, un impresionante edificio de seis plantas que se halla junto a la estación de Waverley, y la **Fruitmarket Gallery**, justo enfrente del anterior, con su diáfana fachada de cristal y su librería especializada en arte. También se organizan exposiciones relevantes en la **Talbot Rice Gallery** (véase pág. 82), situada en el Old College de la Universidad de Edimburgo, y en la **Royal Scottish Academy** (véase pág. 89), aledaña a la National Gallery, al pie del Mound. Esta última acoge todos los años una muestra de las obras de sus miembros, así como también alguna que otra gran retrospectiva realizada con ocasión del Festival. Completa la oferta un rosario de galerías que no ocultan su vocación comercial, desde las lujosas salas de exposición que aplican precios prohibitivos, como la **Scottish Gallery** y la **Ingelby Gallery** de la Ciudad Nueva, hasta una serie de espacios más modestos y vanguardistas, como la **Collective Gallery**, que abre sus puertas en la Ciudad Vieja. También en el casco antiguo encontrará dos galerías dedicadas a exposiciones fotográficas, **Portfolio** y **Stills**. Por último no olvide que en cualquiera de los espacios que hay en la ciudad dedicados al mundo de la cultura y las artes, como la sala de cine Filmhouse, en Queen's Hall y sobre todo en Inverleith House, en el Royal Botanic Garden puede ver montajes interesantes. Para más información sobre exposiciones, consulte alguna publicación que trate estas cuestiones, como *The List* o la sección de cultura y espectáculos de *The Scotsman*.

City Art Centre

Plano 4, K8. 2 Market Street; ℰ0131/529 3993.
Lun.-sáb., 10-17 h. Se cobra entrada a ciertas exposiciones.

Este gran centro cultural gestionado por el ayuntamiento dispone de seis salas y es a menudo el punto elegido para instalar las grandes exposiciones itinerantes que llegan precedidas por su éxito en otros lugares. Entre las exposiciones que han disfrutado de una mejor acogida están la dedicada a *Star Treck* y la que llevaba por título *Scotland's Art,* una muestra retrospectiva del arte nacional organizada con motivo de la inauguración del Parlamento. De forma ocasional, se exponen también las obras más significativas de la generosa colección de arte del ayuntamiento, entre ellas, las fascinantes reproducciones de Edimburgo tal y como era en épocas pasadas y lienzos de artistas locales tan destacados como Fergusson, McTaggart y Bellany. En la planta baja hay un agradable café.

Collective Gallery

Plano 4, K8. 22-28 Cockburn Street; ℰ0131/220 1260.
Mar.-sáb., 11-17 h. Entrada gratuita.

Galería de talante vanguardista fundada a mediados de los años ochenta por un abultado grupo de artistas, en la que se exponen muestras de arte contemporáneo convencional y multimedia. El contenido de las exposiciones cambia a menudo y su calidad oscila entre los grandes aciertos y los grandes fiascos, ahora bien sus responsables no dudan a la hora de abordar temas tabú como la droga o la homosexualidad. La pequeña sala que hay junto a la principal, «The Project Room», acoge muestras más pequeñas de arte contemporáneo.

Edinburgh College of Art
Plano 3, C6. Lauriston Place; ©0131/221 6032.

Lun.-vier., 10-16 h, sáb., 9-13 h. Entrada gratuita.
Siempre vale la pena visitar la exposición que cada año, hacia el final de la primavera, organiza la facultad de Bellas Artes con las obras de sus estudiantes de último curso. Dignas de mención son asimismo las muestras artísticas que se suceden a lo largo de todo el año en la facultad, y en especial durante la celebración del festival de Edimburgo.

Edinburgh Printmakers' Workshop
Plano 2, H3. 23 Union Street; ©0131/557 2479.

Mar.-sáb., 10-18 h. Entrada gratuita.
Bullicioso taller de pintura y escultura utilizado sobre todo por los artistas locales, aunque siempre hay un par de salas dedicadas a la exposición de excelentes grabados. Durante el Festival se organiza aquí una muestra que reúne lo mejor de la casa. Buen sitio para adquirir serigrafías y litografías a precios razonables. Se alquilan talleres y se imparten clases de arte.

Fruitmarket Gallery
Plano 4, K8. 45 Market Street; ©0131/225 2383.

Lun.-sáb., 11-18 h; dom., 12-17 h.
Tras una monumental fachada de cristal en la que se ve reflejado el edificio del City Arts Centre, se alza este espacio cultural premiado con varios galardones y que acoge lo mejor del arte mul-

timedia más rabiosamente vanguardista de Escocia y también del resto del mundo. En sus salas exponen los artistas internacionales más aclamados del momento. Dispone también de una excelente librería especializada en obras de arte y arquitectura, así como de un concurrido café (lun.-vier., 11-15 h; sáb., 11-17.30 h; dom., 12-17 h) en el que se sirven almuerzos ligeros y dulces tentempiés.

Ingelby Gallery

Plano 6, I4. 6 Carlton Terrace; ©0131/556 4441.
Mar.-sáb., 10-18 h. Entrada gratuita.

Esta diminuta pero impresionante galería ocupa lo que fuera una vivienda familiar de uno de los *terraces* (bloques de casas adosadas en hilera) más espléndidos de Edimburgo, situado en Calton Hill. En sus salas se expone el trabajo de artistas contemporáneos de la talla de Andy Goldsworthy, Callum Innes o Ian Hamilton Finlay.

Open Eye Gallery

Plano 4, E1. 75 Cockburn Street; ©0131/557 1020.
Lun.-vier., 10-18 h; sáb., 10-16 h. Entrada gratuita.

En el extremo meridional de la Ciudad Nueva se encuentra esta encantadora galería, de clara vocación comercial, en la que exponen muchos de los principales artistas escoceses. Cuenta asimismo con una buena selección de joyería, cerámica y artesanía. Justo enfrente, nada más cruzar la calle, abre sus puertas una galería gemela bautizada como *i2*.

Portfolio Gallery

Plano 3, E4. 43 Candlemaker Row; ©0131/220 1911.
Mar.-sáb., 12-17.30 h. Entrada gratuita.

Esta pequeña galería situada a poca distancia de Grassmarket alberga de forma regular exposiciones fotográficas bien presentadas y siempre interesantes, a menudo centradas en temas locales. La galería publica asimismo *Portfolio*, una magnífica revista de ac-

tualidad en la que las fotos van acompañadas de profundas reflexiones críticas.

Scottish Gallery

Plano 4, F2. 16 Dundas Street; ℗0131/558 1200.

Lun.-vier., 10-18 h; sáb., 10-16 h. Entrada gratuita.

En la Ciudad Nueva, en el corazón de la zona donde se concentran las galerías de arte más comerciales, abre sus puertas esta selecta galería de subastas, la más antigua de Edimburgo, en la que
se exponen piezas de arte tradicional y contemporáneo, así como
joyas, cerámica y objetos de artesanía.

Stills Gallery

Plano 4, K8. 23 Cockburn Street; ℗0131/662 6200.

Mar.-sáb., 11-17 h. Entrada gratuita.

Pequeño pero atractivo espacio dedicado al arte contemporáneo
que acoge sobre todo muestras de fotografía, aunque también es
posible encontrar el trabajo de una serie de interesantes artistas
contemporáneos. Completan la oferta una buena cafetería, situada en el entresuelo, y una pequeña librería.

Edimburgo gay

E ntre 15.000 y 20.000 personas componen la población homosexual de Edimburgo, lo que explica el dinamismo de la vida cultural **gay** de la ciudad, que desde hace años se concentra en torno a la parte alta de Leith Walk y Broughton Street. En esta zona, que se conoce como Pink Triangle o «triángulo rosa», abrió sus puertas en los años setenta la prime-

Información

Los **números de teléfono** más útiles son: Gay Men's Health (lun.-vier., 9-17 h; ℘0131/558 9444); Lothian Gay & Lesbian Switchboard (todos los días, 7.30-22 h; ℘0131/556 4049); Edinburgh Lesbian Line (lun.- y jue., 7.30-22 h; ℘0131/557 0751). Solas (℘0131/661 0982) es un servicio de información sobre el VIH y el sida. Los mejores lugares para recabar información sobre lo que se cuece en el ambiente gay de Edimburgo son el Lesbian, Gay and Bisexual Centre, donde abre sus puertas el *Nexus Café Bar* (véase pág. siguiente) y el *Blue Moon Café*, situado en la misma calle, un poco más arriba. En Internet aparecen también algunos sitios de interés, entre ellos: *www.scotsgay.co.uk*, *www.gayscotland.co.uk*, *www.users.globalnet.co.uk/~gaymen* y *www.pridescotland.org*.

ra coordinadora de gays y lesbianas de la ciudad. La creciente presencia de la comunidad gay ha motivado la proliferación de negocios creados por y para homosexuales —algunos de ellos efímeros, otros más duraderos— que no han dejado de ir en aumento a lo largo de los últimos años.

En Escocia, el desfile anual del orgullo gay se celebra el mes de junio, un año en Edimburgo y el otro en Glasgow. Para más información sobre la vida gay en Edimburgo, consultar *The List* o bien las publicaciones más especializadas, como la revista mensual *Gay Scotland* o la bimensual *Scotsgay*, que podrá encontrar en la mayor parte de los pubes y clubes nocturnos de la ciudad.

CAFÉS

Blue Moon Café
Plano 4, K1. 1 Barony Street (nada más doblar Broughton Street); ©0131/557 0911.
Lun.-jue., 11-24 h; vier. y sáb., 9-1 h; dom., 9-24 h.
En este café reina un ambiente tranquilo y acogedor que explica su popularidad no sólo entre la comunidad gay, sino también entre la progresía bohemia y artística que se mueve por Broughton Street. Por el día se sirven aperitivos, bebidas y cafés, y por la noche la oferta gastronómica se amplía a comidas completas, entre las que se incluye un par de platos vegetarianos más que aceptables. Buen sitio para ponerse al día sobre lo que se cuece en el ambiente gay de la ciudad o sencillamente sentarse a saborear una taza de café.

Nexus Café Bar
Plano 2, G3. 60 Broughton Street; ©0131/478 7069.
Todos los días, 11-23 h.
Agradable y luminoso café con permiso para la venta de alcohol que abre sus puertas en la parte de atrás del decano Lesbian, Gay

CAFÉS

279

and Bisexual Centre de Edimburgo. Un espectacular mural titulado *We are one!* (¡Somos uno!) decora el techo de este establecimiento en el que se sirven desayunos y comidas ligeras, así como tentempiés y cafés, durante todo el día. Por las noches, la carta incluye platos más abundantes. En el *Nexus* encontrará todo tipo de información sobre la movida gay de la capital escocesa, así como un ordenador con acceso a Internet.

Solas Café

Plano 2, K4. 2/4 Abbeymount; ©0131/661 0982.

Lun.-mar. y jue.-vier., 11-16 h; miér., 17-21 h.

Entre semana, a mediodía, y los miércoles por la noche, el centro de información sobre el VIH sirve platos de cocina vegetariana casera, especialmente pensados para quienes deben convivir con el virus del sida.

BARES Y CLUBES NOCTURNOS

CC Bloom's

Plano 2, H3. 23 Greenside Place, Leith Walk; ©0131/556 9331.

Lun.-sáb., 18-3 h; dom., 16-3 h. Entrada gratuita.

El único bar gay/lesbiano del centro de la ciudad donde es posible mover el esqueleto todas las noches, desde las 22.30 h hasta las 3 h de la madrugada, al frenético ritmo de la música de baile. Sin lugar a dudas, es el local gay más animado de Edimburgo, frecuentado por una clientela amable y hospitalaria. Los jueves y domingos por la noche hay karaoke, y los domingos por la tarde el ambiente se caldea con la actuación subida de tono de varios bailarines profesionales.

French Connection

Plano 4, F6. 87 Rose Street Lane North; ©0131/226 7651.

Lun.-sáb., 12-1 h; dom., 13-1h.

Este local se encuentra bastante apartado de la mayoría de los bares gay de Edimburgo, por lo que disfruta de un ambiente mucho más tranquilo, si pasamos por alto el karaoke de los martes y los viernes por la noche. Pequeño y acogedor, normalmente lo frecuenta un agradable grupo de habituales —casi todos del sexo masculino— a los que atiende y cuida el propietario del local, Babs.

Newtown Bar

Plano 4, I2. 26b Dublin Street; ©0131/538 7775.

Todos los días, 12-1 h.

Pese a encontrarse muy cerca del «triángulo de Broughton», en este elegante bar el ambiente es más afín al espíritu de la Ciudad Nueva; sólo admite hombres y atrae a un gran número de profesionales liberales. De miércoles a domingo, la discoteca situada en la planta baja organiza sesiones especiales cuyo título lo dice todo: «Intense.»

Al margen de los pubes reseñados, los principales clubes nocturnos de la ciudad organizan semanal o mensualmente unas noches gay que gozan de bastante popularidad. No se pierda la de «Joy» de *Wilkie House*, en Cowgate (sáb., 22.30-3 h; mensual), la mayor discoteca gay de Escocia y un lugar en el que la diversión está asegurada. Otra apuesta segura es la sesión «Taste» de *Honeycomb*, en Blair Street (dom., 23-3 h; semanal), donde podrá bailar al ritmo del sonido house y garage, y lo mismo cabe decir de las veladas «Tackno» de *Club Mercado* (dom., 23-4 h; semanal), donde brillan con luz propia las grandes «reinas» de la música dance de los años setenta y ochenta. Para más detalles sobre contenidos y fechas, consultar *The List* (véase pág. 7) o los carteles que se cuelgan en los locales de ambiente.

BARES Y CLUBES NOCTURNOS

Planet Out

Plano 2, H3. 6 Baxter's Place, Leith Walk; ©0131/556 5991.

Lun.-vier., 17-1 h; sáb. y dom., 12.30-1 h.

Este bar de ambiente agradable e informal que abre sus puertas junto al teatro Playhouse está decorado al más puro estilo *kitsch*. La clientela habitual se compone sobre todo de jóvenes gays, aunque los fines de semana el local se convierte en el punto de encuentro de quienes acuden al cercano *CC Bloom's*.

TIENDAS GAY

Atomix

Plano 2, G3. 60 Broughton Street; ©0131/558 8174.

Lun.-sáb., 12-19 h; dom., 12-17 h.

Esta estrafalaria y osada tienda abre sus puertas en el mismo edificio que acoge el Lesbian, Gay and Bisexual Centre y el *Nexus Café Bar*. Vende una ecléctica selección de artículos, desde prendas de ropa a objetos de adorno, relojes, revistas, tarjetas y pósters, todo ello dentro de la más desinhibida estética gay.

Out of the Blue

Plano 4, K1. 1 Barony Street (nada más doblar Broughton Street); ©0131/478 7048.

Todos los días, 12-19 h.

En el sótano del *Blue Moon Café*, en el mismo corazón del «triángulo rosa», se encuentra la mayor tienda gay y lesbiana de Escocia; también es el mejor sex-shop de Edimburgo especializado en el mundo homosexual.

ALOJAMIENTO

Garlands Guest House

Plano 2, I1. 48 Pilrig Street; ©0131/554 4205.

En el tramo central de Leith Walk se encuentra esta casa de huéspedes gay en la que los heterosexuales también son bienvenidos. Dispone de seis habitaciones con cuarto de baño. Prohibido fumar. ③

Mansfield House

Plano 4, I2. 57 Dublin Street; ©0131/556 7980.

Enorme y popular casa de huéspedes de la Ciudad Nueva situada frente al *Newtown Bar*, a un tiro de piedra de Broughton Street. Cinco habitaciones, dos de ellas con cuarto de baño. ③

Edimburgo para niños

El indudable atractivo visual de Edimburgo y su fascinante patrimonio arquitectónico convierten la capital escocesa en un lugar que los niños suelen apreciar y recordar. Los más creciditos disfrutarán especialmente de ciertos puntos de interés reseñados en otras secciones de esta guía, como el **castillo de Edimburgo**, que con sus almenas, mazmorras y sinuosas escaleras parece haber salido de un cuento de hadas. Otros lugares que a buen seguro harán las delicias de los más pequeños son la **Camera Obscura** (véase pág. 27) de la Milla Real, la estatua de **Greyfriars Bobby** (véase pág. 68), sita en George IV Bridge, y el **monumento a Walter Scott** (véase pág. 88) de Princes Street, esa enigmática torre por la que sube una interminable escalera de caracol hasta perderse en los cielos de Edimburgo. También reseñados en otras secciones de esta guía y muy populares entre los niños son el **Brass Rubbing Centre** de Trinity Apse (véase pág. 43), el **Museum of Childhood** (véase pág. 43) y **Our Dynamic Earth** (véase pág. 56). Tampoco hay que olvidar lo cerca que quedan del centro urbano algunos espacios abiertos como

Holyrood Park y **Calton Hill**, perfectos para que los niños jueguen a sus anchas.

Los puntos de interés de los que hablaremos a continuación han sido específicamente concebidos para un público infantil o bien disponen de alguna característica que los hace interesantes a los ojos de un niño. El **zoológico de Edimburgo** y **Gorgie City Farm** ofrecen dos posibilidades distintas de poner a los más pequeños en contacto con los animales, salvajes en el primer caso y domésticos en el segundo, mientras que el muy concurrido **Deep Sea World**, les permitirá dar un imaginativo paseo por las profundidades marinas, contemplar todo tipo de criaturas acuáticas, desde el congrio al tiburón. Para una visión a escala reducida del mundo animal, nada mejor que en el **Edinburgh Butterfly and Insect World**, un museo natural dedicado a la entomología. También hay un buen puñado de centros e instituciones que logran acercar a los niños la riqueza histórica de Edimburgo, como el **National Museum of Scotland** y el **Scotland's Black Diamonds**, museo dedicado a la industria minera que queda a las afueras de la capital escocesa. Un buen chapuzón siempre es una oferta tentadora para los «peques», y más aún en las dos mejores instalaciones acuáticas de la ciudad, **Leith Waterworld** y **Royal Commonwealth Pool**, donde encontrará toboganes y piscinas para bebés. Si tiene intención de visitar muchas de las atracciones infantiles de la ciudad, valdrá la pena que se haga con la *Essential Guide to Edinburgh and Lothians*, disponible en la oficina de información turística de Edimburgo, ya que ofrece varios **descuentos** en las páginas centrales, muchos de ellos relacionados con actividades de tipo familiar.

El **Edinburgh International Science Festival** (véase pág. 332), que se celebra en abril, cuenta asimismo con varias actividades interesantes para los niños, y, evidentemente también el **Puppet and Animation Festival** (véase pág. 332) y el **Children's Festival** (véase pág. 333), ambos en marzo,

que representan para los más pequeños (y los no tan pequeños) un primer acercamiento a las artes escénicas que después
tiene su continuación en agosto, ya que el Festival propiamente dicho cuenta con un programa independiente de
espectáculos infantiles del que se destaca el **Book Festival**
(véase pág. 332), una especie de feria del libro infantil en la
que participan algunos de los autores más célebres de este género literario, como J. K. Rowling, junto con otros artistas
y un sinfín de actividades que llaman a la participación de los
más pequeños. Tanto durante el Festival como a lo largo de
los restantes meses del año, el **Netherbow Theatre** y el
Theatre Workshop ponen en escena, con bastante frecuencia, obras de teatro infantil (para más información, véase el
capítulo «Teatro, comedia y cine»).

Deep Sea World

Plano 1, B3. North Queensferry, Fife; información 24 h
Ⓒ0930/100300.
Abril-oct., todos los días, 10-18 h; nov.-mar., lun.-vier., 11-17 h; sáb.
y dom., 10-18 h; 6,25 libras; entrada familiar a partir de 16,95 libras.
La más visitada de las modernas atracciones lúdico-culturales de
Escocia es un gran acuario de diseño tan moderno como acer-
tado, que incorpora los últimos adelantos en materia tecnológi-
ca para ofrecer a los visitantes la posibilidad de contemplar toda
clase de criaturas marinas. El plato fuerte, apto para todos los niños excepto quizá para los más pequeños, es un paseo por un túnel transparente que atraviesa un inmenso acuario donde nadan
congrios y tiburones. El personal del centro aclara cualquier
duda y permite a los más curiosos tocar los pacíficos peces del
charco rocoso. El centro participó en los intentos frustrados
de salvar a *Moby*, una ballena que se quedó varada en el firth de
Forth y que, pese a los esfuerzos de los ecologistas, acabó mu-
riendo en las marismas. No se pierda una de las incorporaciones
más recientes del centro, el inquietante acuario de las pirañas. La
estación de ferrocarril más cercana es North Queensferry. Si va

en automóvil, deberá cruzar el puente de Forth Road, dejar la autopista M90 en la salida n.º 1 y luego seguir las señales indicadoras. En las fechas de mayor afluencia de visitantes se verá obligado a utilizar el servicio gratuito de aparcamiento y transporte desde la autopista hasta North Queensferry.

Edinburgh Butterfly and Insect World

Plano 1, F6. Melville Nursery, Lasswade, Midlothian; ©0131/663 4932.

Todos los días, abril-oct., 9.30-17.30 h; nov.-marzo, 10-17 h; 3,95 libras, niños 2,85 libras; entrada familiar a partir de 12 libras.

Cientos de polillas y mariposas de abigarrados colores llenan un gran invernadero con riachuelos y un burbujeante charco de lodo que hacen la visita más emocionante. En la parte posterior se encuentra la sala «Nocturnal World», donde se puede contemplar cómo se desarrolla la vida en una colmena o en una colonia de escorpiones, serpientes u hormigas.

Edinburgh Zoo

Plano 1, D4. Costorphine Road; ©0131/334 9171.

Todos los días, abril-sept., 9-18 h; oct. y marzo, 9-17 h; nov.-feb., 9-16.30 h; 6,80 libras, niños 3,80 libras; entrada familiar a partir de 19 libras.

El zoológico de Edimburgo, situado unos 3 kilómetros al oeste del centro de la ciudad por la carretera de Glasgow, ocupa una superficie de 33 hectáreas que se extiende por la falda de Costorphine Hill. Cuenta con más de un millar de animales, entre los que se incluyen varias especies en peligro de extinción, como el rinoceronte blanco, el panda rojo, el hipopótamo pigmeo y la boa de Madagascar. Ahora bien, lo que más atrae a los niños es, sin duda alguna, el famoso desfile de los pingüinos (todos los días, abril-sept., 14 h; marzo y oct., días soleados), que siempre congrega a un gran número de espectadores. Los osos polares, los leones marinos y los pícaros monos también harán las delicias de los más pequeños, así como la zona denominada «African Plains Experience» (reproducción de la fauna y flora de las llanuras africanas) o la guarida de los leones, ambas provistas de una plataforma elevada desde la cual los visitantes contemplan la vida animal. Entre las incorporaciones más recientes y populares del zoo cabe destacar el «Magic Forest» (bosque mágico), que alberga especies más pequeñas de primates, así como la «Evolution Maze», una forma divertida como pocas de explicarles a los niños la teoría de la evolución, aunque sepan de antemano que pocos salen con la ropa seca. El zoo está bien comunicado con el centro de la ciudad por los autobuses 2, 26, 31, 69, 85 y 86.

Gorgie City Farm

Plano 1, D4. 51 Gorgie Road, Tynecastle Lane; ©0131/337 4202. Todos los días, marzo-oct., 9.30-16.30 h; nov.-feb., 9.30-16 h; entrada gratuita.

En esta idílica granja que ocupa 1 hectárea de terreno al oeste de la ciudad encontrará los animales domésticos más habituales y entrañables: ovejas, gallinas, patos y conejos. Hay un viejo tractor al que los niños pueden encaramarse y una buena zona de recreo perfecta para jugar o hacer un picnic. El *Farm Café*, justo al lado, dispone de todo lo necesario para deleitar a los pequeños; también vende una selección de productos naturales.

Leith Waterworld

Plano 1, E4. 377 Easter Road, Leith; ©0131/555 6000. Durante el año lectivo, miér. y jue., 10-13 h; vier.-dom., 10-17 h; lun. y mar., cerrado; durante las vacaciones escolares, todos los días, 10-17 h; adultos 2,05 libras; niños 5-17 años 1,45 libras; entrada familiar, 6 libras.

Este gran parque acuático cubierto, con una piscina principal, toboganes, una «laguna para principiantes» y una pequeña playa artificial apta para bebés, se encuentra situado en el barrio de Leith. Cuenta también con una guardería y un café.

National Museum of Scotland

Plano 3, F5. Chambers Street; ℂ0131/225 7534.

Lun. y miér.-sáb., 10-17 h; mar., 10-20 h; dom., 12-17 h; adultos, 3 libras; abonos de 1 año 5 libras; mar., 16.30-20 h, entrada gratuita; niños en edad escolar, entrada gratuita.

Éste es uno de esos lugares que hace las delicias de los niños de casi cualquier edad. Son muchos los objetos capaces de atrapar la imaginación infantil, al tiempo que aprenden algo de la historia de Escocia. A la hora de decidir la distribución de las salas, elegir los objetos expuestos y redactar las leyendas que los acompañan, los responsables del museo tuvieron muy en cuenta la opinión del NMS Junior Board, una comisión integrada por niños en edad escolar procedentes de toda Escocia. Aparte de las exposiciones propiamente dichas, las pantallas interactivas, el ascensor de cristal e incluso el propio trazado arquitectónico del museo, con sus diminutos balcones y sus escaleras de caracol, constituyen una garantía de éxito entre el público infantil. Pero eso no es todo: el museo dispone de guías sonoras en inglés que emplean un lenguaje muy sencillo y varios pasillos temáticos especialmente pensados para invitar a los niños a participar activamente en la exposición buscando un objeto oculto o solucionando un rompecabezas. En la tienda de recuerdos encontrará asimismo una selección de libros sobre el museo destinados a los más pequeños. Una atracción que ningún niño debe perderse es el Discovery Centre de la tercera planta, concebido para visitantes de entre 5 y 14 años; allí encontrarán una amplia variedad de rompecabezas, juegos didácticos, desafíos informáticos y disfraces relacionados con los temas y los objetos expuestos en el museo. Para más información sobre el contenido y funcionamiento del museo, véase pág. 72.

Royal Commonwealth Pool

Plano 5, B7. 21 Dalkeith Road, Newington ℂ0131/667 7211.

Lun., mar., jue. y vier., 9-21 h; miér., 10-21 h; sáb. y dom., (verano), 8-19 h; (invierno) 10-16 h; 1,80 libras, nadar; 2,35 libras, nadar más toboganes.

Un complejo construido en 1970 para los Juegos de la Commonwealth, que en la actualidad está un tanto dejado. No obstante, ofrece tranquilidad y es un buen punto de reunión. Cuenta con una gran piscina, otra donde se puede practicar el buceo, una para niños, un área de juegos para menores de 8 años y toboganes.

Scotland's Black Diamonds

Plano 1, F6. Lady Victoria Colliery, Newtongrange, Midlothian; ℘0131/663 7519.

Lun.-sáb., 10-17 h; adultos 4 libras; niños 2,20 libras; entrada familiar, 10 libras.

El museo de la minería, instalado en lo que fuera una de las minas de carbón más importantes de Escocia, es una de las atracciones de tipo histórico-cultural más interesantes para los niños. En el flamante y recién inaugurado centro de información del museo cobran vida la mina y las gentes que de ella dependían, mediante la incorporación de los últimos adelantos en materia de entretenimiento. Especialmente emocionantes resultan los «cascos mágicos», que por obra y gracia de la realidad virtual permiten vivir casi de verdad la experiencia de bajar a la mina.

COMIDA

Ir a comer con los niños a Edimburgo plantea los mismos problemas que en cualquier otra parte de Gran Bretaña, ya que muchos de los restaurantes de la ciudad no disponen de platos adecuados para los menores de 10 años. Precisamente por eso, a continuación le ofrecemos una selección de los restaurantes que, aparte de cuidar la calidad de la comida, también han pensado en los más pequeños a la hora de concebir su carta. Al margen de esta selección, no olvide que el **Royal Museum** (Chambers Street, junto al National Museum) y la **National Gallery of Modern Art** disponen de sendas cafeterías apropiadas para los niños.

Fat Sam's

Plano 2, C8. 56-58 Fountainbridge, cerca de Tollcross;
©0131/228 3111.
Dom.-jue., 12-24 h; vier. y sáb., 12-1 h. Moderado.

Gran restaurante de estilo americano y ambiente simpático cuya decoración evoca el turbulento Chicago de los años veinte. En este local, que dispone de un inmenso acuario con pirañas y tiburones, nunca falta la diversión. Además, también se puede escuchar una banda de jazz formada por títeres o proyectar en una gran pantalla mensajes para felicitar los cumpleaños y otras efemérides. El personal sabe cómo ganarse la simpatía de los niños y la carta está repleta de platos divertidos, pero no por ello menos sustanciosos.

Giuliano's on the Shore

Plano 1, E4. 1 Commercial Street; ©0131/554 5272.
Todos los días, 12-22.30 h. Moderado.

En este restaurante italiano los niños pueden confeccionar sus propias pizzas o añadir su mensaje de cumpleaños al tablero electrónico que cuelga de la pared. La carta incluye también una buena selección de mariscos.

Harry Ramsden's

Plano 1, D4. 5 Newhaven Place; ©0131/551 5566.
Todos los días, 12-22 h. Económico.

Este establecimiento de grandes dimensiones y ambiente atractivo forma parte de una cadena de *fish'n'chips* (pescado con patatas fritas). Abre sus puertas en el edificio de al lado del museo de pesca de Newhaven y es una apuesta segura para los niños, los abuelos y los grandes grupos. Allí encontrará todo lo necesario para tener contentos a los más pequeños de la casa, desde los menús especiales hasta las tronas. Los fines de semana ameniza las comidas un animador infantil, y fuera hay un gran barco en el que los pequeños pueden jugar a sus anchas. Dentro también hay una zona de recreo por si llueve.

COMIDA

Terrace Café

Plano 2, C1. Royal Botanic Garden; ©0131/552 0616.

Todos los días, abril-sept., 10-17 h.; oct.-marzo, 10-14.30 h.
Económico.

Scones, tartas y zumos, sopa, patatas al horno y café. La comida no es nada del otro mundo, pero el lugar en sí bien vale una visita. Si tiene suerte y el tiempo acompaña, tal vez pueda sentarse en la terraza y disfrutar de unas soberbias vistas panorámicas de la Ciudad Vieja, mientras los niños retozan en los jardines aledaños.

TGI Friday

Plano 4, D7. 22-26 Castle Street; ©0131/552 0616.

Lun.-sáb., 12-23 h; dom., 12-22.30 h. Moderado.

Una buena apuesta, situada, además, en pleno centro de la ciudad. Los camareros son amables con los niños y el menú infantil incluye varias reposiciones de refresco. Los niños pueden participar en la elaboración de su propio pudín. A media tarde suele llenarse de oficinistas, que se escapan de su puesto de trabajo para tomarse un refresco a toda prisa.

Umberto's

Plano 1, E4. 2 Bonnington Road Lane; ©0131/554 1314.

Lun.-sáb., 12-14.30 h y 17-22 h; dom., 12-18 h. Moderado.

La mejor opción para todos los padres que albergan la esperanza de comer algo decente y a la vez tener contentos a sus retoños. Hay zonas de juego fuera y dentro, incluido un jardín cubierto. El plato de pasta más barato cuesta 6 libras y se sirven raciones infantiles, decentes pero realistas, a partir de 2 libras.

COMIDA

Compras

Pese a la imparable expansión de las grandes cadenas comerciales, el centro de Edimburgo sigue siendo un lugar muy apetecible para ir de **compras**, ya que muchas de sus calles principales conservan aún su propia personalidad. En **Princes Street,** por ejemplo, siguen en activo unos cuantos comercios con solera, como los almacenes Jenners, conocidos como «el Harrods del norte». En dos de las vías paralelas a Princes Street, la peatonal **Rose Street** y la monumental **George Street,** abren sus puertas una serie de selectas y refinadas boutiques, algunas regentadas por famosos diseñadores, así como grandes librerías. En el extremo oriental de Princes Street se encuentra **Princes Mall**, un vistoso centro comercial subterráneo en el que se han instalado varios comercios especializados, mientras que en **Cockburn Street**, que se prolonga hacia el norte desde Waverley Brigde, abundan las tiendas de discos y de ropa a la última moda. En la **Milla Real,** ocultos entre el rosario de tiendas de recuerdos chabacanos que flanquean sus aceras, hay unos cuantos comercios interesantes, y bajando por **Victoria Street** —así como en **Grassmarket** y calles aledañas— una ecléctica gama de tiendas de antigüedades y artesanía, además de alguna que otra librería especializada en libros antiguos. Las demás librerías, de temática general o académica, se concentran en la zona que va de **South Bridge** a **George IV**

Bridge. Si está interesado en las antigüedades, le recomendamos un paseo por **St Stephen Street**, en Stockbridge, y por **Causewayside**, en el Southside. Los jueves, el horario comercial se alarga y muchas de las tiendas importantes de la ciudad permanecen abiertas hasta las 20 h, más o menos.

LIBROS Y MAPAS

Dos son los nombres que dominan la oferta de Edimburgo en lo que a **libros** se refiere: la librería escocesa James Thin y la cadena británica Waterstones. Ambas disponen de una serie de tiendas bien surtidas y gestionadas con eficacia que abren hasta tarde todos los días. Para más información acerca de los actos de promoción literaria que se celebran con regularidad, consulte la prensa local, o bien pregunte en los propios establecimientos. Edimburgo posee también numerosas tiendas de libros de segunda mano que se concentran en la zona de Grassmarket. Muchas de las mejores las indicamos a continuación.

Bauermeisters

Plano 3, E4. 19 George IV Bridge; ⓒ0131/226 5561.
Lun.-vier., 9-20 h; sáb., 9-17.30 h.

Entre la Milla Real y la universidad encontrará varias librerías que venden una gama ligeramente limitada y convencional de libros generales y académicos, música, artículos de papelería y colecciones en rústica.

Carson Clark

Plano 3, J2. 181-183 Canongate; ⓒ0131/556 4710.
Lun.-vier., 10-17.30 h; sáb., 10.30-17.30 h.

Una librería, pequeña pero fascinante de la Milla Real, que vende mapas antiguos, cartas de navegación y globos terráqueos.

The Cooks' Bookshop

Plano 3, D4. 118 West Bow; ℂ0131/226 4445.

Lun.-vier., 10-17.30 h; sáb., 10.30-17.30 h.

Esta librería, propiedad de Clarissa Dickson Wright, presentadora del célebre programa gastronómico *Two Fat Ladies* que emite la televisión escocesa, dispone de una interesante y bien ordenada selección de libros nuevos y de segunda mano sobre todos los aspectos imaginables del arte culinario y los alimentos.

James Thin

Plano 3, G4, 53-59 South Bridge; ℂ0131/556 6743.
Plano 4, G5, 57 George Street; ℂ0131/225 4495.

Lun.-vier., 9-22 h; sáb., 9-17.30 h; dom., 11-17 h.

Esta librería de gran solera, una de las mejores y más antiguas de Edimburgo, es toda una institución. La tienda principal de South Bridge abastece a los alumnos de la universidad pero también dispone de buenas secciones dedicadas a temas más generales, con especial interés por la literatura de viajes y los libros sobre Escocia. La tienda de George Street cubre prácticamente todos los géneros y temáticas, aunque se especializa en los autores escoceses y dispone de una variedad inusualmente rica de revistas. En la primera planta abre sus puertas un célebre café de aspecto algo anticuado.

McNaugtan's Bookshop

Plano 2, H2. 3a-4a Haddinton Place; ℂ0131/556 5897.

Mar.-sáb., 9.30-17.30 h.

Gran librería que abarca los principales títulos del arte y la literatura universales. Secciones de historia, viajes, clásicos y una excelente selección de autores escoceses y libros antiguos. Es posible encargar la búsqueda de títulos raros o descatalogados. Un sitio estupendo para perderse un buen rato mirando y rebuscando libros, aunque los precios son elevados.

Peter Bell

Plano 3, C5. 68 West Port; ℘0131/229 0562.

Lun.-sáb. 10-17 h.

Esta librería se especializa en libros de segunda mano y presta especial atención a las obras académicas; también posee unas buenas secciones de filosofía, ciencia, literatura universal e historia, así como primeras ediciones de títulos recientes.

Second Edition

Plano 2, E1. 9 Howard Place; ℘0131/556 9403.

Lun.-vier., 12-17.30 h; sáb., 9.30-17.30.

Esta librería disfruta de una insuperable ubicación, frente a la casa donde nació Robert Louis Stevenson (8 Howard Place) y dispone de una nutrida colección de libros de segunda mano —más de 20.000 títulos, según dicen— que abarca todos los géneros. La música de fondo y una sucesión de piezas de jazz seleccionadas por el propietario de la librería, la convierten en un lugar de lo más agradable para pasar la tarde.

Waterstones

Plano 4, D7, 128 Princes Street; ℘0131/226 2666.
Plano 4, K6, 13-14 Princes Street; ℘0131/556 3034.
Plano 4 E6, 83 George Street; ℘0131/225 3436.

Todos los días, varios horarios.

Esta librería forma parte de una cadena presente en toda Gran Bretaña, que se caracteriza por la amabilidad en el trato y la posibilidad de perderse durante horas mirando libros. La variedad de títulos es exhaustiva en casi todos los géneros, pero especialmente cuidada en lo tocante a los autores escoceses, tanto de ficción como de ensayo. En la primera planta de la tienda de 128 Princes Street, abre sus puertas una cafetería de la cadena Starbucks Coffe, desde cuya hermosa ventana en voladizo se puede contemplar el trasiego de la calle.

LIBROS Y MAPAS

Word Power

Plano 2, H8. 43 West Nicolson Street, ©0131/662 9112.

Lun.-vier., 10-18 h; sáb., 10.30-18 h.

Esta librería pequeña pero bien aprovechada, que está cerca de la universidad, se especializa en temas de actualidad candentes, como el feminismo, los estudios sociológicos sobre la homosexualidad masculina y femenina, la ecología, la política y las minorías étnicas. Dispone, además, de una buena sección de literatura en la que tienen cabida las pequeñas editoriales independientes.

ROPA Y TELAS

El tartán y la lana escocesa se pueden comprar por metros en los comercios convencionales de Princes Street, en St James Centre y en Gyle, un inmenso mercado de venta al por menor que se celebra en las lindes occidentales de la ciudad, cerca del aeropuerto. También hay una serie de tiendas especializadas más pequeñas que se reseñan a continuación. No obstante, encontrará cualquier pieza de ropa, desde un elegante traje de fiesta al más hortera de los modelitos de los setenta —para lucir, quizás, en la noche temática de alguna discoteca— en cualquiera de las muchas tiendas de ropa de segunda mano con que cuenta Edimburgo. Las mejores se concentran en la zona de Grassmarket y Cowgate.

Wm Armstrong

Plano 3, H3, 313 Cowgate; ©0131/556 6521.
Plano 3, D4, 85 Grassmarket; ©0131/220 5557.
plano 2, H9, 64 Clerk Street; ©0131/667 3056.

Lun.-vier., 10-17.30 h; sáb., 10-18 h; dom., 12-18 h.

Esta cadena de tiendas de ropa de segunda mano, la mayor de la capital escocesa, vende una amplia gama de atuendos para todos los gustos, desde el más refinado al más dudoso. Podrá elegir a su antojo entre un abigarrado surtido de abrigos y chaquetas de terciopelo y piel, camisas, chaquetas y pantalones de tela vaquera, y prácticamente cualquier tendencia o estilo que se haya llevado en el último medio siglo.

Byzantium

Plano 3, E3. 9a Victoria Street; ℰ0131/225 1768.
Lun.-sáb., 10-17.30 h.

Esta tienda, instalada en una de las muchas iglesias reconvertidas de Edimburgo, tiene un inconfundible aire de mercadillo de los años sesenta y bajo su techo se vende una inabarcable selección de prendas y objetos. Podrá rebuscar a su antojo entre los puestos de antiguallas, prendas de ropa autóctonas o venidas de fuera, libros y grabados, de muy variada calidad y precio, antes de subir al diáfano café de la planta superior.

Elaine's

Plano 2, C3. 55 St Stephen Street.
Lun.-sáb., 13-18 h.

En esta pequeña tienda de Stockbridge encontrará un poco de todo, desde lo más sublime (trajes de fiesta de los años treinta y vestidos de cóctel) a lo más hortera (chalecos de punto y pantalones de campana de los años setenta).

Geoffrey (sastre)

Plano 3, G2. 57-59 High Street; ℰ0131/557 0256.
Lun.-sáb., 9-17.30 h; dom., 10-17 h.

Una de las mejores sastrerías de la ciudad; el lugar al que debe acudir si desea comprar o alquilar un traje típico escocés. Se confeccionan trajes de *tweed* y tartán a medida, tanto para señora como para caballero. Disponen también de una amplia selección de objetos tradicionales para regalar.

Jenners

Plano 4, I6. 48 Princes Street; ℰ0131/225 2442.
Lun., miér., vier. y sáb., 9-17.30 h; mar., 9.30-17.30 h; jue., 9-19.30 h; dom., cerrado.

ROPA Y TELAS

298

En estos grandes almacenes de Edimburgo, los más prestigiosos de la ciudad, encontrará un extenso surtido de artículos de lujo, de todas las formas y tamaños concebibles. Cuenta también con una excelente tienda de especialidades gastronómicas y una fabulosa selección de juguetes, objetos de regalo y numerosas tiendas de ropa de marca, para hombre y mujer.

Kinloch Anderson

Plano 2, E4. Commercial Street con Dock Street, Leith; ℂ0131/555 1390.

Lun.-sáb., 9-17.30 h.

Esta sastrería, una de las mejores entre las que confeccionan trajes tradicionales escoceses a medida, abre sus puertas en unos grandes almacenes de Leith. También alquilan trajes para celebraciones formales.

Paddy Barrass

Plano 3, C4. 15 Grassmarket; ℂ0131/226 3087.

Lun.-vier., 12-18 h; sáb., 10.30-17.30 h.

Pequeño establecimiento que vende auténticas reliquias. Prendas de ropa de la época victoriana y épocas posteriores, entre las que se incluyen camisones de noche, faldas escocesas y esmóquines. Posee asimismo un buen surtido de pequeñas piezas de lino y encaje que están colgadas de la pared, para que los clientes puedan comprobar su buen estado de conservación.

Tiso

Plano 4, E6. 115-123 Rose Street; ℂ0131/225 9486.

Lun., miér., vier. y sáb., 9.30-17.30 h; mar., 10-19.30 h; jue., 9.30-19.30 h; dom., 12-17 h.

En esta tienda, los amantes de la naturaleza encontrarán el mayor surtido de prendas y aparejos de toda la ciudad. Chaquetas impermeables, botas y más cachivaches de los que podría cargar un equipo de expedicionarios al polo Norte, se mezclan con mapas, libros sobre el medio natural y equipos de esquí.

ROPA Y TELAS

MÚSICA

En las tiendas de las grandes cadenas como **Virgin Megastore** (131 Princes Street) y **HMV** (St James Centre) encontrará una amplia selección de música comercial. Pero si busca algo menos trillado, pruebe suerte en una de las tiendas que le indicamos a continuación.

Avalanche

Plano 2, H8, 17 West Nicolson Street; ©0131/668 2374; **plano 3, F2,** 63 Cockburn Street; ©0131/225 3939; **plano 3, A5,** 28 Lady Lawson Street; ©0131/228 1939.

Lun.-sáb., 10-18 h; dom. (sólo en West Nicolson Street), 12-18 h.

Este trío de concurridas tiendas de música se especializa en la corriente indie, pero de un tiempo a esta parte también hace sus incursiones en el mundo de la música de baile comercial. Discos nuevos y de segunda mano, además de grandes gangas, sobre todo en la tienda de West Nicolson Street, para quienes estén dispuestos a pasar un buen rato rebuscando.

Backbeat

Plano 2, H8. 31 East Crosscauseway; ©0131/668 2666.

Lun.-sáb., 10-17.30 h; dom., 12.30-17.30 h.

En esta tienda del Southside encontrará una inabarcable selección de música en todos los formatos posibles. Desde hace muchos años, Backbeat viene prestando especial atención a la música de raíces negras, y en la sala de la parte trasera encontrará una selección particularmente buena de Northern Soul. En la actualidad dispone asimismo de una interesante colección de rock.

Bauermeister Records

Plano 3, E4. 19 George IV Bridge; ©0131/226 5561.

Lun.-sáb., 9-18 h.

Gran selección de música clásica presentada con buen gusto, en la que nunca falta alguna pieza de los intérpretes que visitan la ciudad. Secciones más limitadas de jazz y música tradicional escocesa.

Coda

Plano 3, E3. 12 Bank Street; ©0131/622 7246.

Lun.-sáb., 9.30-17.30 h; dom., 12-16 h.

Buena selección de música tradicional escocesa y música pop con sabor local. El personal es atento y solícito.

Fopp

Plano 3, F2. 55 Cockburn Street; ©0131/220 0133.

Lun.-sáb., 9.30-19 h; dom., 11-18 h.

Buena y amplia selección de sonidos comerciales y de vanguardia en un entorno bastante más moderno y acorde con las nuevas tendencias de las grandes tiendas de las calles principales.

Professor Plastics Vinyl Frontier

Plano 2, H8. 15a West Richmond Street; ©0131/622 7168.

Lun.-sáb., 11-18 h.

Otro sitio estupendo para perderse buscando algún vinilo descatalogado. Especialmente recomendables son las secciones de funk, jazz y bandas sonoras, tanto de discos nuevos como usados.

Underground Solu'shun

Plano 3, F2. 9 Cockburn Street; ©0131/226 2242.

Lun.-sáb., 10-18 h; dom., 13-15 h.

Este templo del house, el garage, el tecno y el drum'n'bass abre sus puertas en la calle de Edimburgo donde se concentran las mejores tiendas de música alternativa. En él también encontrará asimismo abundante información sobre las discotecas y clubes nocturnos más concurridos del momento.

Vinyl Villains

Plano 2, I3. 5 Elm Row; ©0131/558 1170.

Lun.-vier., 10.15-18 h; sáb., 10.15-17.30 h; dom., 12-16 h.

MÚSICA

Tienda de segunda mano de dimensiones considerables cuyos responsables se resisten a cerrar la sección de vinilos de segunda mano, aunque en los últimos años han hecho un esfuerzo por adaptarse a los nuevos tiempos y empezado a vender también discos compactos y toda clase de recuerdos insólitos relacionados con el mundo de la música. El género dominante es el rock, aunque también cuentan con una buena selección de viejos singles de la era punk.

COMIDA Y BEBIDA

En los días de verano, cuando brilla el sol y las temperaturas suben, nada resulta más placentero que hacerse con un emparedado o un tentempié e improvisar un picnic en uno de los muchos espacios abiertos de la ciudad. Por eso, a continuación, le ofrecemos unos cuantos de los mejores establecimientos de Edimburgo en los que podrá satisfacer este deseo. También hemos incluido dos comercios de obligada visita para los más sibaritas, pues en ellos encontrarán una insuperable selección de las especialidades más célebres de la gastronomía escocesa, como el *haggis* y el whisky.

Charles MacSween & Co

Plano 1, E6. Dryden Road, Bilston Glen, Loanhead; ©0131/440 2555. Lun.-vier., 9-17 h.

Grandes maestros de la ciudad en la preparación del *haggis*, el plato tradicional escocés por antonomasia, cuyo sabor tal vez no sea apto para todos los paladares, pero que sin duda vale la pena probar. MacSween & Co prepara incluso una aceptable versión vegetariana de este plato, con judías y lentejas en lugar de carne. Puede comprar sus productos directamente en la fábrica de Loanhead, barrio periférico del sureste de Edimburgo, o bien buscarlos en varios establecimientos de la capital, como Food Hall, la tienda de especialidades gastronómicas de Jenners (48 Princes Street) o Peckhams (155-159 Bruntsfield Place).

Charlie McNair's Deli and Sandwich Bar

Plano 3, F5. 30 Forrest Road; ✆0131/226 6434.

Lun.-vier., 9-17.45 h; sáb., 9-16.30 h.

Pequeño establecimiento de comida para llevar, situado cerca del hospital más importante de la ciudad y del parque conocido como The Meadows. Se preparan deliciosos emparedados y bocadillos con ingredientes tan exóticos como el paté de judías especiadas o un delicioso hummus. También es posible encargar vino, café y pastas. A mediodía se forman grandes colas, pero el ambiente siempre resulta agradable. Charlie, el propietario del local, se convierte por las noches en un incansable promotor del jazz local.

Iain Mellis

Plano 3, D3, 30 Victoria Street; ✆0131/226 6215.

Plano 1, D5, 205 Bruntsfield Place.

Lun.-sáb., 9.30-18 h.

Estanterías de madera y cámaras frigoríficas rebosantes de porciones redondas y triangulares de deliciosos quesos frescos, llegados de todos los rincones de Gran Bretaña e Irlanda, además de un excelente parmesano italiano —el único queso extranjero— confieren a este establecimiento un singular y maravilloso aroma que por sí solo ya justificaría la visita. Y si el olor de estos quesos embriaga, su sabor le hará renegar para siempre de los simulacros industriales que se venden en los supermercados.

Lupe Pintos

Plano 2, D9. 24 Leven Street; ✆0131/228 6241.

Lun.-sáb., 10-18 h.

Maravilloso colmado que vende especialidades gastronómicas españolas y mexicanas, incluido un ardiente y genuino chili con carne. Perfecto para comprar un bocadillo de auténtico queso español o una ración de guacamole y regarlo todo con una cerveza mexicana bajo la copa de un árbol de Bruntsfield Links, que queda a dos pasos del colmado. Para los más sedientos hay tam-

COMIDA Y BEBIDA |

bién una gran selección de tequilas a precios que oscilan entre las 13 y las 35 libras.

Nature's Gate

Plano 2, I9. 83 Clerk Street; ©0131/668 2067.

Lun.-sáb., 10-19 h; dom., 12-16 h.

Este establecimiento naturista vende deliciosas especialidades vegetarianas, así como vinos y cervezas de elaboración natural, una gran selección de comida macrobiótica japonesa y todo tipo de chucherías para los que siguen una dieta especial que les impide ingerir azúcar, sal o gluten. Se encuentra a dos pasos de Queen's Hall y muy cerca de The Meadows, y en el sótano abre sus puertas el *Isabel's Café*, donde se sirven platos igualmente sanos y sabrosos.

Real Foods

Plano 4, L1, 37 Broughton Street; ©0131/557 1911.
Plano 2, D9, 8 Brougham Street; ©0131/228 1201.

Lun.-vier., 9-18 h; sáb., 9-17.30 h; dom., 11-17 h.

En este establecimiento encontrará frutos secos, cereales y especias a granel, así como una buena selección de fruta y verduras. Para quienes busquen algo más elaborado, se venden también sándwiches, tentempiés y toda clase de bebidas refrescantes, incluidos vinos y cervezas sin aditivos ni colorantes. El local dispone asimismo de una nutrida botica de medicamentos naturales. No se pierda el tablero de noticias para saber lo que se cuece en los ambientes alternativos de Edimburgo.

Royal Mile Whiskies

Plano 3, E8. 379-381 High Street; ©0131/225 3383.

Lun.-sáb., 10-18 h.

Esta tienda abre sus puertas frente a St Giles y tiene absolutamente todo lo que un amante del whisky puede llegar a desear. Whisky joven y añejo, de malta y de mezcla, en botella o botellín. También vende salmón ahumado y *haggis*.

Valvona and Crolla

Plano 2, H2. 19 Elm Row, Leith Walk; ✆0131/556 6066.
Lun.-miér. y sáb., 8.30-18 h; jue. y vier., 8.30-19 h.

La mejor tienda de especialidades italianas de la ciudad, un legendario establecimiento que acaba de cumplir 90 años y está repleto de pequeñas delicias de la gastronomía italiana que le dejarán los bolsillos vacíos a poco que se descuide: pan recién salido del horno, tentadores quesos, salsas para pasta y una extensa bodega conforman una oferta que se ha vuelto aún más apetecible con la incorporación de verduras frescas de gran calidad directamente importadas de Italia. Se organizan con regularidad catas de vino y degustaciones gastronómicas, y en la parte trasera del establecimiento abre sus puertas un pequeño café.

El Festival de Edimburgo

En agosto, a lo largo de tres semanas, la capital de Escocia vive una sorprendente transformación gracias al **Festival de Edimburgo**. Todos los espacios de actuación disponibles —desde los grandes auditorios musicales a los patios traseros de los bares— se habilitan para acoger un inabarcable programa de entretenimiento cultural en el que tienen cabida desde el drama más elevado a la comedia más elemental. Las calles y plazas se llenan de músicos y artistas callejeros, funciones circenses y puestos de artesanía, y la población de la capital aumenta hasta duplicarse, a medida que invaden sus calles turistas, celebridades, artistas, periodistas y otros asiduos al Festival. Los pubes y los restaurantes permanecen abiertos hasta más tarde, los carteles empapelan cualquier pared o muro disponible, y en el centro de la ciudad reina un ambiente muy vital y ligeramente surrealista.

El Festival de Edimburgo es hoy por hoy una suerte de cajón de sastre en el que tienen cabida varios festivales de distinto signo que se celebran aproximadamente en las mismas fechas: en primer lugar están el **Edinburgh International Festival** y el mucho más amplio **Edinburgh Festival**

Fringe, pero no hay que olvidar los festivales de **cine**, **libros**, **jazz y blues**, **televisión**, el desfile ceremonial **Military Tatoo** que tiene por escenario la explanada del castillo y el **Edinburgh Mela**, dedicado al sureste asiático, y que se celebra en el primer fin de semana de septiembre.

El Festival de Edimburgo empezó su andadura en el año 1947 cuando, llevado de un anhelo de reconciliación entre los países que se habían enfrentado en la Segunda Guerra Mundial y del deseo de olvidar la austeridad de la posguerra, el que fuera director de la Glyndebourne Opera, vienés de nacimiento, Rudolf Bing, reunió en la capital escocesa a un grupo de distinguidos músicos de los países centroeuropeos arrasados por el conflicto. Quiso el azar que, por las mismas fechas, ocho grupos de teatro llegaran a Edimburgo sin que nadie los hubiera invitado y empezaran a actuar en los más insólitos e improvisados escenarios de la ciudad. Al año siguiente, un crítico teatral definió esta iniciativa como la «versión marginal del festival de teatro oficial» empleando para ello la palabra *fringe*, que significa literalmente «flequillo» y que se aplica en lengua inglesa a las manifestaciones culturales y artísticas de carácter alternativo o experimental. Pues bien, estas declaraciones fueron en cierto modo la carta fundacional del Edinburgh Fringe Festival, cuyo nombre y espíritu quedó así definido. Hoy en día, el Festival es, con bastante diferencia, el mayor certamen de artes escénicas y musicales que se celebra en todo el mundo y sigue siendo uno de los principales atractivos turísticos de Edimburgo.

Para el visitante que se deja caer por aquí por primera vez, la cantidad de actuaciones que hay por estas fechas, es algo que puede llegar a aturdirle. Prácticamente todas las formas de arte escénico y entretenimiento se representan en algún lugar, y en la alineación diaria se mezclan estrellas de fama mundial con cantantes de pub. Durante el Festival, puede resultar difícil encontrar alojamiento, conseguir entradas para un determinado espectáculo, reservar mesa en un restaurante o sencillamente cruzar la ciudad. A veces «echarlo a suertes», es lo único que se puede hacer a la hora de elegir los espectáculos, por lo que tal vez le toque asistir a un verdadero bodrio, aunque tiene las mismas probabilidades de toparse con una gran genialidad. En todo caso, lo que no podrá evitar es querer hacer demasiadas cosas, quedarse levantado hasta demasiado tarde o gastar más dinero de la cuenta. Ahora bien, como le dirá la mayoría de los asiduos al Festival, si no comete todos estos pequeños excesos, no lo vivirá en profundidad.

Conviene saber que las fechas, locales, representaciones, bares de moda y temas de actualidad del Festival cambian de un año para el otro. Pero, evidentemente, la **naturaleza impredecible** de este festival es uno de sus principales encantos. Por tanto, si bien es cierto que la información contenida en este capítulo le ayudará a orientarse en muchos aspectos, lo mejor será que se prepare simplemente para aceptar y disfrutar de lo inesperado.

EDINBURGH INTERNATIONAL FESTIVAL

El legado de Rudolf Bing se tradujo en el papel protagonista que a lo largo de muchos años desempeñó la ópera en el **Edinburgh International Festival** (también conocido como «el Festival oficial»). Si bien es cierto que en los años ochenta el Festival se abrió a una miscelánea cultural más amplia que abarcó el teatro, el ballet, la danza y la música clásica, no lo es menos que sigue siendo en buena medida un acontecimiento selecto, un bocado para paladares refinados que apenas si admite incursiones en el terreno de lo popular. El Festival se defiende de las inevitables acusaciones de elitismo cultural señalando sus ingentes beneficios de taquilla. Y lo cierto es que atrae a verdaderas estrellas internacionales, personajes de la talla de Vanessa Redgrave o Simon Rattle, así como las mejores orquestas y compañías de ópera, teatro y ballet del mundo. Las actuaciones suelen tener lugar en los escenarios más importantes de la capital, como el Usher Hall y el Festival Theatre, y si bien es cierto que los precios de las entradas para los espectáculos más concurridos pueden superar las 35 libras, también es posible asistir a uno bueno por 10 libras o incluso menos. Eso sí, las entradas para las actuaciones más esperadas suelen agotarse a los pocos días de haber salido a la venta.

Desde 1999, el Festival Internacional de Edimburgo ha fijado su cuartel general en **The Hub** (véase pág. 28), al pie del castillo, en el cruce de la Milla Real y Johnston Terrace. En esta iglesia, reconvertida con mucha imaginación, abren sus puertas durante todo el año un centro de información y una taquilla de venta de entradas para el Festival internacional y otros muchos acontecimientos que tienen lugar en la capital escocesa los demás meses del año. Si se desea más **información** —incluido el programa anual de espectáculos, que se publica en abril— póngase en contacto con The Hub, Edinburgh's Festival Centre, Castlehill, Royal Mile, Edinburgh EH1 2NE (©0131/473 2000; *www.eif.co.uk/thehub*).

El sitio de Internet *www.edinburghfestivals.co.uk* es muy útil y ofrece enlaces con las páginas web de los principales festivales de Edimburgo, incluidos los que se celebran antes y después de agosto.

EDINBURGH FESTIVAL FRINGE

Aunque se lo sitúa al margen de los festivales que se celebran por estas mismas fechas en la capital escocesa, el **Edinburgh Festival Fringe** es sin lugar a dudas el acontecimiento artístico que tiene mayor poder de convocatoria de todo el mundo, ya que cada año presenta más de 15.000 actuaciones llevadas a escena por más de 600 compañías. Se trata de un magno acontecimiento en el que se dan cita más de

10.000 participantes llegados de todos los rincones del planeta. El Festival se nutre a diario de una cifra que se aproxima a los 1.500 espectáculos que se suceden de forma ininterrumpida a lo largo de las 24 horas del día en 200 escenarios repartidos por toda la ciudad. Los grandes nombres que conforman el cartel del Festival internacional «oficial» refuerzan la credibilidad cultural del Festival en su conjunto, pero son las funciones que integran este certamen alternativo las que llenan las calles de Edimburgo cada año y aportan a la ciudad su singular chispa de vitalidad.

Durante las tres primeras décadas de su existencia, The Fringe fue un festival relativamente minoritario dominado sobre todo por las representaciones teatrales que tenían como público a los estudiantes universitarios de Oxford y Cambridge y cazatalentos (a menudo integrados en la misma persona). Por lo tanto, no empezó a emerger realmente hasta fines de los años setenta, con el emplazamiento de las nuevas tendencias del arte escénico, sobre todo la comedia moderna, que a lo largo del siguiente cuarto de siglo se convirtió en sinónimo del Edinburgh Fringe. Hoy, este festival es el escaparate al que se asoman todos los que defienden cualquier nueva concepción escénica y llegan a Edimburgo para descubrir o hacer despegar su carrera artística. Ésta es la razón de que acudan a verlo muchas personas con la esperanza de atisbar los grandes talentos de hoy y de mañana.

El primer **Fringe Programme**, una publicación que contenía la programación del festival alternativo, apareció en 1951 como resultado de la brillante idea de un pintor local. Pero lo que entonces se limitó a un sencillo panfleto, hoy se ha convertido en una voluminosa revista abarrotada de información sobre la mayoría, aunque no la totalidad, de los espectáculos que integran el festival. En 1959, un grupo de artistas participantes fundó la **Fringe Society** para promover la divulgación del festival y coordinar los distintos espectáculos. Entre los principios fundadores de esta asociación se destaca sobre todo uno: el de no imponer ningún control artístico a todos aquellos que deseen llevar a escena un espectáculo. Este principio, que resume en sí mismo el espíritu del festival, aún sigue en vigor: cualquiera que pueda pagar la cuota de inscripción, puede participar. Esto explica que los espectáculos vayan de lo genial a lo execrable, y asegura, a la vez, un ambiente muy competitivo: una mala crítica en una publicación de renombre se traduce en un estrepitoso fracaso de taquilla. Muchos artistas desconocidos se tienen que conformar con una publicidad más directa y personalizada, por lo que se lanzan a las calles a interpretar los puntos álgidos de su espectáculo o a repartir folletos entre los transeúntes. Las actuaciones se suceden a lo largo de las 24 horas del día, por lo que si el cuerpo aguanta, es posible asistir a 20 espectáculos en una misma jornada.

El **programa completo** del Edinburgh Fringe Festival suele estar disponible a partir de junio en la Festival Fringe Office, Box YQ, 180 High Street, EH1 1QS (©0131/226 5257, *www.edfringe.com*). Se pueden **reservar entradas** por correo o por teléfono (©0131/226 5138) desde principios de julio, y durante el Festival se venden en la oficina de The Fringe (todos los días, 10-19 h), o en la taquilla del local donde tendrá lugar la función, así como en una serie de comercios repartidos por toda la ciudad; en los últimos años se han apuntado a la venta de entradas las librerías James Thin (53-59 Southbridge), Waterstones (83 George Street) y HMV (93 Princes Street).

El **precio de las entradas** para la mayoría de los espectáculos del Fringe Festival es de unas 5 libras, cantidad que asciende a 8-10 libras si la función tiene lugar en uno de los principales escenarios de la ciudad; en el caso de los espectáculos más renombrados incluso puede ser superior. En cuanto a la duración de las funciones, aunque a veces algunas se alargan un poco, no suelen durar más de 1 hora, lo que significa que, en un solo día de entusiasta asistencia al

Festival, se puede llegar a desembolsar fácilmente entre 40 y 50 libras.

El Festival internacional y el Festival Fringe no coinciden del todo: el primero se celebra las dos últimas semanas de agosto y la primera semana de septiembre, mientras que el segundo empieza una semana más tarde y termina el último fin de semana de agosto, que suele ser festivo en Inglaterra (pero no en Escocia).

TEATRO

Aunque los números de humor acaparan más titulares, el **teatro** en su forma más pura sigue formando el grueso de la oferta del Fringe Festival. Desde el primer momento, las producciones innovadoras y polémicas, maravillosas la mayoría de las veces, aunque siempre hay alguna espantosa, han marcado el contenido dramático de este festival alternativo. A fines de los años setenta, la obra *The Warp*, un drama épico que duraba 22 horas, llevado a escena por el director Ken Campbell, se erigió en el gran éxito de la temporada. Al mismo tiempo, en la obra *Rooting*, estrenada en el Traverse Theatre, aparecieron en escena unos cuantos cerdos. En el capítulo de los fiascos, cabe destacar *The Burning of Carthage*, una obra de seis horas de duración producida por un grupo de estudiantes de la universidad de Cambridge, que fue proclamada la peor de la historia del festival. Más recientemente, la trilogía *Glad, Mad and Bad,* en la que intervenían varios vagabundos de la ciudad recibió diversos premios, y en 1998, *Soldiers*, en la que participaban soldados reales, hubo de ser suspendida en el último momento porque uno de los actores fue llamado a filas y enviado a Bosnia. En cuanto a contenidos, el Fringe abarca todos los géneros y tendencias concebibles, de Molière a Berkoff, de Shakespeare a Beckett (no falla: todos los años alguien pone en escena *La última cinta*). Abundan las producciones universitarias y hay una fuerte presencia del teatro escocés, representado por dramaturgos como Liz Lochhead y actores como Russel Hunter. Algunas producciones se han visto ensalzadas por la elección de escenarios atípicos. Éste fue el caso de *Macbeth*, que se puso en escena en el Inchcolm Island, un islote situado en el fith de Forth, de *2001, una odisea en el espacio* a cuya representación asistieron los espectadores sentados en un automóvil del modelo Hillman Avenger. En la actualidad, el café que abre sus puertas en la parte posterior del delicatessen italiano Valvona and Crolla, en Elm Row, así como el Royal Botanic Garden de Inverleith, se cuentan entre los escenarios más populares del festival.

Una forma de ahorrarse dinero a la hora de comprar las entradas es aprovechar las ofertas «dos por uno», que por lo general se anuncian en las taquillas de los propios locales o en los periódicos de la ciudad.

COMEDIA

La comedia es la gran baza del Fringe. Hasta los años setenta, este festival alternativo representaba para muchos la oportunidad de dejar atrás los circuitos artísticos minoritarios para entrar por la puerta grande de la BBC o los teatros londinenses. Prueba de ello es el hecho de que grupos como Beyond the Fringe o Monty Python pasaran por Edimburgo antes de saborear las mieles del éxito televisivo. Aunque se siguen dando casos similares, en los años ochenta se vivió una verdadera explosión de talento y de oportunidades que vender, y el Fringe se convirtió en el semillero de toda una generación de nuevos humoristas, los entonces llamados «alternativos», que hoy trabajan en su mayoría para la BBC o el Channel 4 de la televisión británica. Grandes comediantes

Del Festival a la fama

Pocos son los humoristas británicos famosos que no hayan pasado en algún momento de su carrera por el Festival de Edimburgo. El caso más destacado es el de los intérpretes del satírico *Beyond the Fringe*, el espectáculo estrenado en 1960 en Edimburgo que lanzó al estrellato a Peter Cook, Jonathan Miller, Alan Bennett y Dudley Moore. Miller y Cook llegaron sin apenas experiencia del grupo de teatro universitario Cambridge Footlights, escuela en la que también se forjaron los talentos de todos los integrantes de Monty Python y The Goodies, a saber: David Frost, Germaine Greer, Richard Harris, Douglas Adams, Clive James, Griff Rhys-Jones, Stephen Fry y Emma Thompson. Desde las aulas de Oxford llegaron Rowan Atkinson y Mel Smith, mientras que los estudiantes de la Universidad de Manchester, Ben Elton, Rik Mayall y Adrian Edmondson, hicieron su debut sobre los escenarios de Edimburgo, en un espectáculo que llevaba por título *Twentieth Century Coyote*. Más tarde, se les unió una pareja que se hacía llamar The Outer Limits, compuesta por Nigel Planer y Peter Richardson, y el resultado de la fusión fue bautizado como The Young Ones.

El humorista Arthur Smith destacó por primera vez en la producción estudiantil *Hamalongayorick*; más tarde sus falsas visitas guiadas a la Milla Real, seguido de un inefable grupo de turistas, se convirtieron en toda una leyenda. El actor Robbie Coltrane actuó en *Slab Boys Trilogy,* originalmente estrenada en el Traverse, mucho antes de alcanzar la fama, mientras que la obra dramática *Red Runner* de Billy Connolly, incluida en el programa del Festival internacional, fue vapuleada por la crítica pero aclamada por el público. Entre las grandes celebridades de hoy que tuvieron su primera oportunidad en el Fringe Festival se incluyen asimismo Paul Merton, Jo Brand, Steve Coogan, Frank Skineer y la *drag queen* Lily Savage, aunque el festival también ha sido utilizado por varias estrellas de series televisivas para dar un giro a sus carreras, como es el caso de Nigel Pivaro *(Coronation Street),* Tom Watt *(Eastenders),* Dannii Minogue *(Home and Away)* y el más célebre de todos, Mark Little *(Neighbours).*

como Stephen Fry, Jeremy Hardy, Steve Coogan y Eddie Izzard estrenaron sus espectáculos en Edimburgo y vieron cómo sus carreras despegaban poco después. Al mismo tiempo, el éxito derivado del Perrier Award, que premiaba la nueva comedia, dio lugar a un fenómeno de simbiosis entre las empresas patrocinadoras y los artistas como sólo se había visto en el mundo del deporte.

A excepción de unos pocos representantes del teatro de variedades, todos los artistas que integran el mundo de la comedia en el Reino Unido —además de los muchos que llegan de otros países— actúan en un momento u otro del Festival Fringe. El plantel de artistas abarca desde los humoristas más conocidos a meros diletantes, que aguardan en la cola la oportunidad de contar un puñado de chistes malos en los escenarios menores y los pubes de la ciudad. Los artistas de mayor renombre actúan en el Assembly Rooms, el Pleasance o el Gilded Balloon, mientras que el verdadero «club de la comedia» de Edimburgo, The Stand, se ha convertido en los últimos años en una alternativa cada vez más viable. Busque los espectáculos conocidos como «Best of the Fest», que se celebran en las principales salas y que cuentan con la participación de los grandes humoristas del momento o la grabación en directo de espectáculos radiofónicos de la BBC como el célebre *Loose Ends.*

MÚSICA

Los amantes de la **música clásica** encontrarán, qué duda cabe, sobrados motivos para extasiarse ante el abundante número de recitales que se incluyen en el programa del Festival internacional. No obstante, el Fringe Festival también ofrece numerosos conciertos de música clásica a precios bastante más razonables. La Rehearsal Orchestra, que desde 1956 actúa durante un par de semanas en el que es posiblemente el espectáculo musical más antiguo del festival, ofrece recitales de calidad casi profesional. Fundada por excelentes músicos aficionados y aspirantes a intérpretes profesionales, esta orquesta toca a menudo las mismas piezas que conforman el repertorio sinfónico del Festival internacional (de ahí su nombre, Rehearsal Orchestra u «orquesta de ensayo»). El anual Festival of Youth Orchestras que se celebra en Tollcross reúne a varias formaciones sinfónicas jóvenes llegadas de todo el mundo y también suele dejar bien alto el listón de la calidad musical. Los melómanos con sentido del humor no deben perderse la actuación de la Really Terrible Orchestra («la orquesta verdaderamente terrible»), que ha causado verdadera sensación en las últimas ediciones del festival y agrupa a una serie de intérpretes aficionados —a menudo abogados y médicos— a los que se les concede la posibilidad de hacer realidad su sueño de tocar en una orquesta. Pese a sus denodados esfuerzos y a las horas de ensayo invertidas —que sí, que ensayan— el resultado es... francamente terrible.

Los amantes de la música folk, del pop con raíces escocesas y los sonidos alternativos deben seguir con atención la programación de Adam House (local sito en 5 Chambers Street, anteriormente conocido como The Famous Grouse House), que abrió sus puertas a fines de los años noventa para acoger conciertos de música folk —escocesa e internacional— y pop con sabor escocés. Por su parte, el Café Graffiti puede presumir de una intachable trayectoria de veinte años de divulgación de los más sublimes sonidos exóticos, aunque ahora mismo no dispone de local y su supervivencia pende de un hilo. Debido a su carácter nómada, el Famous Spiegeltent (una carpa de circo victoriana con estructura de madera) de vez en cuando tiene problemas para encontrar un sitio donde sentar sus reales durante el festival; ahora bien, cuando lo logra ofrece una interesante mezcla de géneros —con una ligera preferencia por los artistas australianos— en la que tienen cabida desde los más sesudos instrumentistas a los alegres dúos de banjo rasgueado.

Entre la oferta de música **pop** y **rock**, destaca el Flux Festival Flux, que en su relativamente corta andadura ha logrado aportar gran credibilidad a la oferta musical del Festival Fringe gracias a la contratación de grupos y solistas como Pulp, Nick Cave, Ivor Cutler, Howard Marks, The Fall, Orbital y Ken Kesey. El festival alternativo de Edimburgo ha sido testigo también del imparable ascenso de los **cantautores** independientes, abanderado por nombres ya consagrados como Tom Robinson, Ray Davies, John Otway o Paul Kelly.

Aunque los conciertos de **jazz y blues** del festival tienen lugar a principios de agosto (véase pág. 325), la verdad es que la actuación tardía de grandes nombres del género como Rory Gallagher o Alexis Korner, el padre del blues británico, hicieron historia en su día. Ahora bien, el más incombustible de todos es el actor y bluesman escocés de voz áspera Tam White, cuyos apoteósicos conciertos con la Celtic Groove Connection son el espectáculo más concurrido de la ciudad.

DANZA Y EXPRESIÓN CORPORAL

Desde los grandes éxitos de taquilla como *Tap Dogs, Gumboots* o el espectáculo del bailarín Will Gaines (que funde el claqué con el blues de su Harlem natal), pasando por compañías de danza moderna tan vanguardistas como The Kosh (o, en años pretéritos, Dancers Anonymous), hasta los espectáculos plenamente participativos como The Jiving Lindyhoppers, la **danza** constituye una modesta pero dinámica sección del programa del festival. Compañías como Trestle Theatre o Jim Rose's Circus contribuyen a desdibujar las líneas que separan el teatro gestual, el arte dramático puro, el circo y la comedia.

En su edición de 1999, el Festival Fringe asistió al inteligente maridaje de la danza y la gastronomía gracias al Bangladesh Festival of Food and Culture que tuvo lugar en el restaurante Raj del barrio de Leith. Y, tratándose de Escocia, no podían faltar, por supuesto, los *ceilidhs*, el baile tradicional escocés, que podrá ver fácilmente en los escenarios del Festival Fringe y en muchos locales más.

ARTES PLÁSTICAS

Lo cierto es que una vez que la capital escocesa se ha convertido en un gigantesco lienzo de llamativas formas y colores, a los artistas plásticos les cuesta mucho hacerse notar. Por fortuna, la sección del Festival Fringe dedicada a las artes plásticas lleva a cabo la encomiable tarea de apartar por unos momentos los ojos y oídos del visitante del bullicio que reina en las calles. Así pues, durante estos días, muchas de las galerías más importantes de la ciudad acogen exposiciones especiales, mientras que los artistas invitados, como los que componen el Glasgow Printmakers Workshop, sientan sus reales en cualquier rincón libre del centro de Edimburgo. Las nuevas tecnologías han dado pie a algunos espectáculos interactivos que levantan verdaderas pasiones, mientras los montajes artísticos que mezclan géneros y medios siguen gozando de buena salud (los del Bongo Club de New Street han sido los más aclamados de los últimos años).

ESPECTÁCULOS INFANTILES

La oferta para el **entretenimiento infantil** del Fringe abarca una amplia variedad de espectáculos, desde los interpretados por artistas que aspiran a trabajar —o de hecho trabajan ya— en programas infantiles de televisión, a los que consiguen que su joven público sienta unas irrefrenables ganas de abandonar el hogar paterno para unirse a una *troupe* de comediantes. Los mejores espectáculos del segundo tipo son los memorables musicales —a menudo galardonados— que lle-

Breve guía del Fringe

Las salas que acogen este festival de talante alternativo son The Assembly Rooms, The Pleasance y The Gilded Balloon.

El **Pleasance** (plano 3, I4) de ambiente menos frenético que el de otras salas alternativas, la oferta incluye desde piezas dramáticas de corte clásico a actuaciones de lo más estrafalario. El **Assembly Rooms** (plano 4, G6) es el gran escenario de las últimas producciones de las compañías teatrales de mayor renombre, como la Royal Shakespeare Company, y de actuaciones musicales y humorísticas de los artistas del momento. La principal sala del Fringe Festival dedicada al humor es **The Gilded Balloon** (plano 3, G4); allí se celebra el *Late and Live*, un espectáculo en vivo que empieza bien entrada la noche y por el que desfilan rostros famosos de la televisión y meros aspirantes.

En cuanto a las salas de aforo medio, The Southside, en 117 Nicolson Street (plano 2, H8), es un teatro de barrio que se ha convertido en trampolín de nuevos talentos. El cercano **Queen's Hall** (plano 2, H9) ofrece excelentes conciertos de jazz, blues y música clásica, y el **Adam House**, en Chambers Street (plano 3, G3), acoge la música tradicional escocesa.

El **Traverse Theatre** (plano 2, C7), vanguardista y selecto, es el tradicional propulsor de las nuevas tendencias. Menos chic, pero con una oferta teatral de calidad y enjundia intelectual, es el **Theatre Workshop** (plano 2, C3). El **Café Graffiti**, imán de actuaciones vanguardistas, estaba desahuciado y en busca de nueva sede en el momento de la impresión de esta guía, pero sin duda sabrá hallarla como ha hecho en sus veintitantos años de andadura. **The Famous Spiegeltent**, igualmente errante, es el contrapunto a la vitalidad nocturna con sus terapias alternativas y música relajante diurna.

va a escena la compañía National Youth Music Theatre. Para los más pequeños se organizan también espectáculos de marionetas, payasos, las tradicionales *pantomimes* (comedias musicales basadas en cuentos populares), números de magia y piezas de teatro infantil. En la mayoría de los casos, estas funciones tienen lugar por la mañana.

OTRAS ACTIVIDADES

Además de todos los espectáculos incluidos en el programa oficial, el Fringe acoge una serie de actividades paralelas: numerosos talleres diurnos, clases magistrales, encuentros, fe-

Puntos álgidos del Festival Fringe

El festival alternativo de Edimburgo organiza cada año dos grandes acontecimientos que infaliblemente atraen a una gran masa de lugareños y visitantes. El primero de estos grandes espectáculos, el **Fringe Sunday**, se celebra el primer domingo del festival, se prolonga durante todo el día y tiene por escenario Holyrood Park. Se trata de un desfile festivo que tiene un poco de carnaval y un mucho de circo, en el que los espectadores tienen ocasión de atisbar en qué consistirán muchos de los espectáculos programados. El segundo de estos grandes festejos es el **Fireworks Concert** o «concierto pirotécnico», que tiene lugar ya bien entrada la noche del último sábado del Festival internacional. La Scottish Chamber Orchestra interpreta versiones de los grandes clásicos del pop desde Ross Bandstand, en el quiosco de Princes Street Gardens, acompañada por un fenomenal despliegue de fuegos artificiales que ilumina el cielo por encima de las murallas del castillo. Cientos de miles de personas se asoman a las mejores atalayas de la ciudad —entre las que destacan Calton Hill e Inverleith Park, en Stockbridge— para contemplar este fabuloso espectáculo de luz y sonido.

rias, conferencias y visitas guiadas, debates en torno al teatro, cursos de administración teatral, lecturas de poesía y foros de discusión (incluido el Fringe Society's Annual General Meeting), amén de una amplia oferta de actividades destinadas a satisfacer mente, cuerpo y espíritu, desde las sesiones de meditación a las terapias alternativas.

EDINBURGH INTERNATIONAL FILM FESTIVAL

El **Edinburgh International Film Festival** se celebra las dos últimas semana de agosto, por lo que su clausura suele coincidir con la del Festival Fringe. Se trata del festival cinematográfico más antiguo del mundo y desde que se inauguró en 1947, año en que también comenzaron su andadura los festivales internacional y alternativo de Edimburgo, jamás ha interrumpido ninguna edición. El certamen cinematográfico de la capital escocesa puede presumir, además, de una distinguida trayectoria en la divulgación del cine más vanguardista del momento —en sus pantallas se dieron a conocer modestas producciones, como *Mi hermosa lavandería (My beautiful laundrette)* o *El amor está en el aire (Strictly ballroom)*, que pronto se convertirían en grandes taquillazos, y desde sus salas de proyección se han lanzado propuestas tan arriesgadas como el polémico *El proyecto de la bruja de Blair (Blair witch project)*. No obstante, no olvidemos que el jurado del festival tampoco tiene remilgos a la hora de premiar a los grandes directores del cine estadounidense, como Stephen Spielberg y Woody Allen.

El festival de cine de Edimburgo ofrece la oportunidad de ver algunos de los grandes éxitos cinematográficos de la temporada antes de que se estrenen en las salas comerciales, así como una variopinta y estimulante selección de reestrenos y nuevas versiones. Para quienes viven del séptimo arte, es también un importante punto de encuentro en el que se celebran debates, seminarios y talleres, aderezados por la presencia de estrellas de Hollywood que animan el cotarro en las fastuosas fiestas que suceden a los estrenos. La mayor parte de la acción se reparte entre los cines Filmhouse, ABC y Cameo y el Sheraton Hotel de Lothian Road. Un encantador contrapunto a la faceta más comercial y grandilocuente del festival es la presencia de La Cinerama, una de las salas de proyección más pequeñas del mundo, instalada en la parte posterior de un camión que sigue de cerca las actividades del festival cinematográfico.

Entradas e información en la principal sala de proyección, el Filmhouse, 88 Lothian Road, EH3 9BZ (©0131/228 2688; *www.edfilmfest.org.uk*). El programa suele hacerse público a finales de junio.

EDINBURGH INTERNATIONAL BOOK FESTIVAL

El **Edinburgh International Book Festival**, cuya primera edición se celebró en 1983, tiene lugar cada año durante las dos últimas semanas de agosto. Este gran escaparate del universo de las letras, la mayor feria literaria del mundo, se celebra en el interior de una serie de carpas instaladas en el hermoso entorno de Charlotte Square y acoge tertulias, lecturas y actos de firma de libros que cuentan con la participación de un sinfín de autores de primera fila, así como foros de discusión y talleres sobre tantos temas como libros hay. Los escritores autóctonos de mayor renombre, como Iain Banks, Ian Rankin o A. E. Kennedy no suelen faltar a su cita anual con la feria, mientras que la nómina de autores visitantes incluye algunos de la talla de Doris Lessing, Louis de Bernières, Ben Okri, John Updike y Vikram Seth. De vez en cuando, uno se puede topar, además, con alguna que otra degustación gastronómica organizada por famosos chefs que han venido a promocionar su último libro, así como espectáculos musicales con sabor literario que se celebran ya bien entrada la noche y numerosas actividades para los niños. La feria cuenta también con su propio café y, por supuesto, con una librería en la que todos los visitantes encontrarán un libro a su medida.

Para más **información**, diríjase al Scottish Book Centre, 137 Dundee Street, EH11 1BG (✆0131/228 5444; *www. edbookfest.co.uk*).

EDINBURGH INTERNATIONAL TELEVISION FESTIVAL

El **Edinburgh International Television Festival** es en esencia un acontecimiento de carácter minoritario en el que se reúne la industria de la televisión en Gran Bretaña para hacer balance de todo un año de actividad. Su apretado programa de conferencias, seminarios y fiestas se celebra durante el fin de semana festivo que marca el ecuador del Festival. La agenda oficial se divulga en el transcurso de la prestigiosa McTaggart Lecture, conferencia inaugural que cada año pronuncia alguna veterana celebridad del mundo de la televisión. Sin embargo, la acción de verdad tiene lugar en el bar del *George Hotel*, donde productores, jefes de programación, actores, presentadores y aspirantes a cualquier cargo en la tele compran, venden y pujan como si les fuera la vida en ello. Ahora bien, que se celebre el Television Festival en estas fechas no es algo casual, ya que refuerza el carácter de «escaparate» y plataforma de lanzamiento que en sí impregna el Fringe. De hecho, es tal la influencia de esta feria en la programación televisiva de la siguiente temporada que se suele decir que si alguien lanzara una bomba en George Street durante la celebración del Television Festival, todas las pequeñas pantallas de Gran Bretaña se quedarían en blanco durante semanas.

Para **más información**, diríjase al Guardian Edinburgh International Television Festival, 2nd floor, 24 Neal Street, London WC2 9PS (✆0207/379 4519; *www.arena-digital. co.uk/geitf-welcome.htm*).

Guía para despistados

Además del programa oficial que publican los diversos festivales, hay una serie de publicaciones que ofrecen información útil sobre los actos que tienen lugar día tras día a lo largo del Festival. *The Guide*, publicada a diario por el Fringe Office, es una relación cronológica de todos o casi todos los espectáculos previstos para ese día. Es posible obtener esta publicación de forma gratuita en la propia oficina del Festival o en otros cientos de lugares repartidos por la ciudad. Entre los periódicos locales, *The Scotsman* es el que realiza un seguimiento más exhaustivo del Festival y publica un excelente suplemento diario con reseñas de los diversos actos. Su sistema de calificación de los espectáculos y la polémica sección *Page of Shame* —«la página de la vergüenza», un resumen de los grandes bodrios de la semana según los críticos de la casa— siempre dan mucho que hablar. *The Herald*, publicado en Glasgow, también informa con bastante detalle de lo que se cuece en el Festival. La mayoría de los diarios londinenses se hace eco asimismo de los principales actos del Festival, sobre todo *The Guardian*, que publica un suplemento diario con reseñas incluidas, sólo disponible en Edimburgo. Muchos de los periódicos «serios» patrocinan por lo menos uno de los grandes espectáculos o galardones del certamen. Pero si lo que busca es una visión local, el *Edinburgh Evening News* publica un riguroso resumen de todo lo relacionado con este evento.

De los semanarios destaca *The List*, que ofrece la cobertura más profunda y exhaustiva del Festival, aunque publicaciones como *The Stage* y *Time Out* también son de utilidad. Por lo que respecta a la música, *The Gig Guide* es una publicación mensual que también informa de los conciertos de grupos locales ajenos al Festival y se distribuye en la mayor parte de los pubes de la ciudad.

La radio y la televisión también mantienen un seguimiento. **Radio Forth** (97.3 FM), la emisora independiente de Edimburgo, ofrece informaciones de última hora sobre descuentos en las entradas y la situación del tráfico, además de reseñas y entrevistas con los artistas participantes. **BBC Radio Scotland** (94.3 FM y 810 MW) y **BBC2 TV** se encargan de cubrir el lado más fastuoso del Festival, mientras que el **Festival Revue** es un programa que se emite en directo durante 12 horas al día desde Princes Street Gardens y también a través de Internet *(www.festivalrevue.com)* y de la televisión por cable. Además, en los momentos álgidos, llega por vía satélite a puntos alejados de Edimburgo, y a la gran pantalla expresamente instalada en el Covent Garden de Londres.

EDINBURGH INTERNATIONAL JAZZ AND BLUES FESTIVAL

El **Edinburgh International Jazz and Blues Festival**, que solía coincidir con otros festivales, hoy se celebra justo la semana anterior a la inauguración del Fringe —es decir, durante la primera semana de agosto— y va introduciendo sutilmente el espíritu festivo en la ciudad mediante un completo programa de conciertos en numerosos locales de ambiente muy variado. Al igual que otros festivales, éste ha ido cobrando una importancia cada vez mayor a lo largo de los años, y lo que en un principio no fue más que un modesto festival al aire libre, en la actualidad se ha convertido en la cita más trascendente de un variopinto abanico de generaciones y estilos musicales unidos bajo el doble estandarte del jazz y el blues. El variado y dinámico panorama jazzístico escocés siempre goza de una representación especialmente nutrida, y los clubes de ambiente bohemio que permanecen abiertos hasta altas horas de la madrugada sirven de complemento a los conciertos de mayor calado, protagonizados por grandes estrellas internacionales. Por los escenarios del Edinburgh Jazz and Blues Festival han pasado músicos de la talla de B. B. King, Bill Wyman, Dizzy Gillespie, Dave Brubeck, Van Morrison, Carol Kidd y la Blues Band, y muchos otros. Entre los espectáculos más vistosos y concurridos del festival destacan el «Jazz On A Summer's Day», una serie de conciertos celebrados al aire libre, en Princes Street Gardens, y un colorido desfile callejero que evoca el ambiente de Nueva Orleans.

A fines de mayo ya se puede adquirir el **programa** del festival en 29 St Stephen's Street, EH3, 5AN (©0131/ 225 2202; *www.jazzmusic.co.uk*).

THE MILITARY TATTOO

En el espectacular escenario de la explanada del castillo de Edimburgo tiene lugar el desfile militar conocido como **The Military Tattoo**, el espectáculo del Festival que los turistas reconocen al instante y que podría definirse como un ostentoso despliegue de orgullo y pompa castrense. Año tras año, desde que se celebró por primera vez hace ya más de medio siglo, los ejercicios coreografiados, la nutrida banda de gaitas escocesas, los estandartes sostenidos en alto y las enérgicas recreaciones de batallas, así como los bailes tradicionales y el espectáculo pirotécnico que cierra el desfile, han atraído y encandilado a un público muy numeroso. El punto álgido de esta ceremonia que apenas si ha cambiado a lo largo de los años llega con un solo de gaita interpretado desde las almenas del castillo, al que sigue una breve salva de fuegos artificiales (el espectáculo pirotécnico del sábado es más largo y vistoso).

Imprescindible reservar las **entradas** con antelación, y mejor llévese un cojín para las posaderas, así como un paraguas o chubasquero. Venta de entradas e información en The Tattoo Office, 32 Market Street, EH1 1QB (©0131/225 1188; *www.edintattoo.co.uk*).

EL EDINBURGH MELA

El **Edinburgh Mela**, suerte de festival dentro del festival, se celebra en el Meadowbank Stadium —saliendo de London Road, justo al norte de Holyrood Park— durante la primera semana de septiembre, coincidiendo con la clausura del Festival internacional. Este festival fue inaugurado a mediados de los años noventa por la comunidad de inmigrantes del sureste asiático. La palabra *mela* viene del sánscrito, significa «reunión» y se emplea en el subcontinente asiático para hacer referencia a numerosos actos y fiestas comunitarios. En Edim-

Decálogo de supervivencia

1. Todo el mundo está igual de apabullado que usted por la inmensidad de la oferta, así que confíe en su propio criterio y láncese a la aventura.

2. Hágase la idea de que no podrá ver todo lo que suena bien, tiene pinta de estar bien o le han dicho que está bien. Pero mejor que quedarse dos horas paralizado por la indecisión es salir a ver algo, sea lo que sea. Todo el que asiste al Festival ha pasado alguna vez por el doble suplicio de tener que aguantar un perfecto tostón mientras el espectáculo al que ha estado a punto de ir en lugar de ése recibe el aplauso entusiasta de la crítica, las entradas para verlo se agotan durante tres semanas, emprende una gira a escala nacional e inspira una innovadora e hilarante serie de televisión.

3. No se agote. A veces, los mejores espectáculos pasan totalmente desapercibidos, y además Edimburgo ofrece al visitante numerosas actividades lúdicas al margen del Festival, algunas de ellas gratuitas, como escalar la cima del Arthur's Seat y contemplar el bullicio que reina allá abajo, en las calles de la ciudad.

4. El clima de agosto en Edimburgo es de lo más impredecible —puede llover a cántaros o hacer un sol de justicia— así que téngalo en cuenta a la hora de preparar el equipaje.

5. Aunque calcule bien lo que se quiere gastar y trate de atenerse a eso, cuente con algún que otro despilfarro, ya que ocasiones tentadoras no le faltarán, y algunas valdrán la pena.

6. No se empeñe en ver a las grandes estrellas que acuden al Festival: ya lo hará en la tele, y además puede estar seguro de que en Edimburgo no faltan personas y lugares bastante más interesantes que contemplar.

7. No se moleste en ir a ver ningún espectáculo que se anuncie en el cartel como *searing* (algo así como «bombástico»): será un espanto, seguro.

8. No se siente en primera fila en las actuaciones de los humoristas, a menos que no le importe convertirse en parte de los chistes.

9. Trate de respetar sus horas de sueño, aunque sea echando una cabezadita durante el día. Los horarios del Festival se parecen más a los de España y otras latitudes meridionales que a los habituales horarios británicos. Quienes no sean capaces de trasnochar se perderán la mitad de la diversión.

10. Numerosas personas de toda condición y pelaje le ofrecerán consejos, recomendaciones, decálogos de supervivencia, etcétera. Haga caso omiso de todos y aténgase al punto número uno.

burgo, este festival se vive como una celebración de la diversidad cultural: música, bailes, gastronomía, ferias, desfiles de moda, deportes, actividades infantiles, artesanía y un seminario de orientación profesional para los más jóvenes se dan cita en un ecléctico programa de actos concebido para despedir con una gran sonrisa la temporada. Para **más información**, diríjase a The Edinburgh Mela, 14 Forth Street (☏0131/557 1400; *www.edinburgh-mela.co.uk*).

EL EDINBURGH MELA

Calendario de acontecimientos

A unque el Festival de Edimburgo representa una orgía cultural de proporciones tan enormes que es difícil compararlo con nada, eso no significa que los restantes 11 meses del año, Edimburgo se convierta en un páramo desolado. Además de la oferta habitual de arte y entretenimiento, la ciudad celebra un buen número de **acontecimientos anuales** dignos de mención, entre los que destaca la célebre y desenfrenada fiesta de Hogmanay (Nochevieja), diversos acontecimientos deportivos de alcance internacional y un buen puñado de festivales dedicados a la música popular, la ciencia y la cerveza.

ENERO

Hogmanay

La celebración del cambio de año en la capital escocesa, conocida como **Edinburgh's Hogmanay**, se traduce en una serie de festejos que se prolongan durante toda una semana y culminan en la medianoche del 31 de diciembre (para entradas e información, diríjase a The Hub; ©0131/473 2000), cita ine-

El Hogmanay en Edimburgo

En Escocia, la celebración del **Hogmanay** o Nochevieja supone, mucho más que en otras partes de Gran Bretaña, una oportunidad de oro para soltarse la melena y montar un buen jolgorio. El origen de esta tradición se remonta al siglo XVI, cuando los padres de la Iglesia protestante veían con malos ojos la celebración de la Navidad debido a su vínculo con las festividades paganas del solsticio de invierno. De hecho, hasta una fecha tan reciente como los años cincuenta, muchas tiendas de Escocia abrían sus puertas el día de Navidad. Así las cosas, la Nochevieja se presentaba como la alternativa natural de celebración, una oportunidad para salir a la calle y olvidarse de las cuitas de todo el año, y no deja de ser irónico que la fiesta alcanzara su apogeo en Edimburgo, donde John Knox preconizó con fervorosa devoción la estricta moral protestante.

Al principio, las celebraciones callejeras de Año Nuevo eran algo espontáneo, y no fue hasta el año 1993 cuando se organizó la primera fiesta oficial del Hogmanay, tres días de celebraciones a los que asistieron cerca de 50.000 personas. Pronto se corrió la voz, y la fiesta fue creciendo hasta alcanzar proporciones legendarias, como lo demuestra el hecho de que la Nochevieja de 1995 se reunieran en las calles de Edimburgo cerca de 300.000 personas. Las aglomeraciones, sobre todo en la gran arteria de la ciudad, Princes Street, se convirtieron en un serio problema, por lo que en 1996 las autoridades instauraron un sistema de pases gratuitos que limitaba a 180.000 el número de personas congregadas en el centro de la ciudad. Aunque esta medida fue necesaria, todo parece indicar que ha traído consigo una tendencia a comercializar las celebraciones: la perspectiva de asistir a la «procesión de las antorchas del Banck of Scotland» quizá no resulte especialmente estimulante, pero siempre hay bastante bullicio en distintas partes del centro como para convertir la Nochevieja de Edimburgo en una fiesta inolvidable, evocadora de latitudes más meridionales, en la que las calles se llenan de gente en busca de diversión. La noche llega a su apogeo cuando suenan al fin las doce campanadas y los fuegos artificiales se derraman desde el cielo sobre el castillo de Edimburgo ante la mirada extasiada de la multitud.

ludible donde las haya para quienes pretendan recibir el nuevo año en Edimburgo. Durante los días de celebración previos a la gran fiesta, vale la pena visitar la pista de hielo de Princes Street Garden, que recuerda a la del neoyorquino Central Park, así como la feria de Waterloo Place y la procesión de antorchas que recorre Princes Street, amén de numerosos conciertos y bailes tradicionales escoceses que se celebran bien entrada la noche. En Nochevieja, la mayor parte de las calles del centro de la ciudad se cierran al tráfico y se convierten en improvisados escenarios al aire libre en los que actúan, ante un público de 200.000 personas, grupos musicales de gran renombre. El ambiente se va caldeando al ritmo de la música hasta llegar al momento más esperado de la noche, cuando un espectáculo pirotécnico fenomenal ilumina todo el cielo desde el castillo y anuncia la llegada del año nuevo.

Las acuarelas de Turner

Enero (cuando la luz es más débil) es el único mes del año durante el cual se puede contemplar la soberbia colección de acuarelas de Turner que se conservan en la National Gallery, en el Mound (véase pág. 98). La entrada es gratuita.

FEBRERO/MARZO

Rugby Internationals

La selección escocesa de **rugby** participa en la Liga anual de las Seis Naciones, en la que se enfrenta a Inglaterra, Francia,

Irlanda, Italia y País de Gales. Todos los años se celebran por lo menos dos partidos de liga en el Murrayfield Stadium, situado al oeste de Edimburgo. El estadio tiene capacidad para unos 65.000 espectadores, y cuando se llena, el ambiente es verdaderamente formidable. Las entradas para estos partidos se agotan en un visto y no visto (para adquirirlas, póngase en contacto con la Scottish Rugby Union, 7-9 Roseburn Street; ☏0131/346 5000).

Puppet and Animation Festival

En marzo se celebran diversos espectáculos de este tipo en el centro de Escocia. En Edimburgo, suelen tener por escenario el Netherbow Theatre.

ABRIL

Edinburgh International Science Festival

Edimburgo está muy vinculado con el mundo de la ciencia. Nombres tan ilustres como John Napier, inventor del logaritmo, James Clerk Maxwell, el «padre de la electrónica», y James Hutton, fundador de la geología moderna, residen (o solían hacerlo) en la capital escocesa, que es además la ciudad natal de Alexander Graham Bell, inventor del teléfono. Esta tradición de interés por lo científico contribuyó en buena medida a la creación, a mediados de los años ochenta, del **Edinburgh International Science Festival** (☏0131/530 2001), cuyo prestigio ha ido en aumento a lo largo de los años y que acoge una amplia variedad de actividades, desde sesudas conferencias sobre los campos de investigación más innovadores a exposiciones interactivas destinadas a los niños.

Shoots and Roots

Festival de música folk que se celebra en abril y en noviembre (☏0131/557 1050) y que acoge, durante un fin de semana largo, las actuaciones de intérpretes escoceses y extranjeros de este género musical, diseminadas en locales grandes y pequeños de la ciudad.

MAYO

Beltane Fire Festival

Beltane es el nombre que recibía entre los **celtas** la celebración de la primavera, que tenía lugar a principios de mayo. Un inconfundible aire New Age impregna hoy estos festejos que tienen por escenario la colina de Calton Hill en la noche del 30 de abril al 1 de mayo, y cuyas notas dominantes son las hogueras y los rostros teñidos de azul. Algunos lugareños respetan la tradición popular de enjuagarse el rostro con el rocío del Arthur's Seat al despuntar el alba del día 1 de mayo.

Scottish International Children's Festival

El **Children's Festival** (©0131/225 8050) es una suerte de Festival de Edimburgo en miniatura, concebido especialmente para deleite de los más pequeños, que incluye un buen puñado de actividades —lecturas de libros, espectáculos de magia, mímica y títeres— repartidas por distintos puntos de la ciudad.

JUNIO

Beer Festival

La **feria de la cerveza** de Edimburgo se celebra en la Caledonian Brewery (42 Slateford Road), una de las mejores fábricas de cerveza independientes de Escocia. No se pierda la excelente 80 Shilling de la casa, ni la IPA (India Pale Ale), vencedora de un certamen en el que hubo de medirse con una apabullante selección de *real ales* llegadas de todos los rincones de Gran Bretaña.

Gay Film Festival

El Filmhouse acoge durante el mes de junio una muestra de **cine gay** en la que se proyectan cintas llegadas de todo el mundo (℡0131/228 2688).

Royal Highland Show

Gran **feria agropecuaria** que se celebra en la localidad de Ingliston, a poca distancia del aeropuerto. Se exponen cabezas de ganado premiadas y toda suerte de maquinaria agrícola; también hay una gran variedad de demostraciones que van, desde la elaboración de la mantequilla al salto hípico. Verá botas de agua y todoterrenos a montones, pero también boinas y cayados de pastor.

AGOSTO

Festival de Edimburgo

Para mayor información acerca del mundialmente célebre Festival de Edimburgo, consulte el capítulo anterior.

SEPTIEMBRE

Open Doors Day

Una oportunidad única para visitar una serie de edificios de gran interés histórico y arquitectónico que, en su mayoría, permanecen cerrados al público el resto del año. De un tiempo a esta parte, se han sumado a la jornada de puertas abiertas varias casas particulares de la Ciudad Nueva, antiguas iglesias en desuso, la Central Mosque o mezquita central y la maravillosa Signet Library. Por lo general, estas jornadas se celebran el último o penúltimo fin de semana de septiembre. Consultar los folletos disponibles en los edificios públicos o ponerse en contacto con Cockburn Association (℡0131/557 8686).

French Film Festival

Durante este mes, el Filmhouse ofrece una cuidada selección de viejos clásicos y nuevos títulos del **cine galo** (✆0131/228 2688).

Shoots and Roots

Edición otoñal de este animado festival de música folk (para más detalles, véase el mes de abril, en págs. 332-333).

Información práctica

AGENCIAS DE VIAJE USIT/Campus Travel (especializada en descuentos para jóvenes y estudiantes), 53 Forrest Road (✆0131/225 6111) y 5 Nicolson Square (✆0131/668 3303); Edinburgh Travel Centre (especializada en descuentos para jóvenes y estudiantes), 196 Rose Street (✆0131/226 2019) y 3 Bristo Square (✆0131/668 2221). Si le apetece hacer una excursión en autocar de 3 o 6 días de duración a las Highlands, consulte las ofertas de Haggis Backpackers, 11 Blackfriars Street (✆0131/558 1177), o de MacBackpackers, 105 High Street (✆0131/558 9900).

ALQUILER DE VEHÍCULOS Arnold Clark, Lochrin Place (✆0131/228 4747); Avis, 100 Dalry Road (✆0131/337 6363); Budget, 111 Glasgow Road (✆0845/606 6669); Carnies, 46 Westfield Road (✆0131/346 4155); Europcar, 24 East London Street (✆0131/557 3456); Hertz, Waverley Station (✆0131/557 5272); Mitchells, 32 Torphichen Street (✆0131/229 5384); Thrifty Car Rental, 24 Haymarket Terrace (✆0131/313 1613).

AMERICAN EXPRESS 139 Princes Street (lun.-vier., 9-17.30 h; sáb., 9-16 h; ✆0131/225 9179).

BANCOS Bank of Scotland, Mound (oficina central), 38 St Andrew Square, 103 George Street; Barclays, 1 St Andrew Square; Cydesdale, 20 Hanover Street; Lloyds, 113-115 George Street; HSBC, 76 Hanover Street; NatWest, 80 George Street; Royal Bank of Scotland, 36 St Andrew Square; TSB, 109 George Street.

BIBLIOTECAS Central Library, George IV Bridge (lun.-jue., 10-20 h; vier., 10-17 h; sáb., 9-13 h; ℡0131/225 5584). Además de las secciones habituales, dispone de una abundante selección de autores escoceses y una sala exclusivamente dedicada a Edimburgo (Edinburgh Room) que es una verdadera mina de información acerca de la ciudad. La magnífica National Library of Scotland (George IV Bridge, lun.-vier., 9.30-20.30 h; sáb., 9.30-13 h; ℡0131/226 4531) sólo permite la consulta de sus fondos (no se admiten préstamos ni fotocopias) y para poder entrar hay que hacerse el carné. El acceso al edificio anexo conocido como Map Room, es menos restringido (33 Salisbury Place, lun.-vier., 9.30-17 h; sáb., 9.30-13 h).

CAMBIO DE DIVISAS Thomas Cook, 28 Frederick Street (lun.-sáb., 9-17.30 h; ℡0131/465 7600); en la oficina central de información turística hay una ventanilla de cambio de divisas (lun.-miér., 9-17 h; jue.-sáb., 9-18 h; dom., 10-17 h) y otra junto al andén 1 de la estación de ferrocarril de Waverley (jul.-agos., lun.-sáb., 7-22 h; dom., 8-22 h; sept.-jun., lun.-sáb., 7.30-21 h; dom., 8.30-21 h). Si necesita cambiar divisas a horas intempestivas, pruebe suerte en uno de los hoteles de lujo de la ciudad, pero seguro que le cobrarán una comisión bastante alta.

CENTRO DE APOYO A VÍCTIMAS DE VIOLACIÓN ℡0131/556 9437.

COMISARÍAS Y PUESTOS DE POLICÍA En caso de emergencia, llame al 999. También se puede dirigir a la comisaría central de la Lothian and Borders Police, Fettes Avenue (℡0131/311 3131) o a una de las comisarías locales de Charlotte Street, Leith (℡0131/554 9350), St Leonard's Street, Southside (℡0131/662 500) o Torphichen Place, West End (℡0131/229 2323).

CONSIGNAS En la estación de ferrocarril de Waverley (lun.-sáb., 7-23 h; dom., 8-23 h) y en la terminal de autobuses de St Andrew Square (lun.-sáb., 6.35-22 h; dom., 8-22 h).

CONSULADOS Alemania, 16 Eglinton Crescent (©0131/337 2323); Australia, 37 George Street (©0131/624 3333), Canadá, 30 Lothian Road (©0131/220 4333); Dinamarca, 4 Royal Terrace (©0131/556 4263); Estados Unidos, 3 Regent Terrace (©0131/556 8315); España, 63 North Castle Street (©0131/220 1843); Francia, 11 Randolph Crescent (©0131/225 7954); Italia, 32 Melville Street (©0131/226 3631); Noruega, 86 George Street (©0131/226 5701); Países Bajos, 53 George Street (©0131/220 3226); Polonia, 2 Kinnear Road (©0131/552 0301); Suecia, 22 Hanover Street (0131/220 6050); Suiza, 66 Hanover Place (©0131/226 5660).

CORREOS 8-10 St James Centre (lun., 9-17.30 h; mar.-vier., 8.30-17.30 h; sáb., 8.30-18 h; ©0345/223344).

ESTADIO DEPORTIVO El Meadowbank Sports Centre and Stadium, 139 London Road (©0131/661 5351) es el principal centro polideportivo de la ciudad y el lugar donde se celebran las grandes competiciones deportivas. Las instalaciones incluyen una pista de atletismo, un velódromo y varios espacios cubiertos.

FARMACIAS Boots, 48 Shandwick Place (lun.-vier., 8-21 h; sáb., 8-19 h; dom., 10-17 h; ©0131/225 6757) es la farmacia de la ciudad que permanece abierta durante más horas al día.

FÚTBOL Edimburgo cuenta con dos equipos de primera división, que juegan en casa un sábado sí y otro no. El estadio del Heart of Midlothian (también conocido como Hearts) es el Tynecastle Stadium (Gorgie Road, unos 3 km al oeste del centro), mientras que el estadio del Hibernian (o Hibs) es el Easter Road Stadium, que queda a una distancia similar del centro de la ciudad. Estos dos equipos fueron los protagonistas absolutos del fútbol escocés en los años cincuenta, pero desde entonces no han ganado más que algún trofeo de vez en cuando, si bien de forma periódica siempre parece que van a volver a ocupar los primeros puestos de las tablas de clasificación. Las entradas más baratas para asistir a los partidos de uno y otro club cuestan 12 libras.

GOLF Además de varios prestigiosos campos de golf privados, Edimburgo cuenta con buenos espacios públicos para la práctica de este deporte: se destaca por su calidad el campo de Braid Hills (℡0131/447 6666), y también los de Carrick Knowe (℡0131/337 1096), Craigentinny (℡0131/554 7501), Silverknowes (℡0131/336 3843) y Portobello, Stanley Street (9 hoyos; ℡0131/669 4361).

HOSPITALES Royal Infirmary, 1 Lauriston Place (℡0131/536 1000), dispone de un servicio de urgencias que permanece abierto las 24 h del día.

INVESTIGACIÓN GENEALÓGICA Scots Ancestry Research Society, 29a Albany Street (℡0131/556 4220); Scottish Genealogy Society, 15 Victoria Terrace (℡0131/220 3677); Scottish Roots, 16 Forth Street (℡0131/477 8214).

LAVANDERÍAS Capital Launderette, 208 Dalkeith Road, Newington; Sundial Launderette, 7-9 East London Street, Broughton; Tarvit Launderette, 7-9 Tarvit Street, Tollcross.

LÍNEAS AÉREAS British Airways, 32 Frederick Street (℡0345/222111); British Midland, aeropuerto (℡0131/344 5600); easyJet (teléfono de reservas ℡0870/600 0000); Ryanair (℡0541/569569).

OBJETOS PERDIDOS Aeropuerto de Edimburgo (℡0131/333 1000); comisaría central de la policía de Edimburgo (℡0131/311 3141); Lothian Regional Transport (℡0131/554 4492); Scotrail (℡0141/332 9811).

ODONTÓLOGOS En el National Health Service Line (línea de atención al ciudadano del servicio nacional de salud; ℡0800/224488) le dirán dónde se encuentra el consultorio dental más cercano. En caso de emergencia, acuda al Edinburgh Dental

Institute, Lauriston Place (℡0131/556 4913) o al Western General Hospital, Crewe Road South (℡0131/537 1338).

PISCINAS La capital escocesa dispone de una moderna piscina olímpica, la Royal Commonwealth Pool (21 Dalkeith Road; ℡0131/667 7211), y un número considerable de piscinas más antiguas, en Caledonian Crescent (℡0131/313 3964), Glenogle Road (℡0131/343 6376), 15 Bellfield Street, Portobello (℡0131/669 6888) y 6 Thirlestane Road (℡0131/447 0052).

PRENSA *The Scotsman* es el mejor diario de Edimburgo; en sus páginas se puede leer un resumen competente y cabal de las principales noticias de Escocia y del extranjero, con especial atención al mundo de la cultura. Su más directo competidor, el tabloide *Evening News*, sale a la calle alrededor del mediodía y cubre la actualidad local; ahora bien, el tabloide más leído de Escocia es el sensacionalista *Daily Record*. Los domingos, la mejor opción de entre la amplia gama de los llamados «periódicos serios» es el *Scotland on Sunday,* impreso en las mismas rotativas que el *Scotsman*, aunque se le da mejor la información artística y cultural que el resumen de la actualidad política.

RUGBY Los encuentros internacionales se disputan en el Murrayfield Stadium, a unos 3 kilómetros al oeste del centro urbano. Para más información sobre la venta de localidades, llame al estadio (℡0131/346 5000), aunque es muy complicado conseguir entradas para los grandes partidos.

EL CONTEXTO

Breve historia de Edimburgo	343
Edimburgo en el cine	354
Libros	357

Breve historia de Edimburgo

Primeros habitantes y Edad Media

La zona que hoy conocemos como Edimburgo ha estado habitada desde la Edad de Piedra, y más concretamente hacia el año 5000 a.C., cuando en ella se asentaron las primeras tribus de cazadores y pescadores, seguidas dos milenios más tarde por pueblos que vivían de la agricultura y el pastoreo. Éstos, a su vez, asistieron a la llegada de un pueblo de la cultura campaniforme, oriundo del continente europeo, que introdujo en la isla el trabajo del metal. La convivencia entre las distintas tribus no siempre fue pacífica, lo que dio pie al levantamiento de recias fortificaciones en la cima de volcanes extintos. Entre las construcciones defensivas de aquella época que han llegado a nuestros días destaca **Castle Rock,** cuyo evidente valor estratégico desempeñó un papel crucial en el florecimiento de la ciudad. A la vista de todo ello, no deja de ser curioso el hecho de que los romanos, cuyo imperio lindaba por el norte con la que sería más tarde la capital de Escocia, decidieran construir su fuerte junto a la orilla del mar, en Cramond.

Al parecer, el nombre de Edimburgo —originalmente Dunedin o Din Eidyn («fuerte de Edin»)— surgió entre las tribus que habitaban la zona en el siglo VI y, contrariamente a lo que durante largo tiempo se creyó, no guarda relación alguna con la figura del rey Edwin de Northumbria, cuyo reinado fue anterior a la **conquista de la región de Lothians** por parte de su pueblo, que tuvo lugar en el año 638 d.C. Edimburgo permaneció bajo control anglosajón hasta mediados del siglo X, cuando se rindió al ejército del rey Indulfo de Escocia.

Castle Rock fue el último bastión de los confines meridionales del país hasta el año 1018, cuando la victoria del rey Malcom I sobre el reino de Northumbria convirtió el río Tweed en la definitiva frontera con Inglaterra. Medio siglo más tarde, bajo el reinado de Malcom III y su esposa la reina Margarita —que abanderó la implantación del catolicismo en detrimento de las creencias célticas autóctonas— el castillo de Edimburgo se convirtió en una de las principales residencias de la corte escocesa. Seguramente por entonces empezó a surgir también en la pronunciada falda del monte sobre el cual se eleva el castillo, un primer núcleo de moradores que no tardó en conquistar la privilegiada condición de **burgo real**.

La importancia de Edimburgo fue en aumento durante el reinado de David I, hijo de Malcom y Margarita, que en el año 1128 fundó la abadía de Holyrood al pie de Castle Rock y poco después concedió a los monjes que la custodiaban permiso para crear un burgo independiente que habría de llamarse **Canongate**. David I ordenó asimismo la construcción de una iglesia consagrada a St Giles en el lugar que hoy ocupa la High Kirk of St Giles y una capilla en honor de su madre que aún hoy se puede contemplar en el punto más elevado de Castle Rock.

Las guerras de independencia (1286-1371) trajeron consigo tiempos convulsos para la ciudad, ya que el castillo era un objetivo primordial para cualquier ejército que pretendiera invadir Escocia desde el sur. A lo largo de este turbulento período, Edimburgo cayó sucesivamente en poder de los monarcas ingleses Enrique II, Eduardo I, Eduardo II y Eduardo III, si bien en todas y cada una de estas ocasiones volvió a manos escocesas, ya fuera por las armas o como parte de un tratado. En el año 1314, la victoria de Robert I Bruce en la batalla de Bannockburn puso fin a un período de continuas refriegas e inauguró un insólito período de estabilidad en la historia de Edimburgo. El comercio con el continente prosperó y en 1329 Bruce concedió a la ciudad una nueva carta de fuero por la que el municipio en su totalidad, y no sólo los burgos independientes que lo constituían, pasaron a ser vasallos de la corona. La nueva ciudad así nacida tuvo, además, jurisdicción sobre el puerto de Leith, cuyo desarrollo se impulsó para alejar el tráfico marítimo del ribereño burgo de Berwick-upon-Tweed, demasiado vulnerable desde el punto de vista estratégico. Este último caería bajo dominio inglés 4 años más tarde, y a partir de entonces cambiaría de manos un sinfín de veces. A lo largo de la siguiente centuria, la prosperidad que trajo consigo el comercio con otras naciones permitió a Edimburgo, a la sazón recién fortificada, afirmarse como la capital indiscutible de Escocia, residencia fija de la familia real y sede de las principales instituciones administrativas y jurídicas del país. Atrás quedaban siglos de penuria y convulsión.

El Renacimiento y la Reforma

Bajo el reinado de Jacobo IV, la ciudad vivió un efímero pero esplendoroso **período renacentista**, que se tradujo no sólo en la construcción de un nuevo palacio residencial junto a la abadía de Holyrood, sino también en la concesión de un fuero real al Colegio de Cirujanos de Edimburgo (el primero de la larga lista de gremios académicos y profesionales de la ciudad), y en la apertura de la primera imprenta de Escocia, augurio de la prolífica tradición literaria y editorial que habría de desarrollarse en años posteriores.

Esta era dorada tocó a su fin de forma abrupta en 1513, con la clamorosa derrota de los escoceses ante el ejército inglés en la batalla de Flodden, a la que habrían de seguir varias décadas de inestabilidad política. Atemorizados ante la perspectiva de que los soldados ingleses siguieran marchando hacia el norte tras la caída de Flodden, los ciudadanos de Edimburgo se apresuraron a levantar una muralla defensiva alrededor de la ciudad. Sin embargo, los ingleses no llegaron a Edimburgo y esta construcción no se completó hasta 1560, aunque la llamada **Flodden Wall** sería empleada para delimitar la extensión de la ciudad a lo largo de los siguientes 2 siglos, período en el que la población de Edimburgo aumentó de 10.000 a 30.000 personas, lo que obligó a construir edificios de viviendas cada vez más altos.

En 1542, los escoceses sufrieron otra humillante derrota a manos de los ingleses en la batalla de **Solway Moss**. La noticia de la derrota cayó como un mazazo en el ánimo del moribundo rey Jacobo V, y ni siquiera la buena nueva del nacimiento de su hija logró reanimar el espíritu del monarca, que fallecería el 14 de diciembre de 1542. El trono de Escocia quedó así en manos de la pequeña infanta María —coronada María I Estuardo y conocida popularmente como Maria, reina de Escocia— que a la sazón contaba tan sólo tres semanas de vida. Haciendo gala de su habitual astucia, Enrique VIII de Inglaterra trató de forzar el enlace real entre su hijo Eduardo y la infanta (mediante lo que se ha dado en conocer como *rough wooing* o «cortejo descortés»), lo que llevó a los escoceses a pedir ayuda a la corona francesa. Las tropas galas llegaron para defender la ciudad al tiempo que la joven reina era despachada a París como la prometida del delfín de Francia, el futuro Francisco I.

Si bien la ocupación gala permitió alejar la amenaza de la invasión inglesa, los propios franceses acabaron enemistándose con la población local, que había abrazado los preceptos religiosos de la **Reforma** protestante liderada por John Knox. En el año 1555, cuando se le permitió regresar del exilio, Knox se convirtió en ministro de la iglesia parroquial de Edimburgo, la High Kirk of St Giles, y no tardó en lograr que toda la ciudad se convirtiera a su radical doctrina calvinista. Una liga protestante conocida como Lords of the Cogregation (lores de la congregación) apeló a la protección de la reina Isabel I de Inglaterra, que no dudó en acudir en su auxilio. En el año 1560, los franceses fueron expulsados de la isla y Escocia, proclamada nación protestante.

Uniones políticas con Inglaterra

María Estuardo regresó del exilio francés en el año 1561, pero su fervorosa condición católica supuso la condena de su reinado a un mero interludio de tintes dramáticos que habría de concluir con la abdicación forzada de la reina en favor de su hijo Jacobo VI. Durante el reinado de éste, concretamente en el año 1582, se fundó la Universidad de Edimburgo, con lo que Escocia sumó ya cuatro instituciones de enseñanza superior, número que Inglaterra no pudo equiparar hasta bien entrado el siglo XIX. Sin embargo, las ambiciones dinásticas de Jacobo VI, que aspiraba a ocupar el trono de Inglaterra, habrían de acarrear consecuencias aciagas para la ciudad. Tras la unión de las coronas en 1603, cuando Jacobo VI sucedió a Isabel I —convirtiéndose así en Jacobo I de Inglaterra—, Edimburgo se vio de pronto completamente eclipsada por Londres. Aunque había prometido visitar la capital septentrional del reino cada 3 años, el primer y último viaje del nuevo monarca a la ciudad no se produjo hasta el año 1617.

En 1633, el hijo de Jacobo VI, Carlos I, llegó a Edimburgo para ser coronado rey, y poco después desencadenó una grave crisis al imponer la autoridad episcopal a la Iglesia presbiteriana de Escocia, con lo que Edimburgo se convirtió por primera vez en su historia en sede de un episcopado y la iglesia de St Giles en la catedral diocesana. A raíz de estos hechos, las grandes personalidades de la sociedad escocesa se reunieron para redactar un manifiesto de apoyo al protestantismo presbiteriano, el célebre **National Covenant**, que en el año 1638 suscribieron miles de ciudadanos de Edimburgo, así como importantes miembros de la nobleza, en el cementerio de Greyfriars. Cuando estalló la guerra civil inglesa, un ejército de fieles entregados a la causa presbiteriana fue enviado a luchar junto a las fuerzas leales a la corona. En 1650, las tropas de Cromwell marcharon sobre Edimburgo, destruyendo a su paso numerosos edificios emblemáticos de la ciudad, como el palacio de Holyroodhouse, la High School y la Greyfriars Kirk, entre otros. Tras la restauración de la monarquía, el hermano de Carlos II, Jacobo duque de York, se trasladó al para entonces ya reconstruido palacio de Holyroodhouse, pero cuando subió al trono de Gran Bretaña como Jacobo II de Inglaterra y VII de Escocia —y pese a la lealtad del pueblo escocés hacia la casa de los Estuardo— su manifiesta condición católica acabaría costándole la corona. En 1689, mientras el monarca huía a Francia, Guillermo III, holandés y protestante, fue aceptado a regañadientes como soberano al norte y al sur de la frontera angloescocesa.

A pesar de todas estas vicisitudes, Edimburgo conoció una importante expansión a lo largo del siglo XVII y asistió a un crecimiento demográfico que casi triplicó la población existente hasta alcanzar la cifra de 57.000 habitantes. En este período, la capital se reveló como un importante centro catalizador de los movimientos sociales y profesionales que bullían por doquier. En el año 1674, abrió sus puertas en Parliament Square la Advocates' Library o «biblioteca de Derecho» de la ciudad, ineludible punto de referencia para la profesión legal y fuente del saber en la que bebió lord Stair, autor de *Institutions of the Law of Scotland,* voluminoso tratado legal publicado en 1681 que aún hoy se considera la piedra angular de la jurisprudencia escocesa. Ese mismo año se constituyó en Edimburgo el Royal College of Physicians (Real Colegio de Médicos), mientras que en 1695 William Paterson fundó el Bank of Scotland, principal entidad bancaria del país, un año después de haber hecho lo propio en Inglaterra con la fundación del Bank of England, en lo que sería el primer gran paso hacia el desarrollo de Edimburgo como centro financiero internacional.

La muy traída y llevada **Acta de Unión** de 1707 supuso un nuevo golpe al prestigio político de Edimburgo, aunque la garantía de conservación del culto presbiteriano, de los sistemas legal y educativo y del estatuto especial de los burgos reales impidió que la ciudad se viera relegada a un mero papel provincial.

La Ilustración

Por paradójico que resulte, ya que la ciudad acababa de salir de un período de luchas intestinas y sufrido una importante pérdida de poder político frente a Londres, en la segunda mitad del siglo XVIII Edimburgo alcanzó el apogeo artístico y cultural que habría de convertirla en el faro de la **Ilustración** europea. La ciudad, internacionalmente contemplada —en palabras del novelista del siglo de las luces Tobias Smollett— como un «semillero de genios», se convirtió en el lugar de residencia de cerebros tan privilegiados como el filósofo e historiador David Hume, el científico James Hutton (fundador de la geología moderna) y de Adam Smith, padre de la economía política. Bajo el influjo de los ideales ilustrados y el liderazgo del dinámico alcalde George Drummond, la capital escocesa emprendió al fin la ampliación largamente postergada de sus lindes más allá de la insuficiente circunscripción medieval. En 1766, el diseño de una Ciudad Nueva (**New Town**) le fue adjudicado, tras la celebración de un concurso público, al arquitecto James Craig, que obtuvo así el visto bueno a su proyecto de levantar una cuadrícula de calles al norte de Castle Ridge. El resultado, una de las indiscutibles obras maestras de la arquitectura neoclásica en Europa, tuvo tan buena acogida que a principios del siglo XIX se edificaron extensiones independientes del proyecto original al norte, oeste y este del primer núcleo neoclásico.

La elevada reputación intelectual de Edimburgo se mantuvo hasta bien entrado el nuevo siglo, y el principal artista de la ciudad, sir Henry Raeburn, se encargó de inmortalizar los rostros de las figuras señeras del momento en una magnífica colección de retratos. La personalidad dominante de la última fase de esta era de esplendor fue el novelista y poeta **sir Walter Scott**, cuya influencia es casi imposible de sobrestimar. Su personalísima visión de Escocia y de la historia del país, envuelta en un aura de fuerte romanticismo, se convirtió en inagotable fuente de inspiración para muchos de los grandes escritores, compositores y artistas plásticos europeos del siglo XIX y —para bien o para mal— ha permanecido desde entonces en el imaginario colectivo de toda la humanidad como sinónimo de Escocia.

La expansión de la ciudad

En el siglo XIX, las consecuencias de la **Revolución Industrial** se dejaron sentir con menos fuerza en Edimburgo que en otras grandes urbes de las islas Británicas, por lo que la ciudad jamás perdió el carácter eminentemente burgués que le conferían sus gremios de profesiones liberales. Las industrias que prosperaron en la zona, como la cervecera, la destiladora, la textil y la vidriera, dañaron relativamente poco al medio ambiente, e incluso las líneas de ferrocarril quedaron ocultas por la topografía de la ciudad. No obstante, esto provocó que Edimburgo se viera relegada al puesto de segunda mayor ciudad de Escocia debido al espectacular desarrollo de Glasgow, que se convirtió en uno de los grandes centros industriales del Imperio Británico. Desde entonces, una intensa rivalidad ha marcado las relaciones entre ambas ciudades, tan cercanas y dependientes la una de la otra como distintas entre sí. Ahora bien, la capitalidad de Edimburgo jamás llegó a peligrar ya que, de hecho, siempre fue la elegida a la hora de buscar sede para cuantas instituciones nacionales se fundaron en el siglo XIX.

A lo largo de dicha centuria, la ciudad experimentó una importante **expansión urbana**. En 1856, los antiguos burgos de Canongate, Calton y Portsburgh pasaron a formar parte de Edimburgo, y 40 años más tarde se incorporó al término municipal la población costera de Portobello, lo que dio lugar a la aparición de varias zonas residenciales periféricas. Mientras tanto, el superpoblado y decadente casco antiguo de la ciudad, que se había convertido en un foco de enfermedades, cobró nueva vida gracias al arquitecto Patrick

Geddes y su empeño por conservar el patrimonio arquitectónico de la capital escocesa.

En 1920, los límites de Edimburgo fueron ampliados una vez más, en esta ocasión hasta la región de Cramond, por el oeste, y las colinas Pentland por el sur. Y, pese a la fuerte oposición local, también absorbió el puerto de Leith, que poco más de 1 siglo antes había conquistado el estatuto de municipio independiente y crecido desde entonces hasta convertirse en una de las principales urbes de Escocia. Otro importante factor que contribuyó al desarrollo de la ciudad fue la devolución de la **autonomía administrativa** de Escocia, concedida por Inglaterra a las puertas de la Segunda Guerra Mundial, ya que a raíz de este hecho Edimburgo se convirtió en sede del Scottish Office, institución aglutinante que ocupó el lugar de varios ministerios británicos en la gestión cotidiana de los asuntos internos del país.

La posguerra

Edimburgo sobrevivió indemne a los horrores de la guerra y recibió otro gran impulso en 1947, cuando resultó elegida sede permanente del gran **Festival** internacional de música y artes escénicas creado como símbolo del nuevo orden instaurado en una Europa que volvía a vivir en paz. Pese a algunos contratiempos y tropiezos iniciales, el Festival no ha dejado de ir a más desde la fecha de su inauguración, y de paso ha contribuido en gran medida a hacer del turismo una de las principales fuentes de ingresos de la economía de la ciudad. El **Fringe**, concebido en un primer momento como un festival paralelo al principal, de carácter más experimental y minoritario, se ha convertido por méritos propios en el certamen artístico más importante del mundo, y a su sombra han ido surgiendo diversos festivales especializados que hoy se han erigido también en ineludibles citas anuales.

Edimburgo ha tenido además la suerte de escapar a las nefastas consecuencias de la **planificación urbanística de la**

posguerra que afeó irremediablemente el semblante de tantas ciudades británicas. Aun así, ha sido objeto de algunas pérdidas lamentables, sobre todo en la zona de George Square, donde el rápido crecimiento de la universidad determinó la demolición de numerosos edificios históricos, que fueron reemplazados por las moles de cemento que acogen las instalaciones docentes, y en la acera norte de Princes Street, donde muchas de las hermosas fachadas de antiguas tiendas se han sacrificado en aras de la homogeneidad impuesta por las grandes cadenas comerciales. En el extremo oriental de esta calle, las ominosas siluetas de St James Centre y New St Andrew House se elevan como manchas en el magnífico paisaje urbano de Edimburgo, aunque la situación podría ser mucho peor si los frustrados planes de construcción de una carretera de circunvalación interna hubieran llegado a buen puerto. En 1975, Edimburgo asistió a la que fue su última expansión territorial hasta la fecha: la ampliación de los límites occidentales de la ciudad hasta un punto tan lejano como el antiguo burgo de South Queensferry, al otro lado de los puentes que cruzan el río Forth.

Cuatro años más tarde, ante el imparable ascenso del nacionalismo escocés en las urnas, el gobierno laborista puso sobre la mesa un plan que visaba la **devolución a Escocia de la autonomía política**, lo que implicaba que las actividades del Scottish Office ya no dependerían de Londres, sino de una asamblea electa cuya sede estaría en Edimburgo. El plan fue sometido a referéndum pero, aunque el «sí» a la autonomía política ganó por un estrecho margen de votos a la opción contraria, no contó con el necesario respaldo del 40 % del electorado. El gobierno conservador que subió al poder tras las elecciones celebradas ese mismo año se mostró tajantemente opuesto a la devolución a Escocia de la autonomía política, aunque su firmeza en la defensa de esta postura acabó provocando el efecto contrario. Así, mientras en Inglaterra los *tories* o conservadores siguieron encadenando éxito tras éxito en las urnas, su popularidad en Escocia descendió en la misma proporción, lo que llevó al fortalecimiento de los partidos de la oposición, unidos en su determinación de implantar un sistema de gobierno autóctono. En los comicios de mayo de 1997, los votantes de Edimburgo y del resto de Escocia expulsaron de la política nacional a los últimos parlamentarios conservadores, mientras el Partido Laborista arrasó en las generales y Tony Blair, antiguo estudiante del internado Fettes College de Edimburgo, se convirtió en el nuevo primer ministro británico. En septiembre del mismo año, un nuevo referéndum cosechó una holgada mayoría de votos a favor de la propuesta gubernamental de establecer un Parlamento autonómico en Edimburgo.

En mayo de 1999 se celebraron las elecciones al Parlamento de las que salió la composición de la nueva asamblea legislativa escocesa. Entre los representantes electos figuraba David Steel, antiguo líder del Partido Liberal, que pasó a ocupar el puesto de presidente del Parlamento, así como el primer candidato del ecologista Partido Verde que obtuvo un escaño en un Parlamento nacional de Gran Bretaña. El 1 de julio del mismo año, en un día en que las calles de Edimburgo se llenaron de gente y el cielo de la ciudad se iluminó con el fulgor de los fuegos artificiales lanzados desde el castillo tras una noche de celebraciones en el centro de la ciudad, la reina inauguró oficialmente el Parlamento escocés, que volvió a cobrar vida tras un letargo de casi 3 siglos. Mientras se llevan a cabo las obras de construcción de la nueva cámara del Parlamento y sus oficinas anexas en un extremo de la Milla Real, frente a Holyroodhouse, las sesiones parlamentarias se celebran en la Sala de Asambleas Generales de la Iglesia presbiteriana de Escocia, situada a dos pasos de Lawnmarket. En la actualidad, hay una gran expectación en torno al nuevo edificio, no sólo por la importancia que tendrá como centro neurálgico de la vida política escocesa, sino también por la esperanza de que la belleza y la fuerza de su diseño permitan incluirlo con todo derecho entre los edificios públicos construidos en Edimburgo a lo largo de los últimos años que han conquistado el favor y el reconocimiento general, entre los que se cuentan el National Museum of Scotland de Chambers Street y el inmenso complejo arquitectónico del Scottish Office, que se eleva ante el mar, en el barrio de Leith. Mientras tanto, la presencia en las calles de la capital de quienes deciden el futuro de Escocia, unida a factores como la inevitable atracción que despiertan los políticos entre los medios de comunicación, la trascendencia internacional de las entidades bancarias e instituciones financieras con sede en la ciudad, el éxito sostenido del Festival de Edimburgo o la notoriedad pública de la que gozan actualmente una serie de actores, escritores y políticos relacionados con Edimburgo, aporta a la capital escocesa una vitalidad y una noción de protagonismo como seguramente no había conocido desde tiempos de sir Walter Scott.

Edimburgo en el cine

Pese al indudable encanto paisajístico de la ciudad, resulta sorprendentemente escaso el número de largometrajes rodados de principio a fin en las calles de Edimburgo. Más frecuente ha sido, sin embargo, la elección de la capital escocesa como elegante escenario de fondo de secuencias aisladas: el Café Royal y Arthur's Seat salen ambos en la oscarizada *Carros de fuego (Chariots of fire)*, mientras que en *Jude*, cinta estrenada en 1995, se veía Parliament Square en lo que se supone era una imagen retrospectiva de Oxford, y la Milla Real aparecía en *Mary Reilly,* la insufrible versión del *Doctor Jekyll y mister Hyde*, protagonizada por John Malkovich y Julia Roberts. El enorme éxito de *Trainspotting*, sin embargo, ha dado origen en los últimos años a una serie de filmes producidos y rodados en Edimburgo, entre los que destacan *Complicity*, basado en la novela homónima de Iain Banks, y *The acid house*, adaptación bastante menos lograda de una novela de Irvine Welsh. Lo que sigue es una selección de películas total o parcialmente ambientadas en Edimburgo.

Waverley steps (John Eldridge, 1947). Al rebufo de la propaganda de la Segunda Guerra Mundial se rodó este documental de talante conciliador que muestra la vida de la posguerra en la capital escocesa, diferencias sociales incluidas, a través de la mirada de un marinero danés que visita la ciudad.

Horas de ensueño (*Happy go lovely*; Bruce Humberstone, 1950). El millonario encarnado por David Niven y la corista interpretada por Vera Ellen traban amistad durante el Festival de Edimburgo.

La batalla de los sexos (*The Battle of the Sexes*; Charles Crichton, 1959). Clásica comedia británica basada en un relato corto de James Thurber, en la que un comedido Peter Sellers trata de desbaratar el perfecto funcionamiento de una fábrica textil de Edimburgo a instancias de Constance Cummings.

Greyfriars Bobby (Don Chaffey, 1961). Adivina, adivinanza: ¿qué conocida factoría cinematográfica estadounidense, famosa por los personajes antropomórficos de sus dibujos animados, produjo esta versión de la leyenda más sentimental de Edimburgo que es, a su vez, un *remake* de la cinta de 1949 que llevaba por título *Challenge to Lassie*? Los tejados erizados de antenas de los alrededores de Greyfriars Kirk no permitieron rodar el filme en el escenario real, pero en el reparto figuraron varios actores locales, como Donald Crisp, que interpretó al dueño del famoso perro, y Andrew Cruickshank en el papel del alcalde de Edimburgo.

Los mejores años de miss Brodie (*The prime of miss Jean Brodie*; Ronald Neame, 1969). Maggie Smith ganó un Oscar por su interpretación de una excéntrica maestra en esta celebrada adaptación para la gran pantalla del clásico de Muriel Spark, que retrata el día a día en un internado femenino de Edimburgo.

My childhood, My ain folk y **My way home** (Bill Douglas, 1972-1978). Poderosa, conmovedora y terriblemente cruda trilogía que narra la experiencia de crecer en la población minera de Newcraighall, situada en la periferia oriental de la capital. Por desgracia, Douglas falleció en 1991 sin haber llegado a rodar el guión que había escrito a partir de la novela *Memorias privadas y confesiones de un pecador justificado*, de James Hogg.

Restless natives (Michael Hoffman, 1985). Recreación en clave de comedia de un caso real: dos chavales de Edimburgo secuestran a una pareja de turistas estadounidenses y se convierten en personajes célebres.

Tickets for the zoo (Brian Crumlish, 1991). Incursión en los problemas derivados del paro juvenil, en la década de los ochenta, ambientada en Costorphine y Leith.

Tumba abierta *(Shallow grave*; Danny Boyle, 1994). Tres yuppies de Edimburgo tienen un golpe de suerte y luego se pelean por el reparto del botín en esta irregular cinta con visos de cine negro. La trepidante secuencia inicial muestra una persecución en coche por las calles de la Ciudad Nueva de Edimburgo.

Trainspotting (Danny Boyle, 1996). Este gran éxito de taquilla, adaptación de la popular novela homónima de Irvine Welsh que narra la vida en los bajos fondos de Edimburgo, arranca con una lograda escena de persecución por Princes Street.

Complicity (Gavin Millar, 1999). Thriller basado en una novela de Iain Banks, escritor nacido en South Queensferry, y protagonizado por Jonny Lee Miller en el papel de un periodista de Edimburgo.

Women talking dirty (Coky Giedroyc, 1999). Este filme ambientado en la periferia de Edimburgo y protagonizado por Helena Bonham Carter cuenta la divertida y a un tiempo punzante historia de dos mujeres que se convierten en grandes amigas, mientras comparten una botella de vodka y diseccionan hasta el más mínimo detalle sus últimas experiencias amorosas.

Libros

Muchos de los **libros** reseñados a continuación siguen en circulación y han sido editados en formato rústico (tapas blandas), pero incluso aquellos que están agotados se encuentran fácilmente en las librerías de segunda mano.

Novela

Iain Banks, *Complicity*. Un relato típicamente escabroso del que está considerado el mejor escritor escocés contemporáneo. El argumento gira en torno a un periodista del ficticio diario *The Caledonian* (el paralelismo con *The Scotsman* es obvio) que se ve atrapado en una enrevesada intriga policial. Recomendable es también *El puente,* cuya acción se centra en Forth Rail Bridge y la población natal de Banks, South Queensferrry.

Pat Barker, *Regeneration*. Primera entrega de una galardonada trilogía cuyo argumento se basa en la relación real surgida entre Siegfried Sasson y Wilfred Owen durante la estancia de ambos en el Hospital Craiglockhart de Edimburgo, donde hubieron de hacer frente a los horrores vividos en las trincheras.

Christopher Brookmyre, *Quite ugly one morning*. Jack Parlabane es un periodista bastante cínico, que un buen día decide sacar a la luz los trapicheos de un hospital público de Edimburgo en esta dura novela en la que se percibe la larga sombra de Irvine Welsh.

Isla Dewar, *Women talking dirty*. Dos mujeres, retratadas ambas como estereotipos reconocibles aunque diametralmente opuestos entre sí de la población femenina de Edimburgo, se recrean en divertidas reflexiones sobre sus vidas, amoríos y relaciones en general.

James Hogg, *Memorias privadas y confesiones de un pecador justificado*. Este relato, publicado por primera vez en el año 1824, ofrece un inquietante retrato de los tormentos más ocultos del alma humana y ha inspirado obras de ficción muy posteriores.

Paul Johnston, *Body politic*. El detective privado y amante del blues Quentin Dalrymple se enfrenta a una serie de truculentos asesinatos en el «mundo perfecto» del año 2020, cuando Edimburgo, la única ciudad estable de las islas Británicas, vive en gran medida del turismo de masas.

Eric Linklater, *Magnus Merriman*. Impagables descripciones de los edificios y monumentos más famosos de Edimburgo jalonan esta divertida sátira de la escena literaria y política escocesa de los años treinta.

Ian Rankin, *Knots and crosses*; *Hide and seek*. John Rebus es un policía aficionado al jazz que bucea en los bajos fondos de Edimburgo.

Sir Walter Scott, *The Waverley Novels*. He aquí, reunidas en una misma colección, las novelas que contribuyeron a fijar una visión romántica de la cultura y la historia de Escocia.

Muriel Spark, *Primeros pasos de Jean Brodie*. Quizá la novela más famosa del siglo XX ambientada en Edimburgo; este relato de Muriel Spark evoca con magistral acierto el cerrado universo burgués de la capital escocesa a través de los ojos de una estricta maestra de internado que atiende al nombre de Jean Brodie.

Robert Louis Stevenson, *The scottish stories and essays*; *El extraño caso del doctor Jekyll y mister Hyde*. El primer volumen citado incluye el relato «Las desventuras de John Nicholson», entretenido recuento de las escapadas de un perfecto inocente, así como el espeluznante «Los ladrones de cuerpos». Aunque se encuentra ambientado en Londres, el gran clásico del terror que narra las esquizofrénicas andanzas de Jekyll y Hyde evoca, según la opinión generalizada de los expertos, los años de juventud del escritor, cuando malvivía en los insalubres barrios de la Ciudad Vieja de Edimburgo.

Alan Warner, *The sopranos*. Delirante relato del viaje iniciático de un grupo de muchachas recién salidas de un colegio de monjas de las Highlands, que llegan a Edimburgo con la excusa de participar en un concurso de canto coral y hacen cuanto está en sus manos para descubrir qué les puede ofrecer la ciudad en materia de sexo, drogas, rock'n'roll y consumismo desaforado.

Irvine Welsh, *Trainspotting*. Relato crudo y despiadado de los ambientes marginales de Edimburgo en plenos años noventa; sórdido y gutural. *Pesadillas del marabú* es un relato similar en cuanto a la rudeza del lenguaje utilizado, pero posee un argumento algo más consistente. *Ecstasy*, recopilación de tres novelas publicadas en 1996, en pleno auge de la fiebre desatada por *Trainspotting*, abarca los mismos temas y denota un trabajo apresurado. O eso, o que a Welsh se le empezaban a agotar las ideas.

Historia y biografía

Robert Chambers, *Traditions of Edinburgh 1824*. Extraordinaria selección de fascinantes leyendas, muchas de las cuales pasarían hoy por mitos urbanos, que tienen como telón de fondo las calles y pasajes de la Ciudad Vieja de Edimburgo.

David Daiches, *Two Worlds*; *Edinburgh*. La primera de estas obras es un árido retrato del Edimburgo de los años veinte captado a través de los ojos de un niño, hijo del gran rabino de la ciudad, que nos trae ecos de un mundo perdido con su propio lenguaje híbrido, el yiddish de los judíos escoceses, hoy una lengua muerta. *Edinburgh* es un largo relato repleto de datos interesantes cuyo punto fuerte es la historia literaria de la ciudad.

Charles McKean, *Edinburgh: Portrait of a city*. La elegancia de la prosa de McKean caracteriza este breve repaso de la historia de la ciudad.

Eileen Miller, *The Edinburgh International Festival 1947-1996*. Retrospectiva de la historia del Festival que resulta algo insípida. Incluye índices de los principales espectáculos llevados a escena durante el período reseñado.

Sandy Mullay, *The Edinburgh Encyclopedia*. Haciendo honor a su nombre, este libro reúne una ingente cantidad de datos y pormenores que abarcan hasta el último resquicio de la historia y la vida cotidiana de Edimburgo, desde los colores de las camisetas de los equipos de rugby escolar hasta la lista de los parlamentarios de la ciudad.

Tim Niel y Allan Campbell (eds.), *A life in pieces. Reflections on Alexander Trocchi*. Ensayos biográficos, entrevistas y anécdotas pueblan esta semblanza de Allan Campbell, polémico escritor adicto a las drogas que en los años sesenta se reveló como el máximo representante de la generación beat en Edimburgo.

Sir Walter Scott, *Diario*. Denso pero elocuente y sincero hasta el delirio, es este diario ambientado principalmente en Edimburgo y la región de Borders que abarca el período comprendido entre el momento de mayor éxito del gran novelista y sus últimos años, marcados por el endeudamiento y la enfermedad.

Arte y arquitectura

John Gifford, Colin McWilliam y David Walker, *The buildings of Scotland: Edinburgh*. Erudito repaso a la arquitectura de la ciudad. Los autores no ahorran críticas allí donde son necesarias, pero tampoco escatiman elogios para los grandes monumentos de la Ciudad Vieja y de la Ciudad Nueva.

Duncan Macmillan, *Scottish art 1460-1990*. Autorizada y actualizada guía de la historia del arte escocés, en la que todos los grandes nombres reciben la debida atención.

Charles McKean, *Edinburgh: An illustrated architectural guide*. Cuidadísima edición la de esta delgada guía que repasa el patrimonio arquitectónico de Edimburgo, con abundancia de citas y comentarios tan pertinentes como acertados.

Robert Louis Stevenson, *Edinburgh: Picturesque Notes*. Esta colección de estampas costumbristas son un prodigio de belleza literaria, que descansa sobre la prosa infinitamente sutil y elegante de su autor, y es, en opinión de la mayoría de los expertos, el mejor libro jamás escrito sobre Edimburgo.

A. J. Youngson, *The making of classical Edinburgh*. Detallada descripción del proceso de construcción de la Ciudad Nueva de Edimburgo, acompañada de maravillosas ilustraciones.

ÍNDICE

A

Abbey Lairds....................................52
Abbey Strand 51
Abbotsford House...........................181
Aberfoyle 163
Aberlady 171
abonos de transporte 8
Adam, Robert 34, 87, 101
aeropuerto..6
agencias de viaje 336
albergues 204-207
alojamiento 187-208
alojamiento en el campus
    universitario 203-204
alquiler de apartamentos 201-202
alquiler de bicicletas 11
alquiler de automóviles 336
Anchor Close 41
Ann Street.......................................109
Arthur's Seat 59
Assembly Hall 27
auditorios de música clásica 263
autobuses..8

B

bancos 337
Bank of Scotland 33
bares, *véase* pubes

Bass Rock 173
Bible Land 47
bibliotecas 337
Bonnie Prince Charlie, *véase* Carlos
    Eduardo Stuart
Book Festival (feria del libro) 322
Borders 176-183
Brass Rubbing Centre.......................43
Britannia, *véase* Royal Yacht Britannia
Brodie's Close...................................32
Bruntsfield Links 68
Burns, monumento a 105
Burns, Robert 32, 38, 48
Butterfly and Insect World...............287

C

Callander 163
Calton 103-106
Calton Hill 105
cambio de divisas 337
cámpings 207
Cannonball House 26
Canongate 46-49
Canongate Kirk.................................47
Carlos Eduardo Stuart (Bonnie
    Prince Charlie) 34, 53, 61, 183
casas de huéspedes 194-201
castillo de Edimburgo 12-22
Castlehill 25-29
cerveceras, visitas organizadas.......244

Chalmer's Close 43
Charlotte Square...........................100
Chessel's Court................................47
cine, salas de 271-272
City Chambers 39
City Observatory 106
Ciudad Nueva (New Town).......84-115
clubes (locales con música
    en vivo)...............................264-266
clubes nocturnos
    (discotecas) 264-266
comedia, clubes de 268-271
comercios 293-305
consignas 338
consulados 338
correos, oficinas de......................338
Covenanters 70-71
Cowgate 63-65
Craigmillar Castle 124
Cramond 133
Crianlarich.....................................163
Croft an Righ 52

D

Dalkeith 129-130
Dalkeith Country Park 130
Dalmeny 135
Dalmeny House 135
Dean Bridge 108
Dean Gallery 112-114
Dean Village 108
Deep Sea World 286
Dirleton Castle 171
discotecas, véase clubes nocturnos
Dryburgh Abbey 179
Duddingston...................................60
Duddingston Kirk 60
Dugald Stewart, monumento a 106
Dunbar 174

E

East Lothian 170-176
Edimburgo en el cine..............354-356

estaciones de ferrocarril 6
estadio deportivo 338

F

farmacias 338
feria del libro, véase Book
    Festival
festival de cine, véase Film
    Festival
Festival de Edimburgo 306-328
festival de jazz y blues, véase
    Jazz and Blues Festival
Festival internacional, véase
    International Festival
Festival Theatre..............................82
Film Festival 321
Flodden Wall...................................72
Flotterstone..................................126
Forth Rail Bridge 136,137
Forth Road Bridge 138
Fringe 309-321
fútbol 338

G

galerías de arte 273-277
galerías y museos 273-277
gay, ambiente
    alojamiento......................282-283
    bares 280-281
    cafés 279-280
    clubes 280-281
    comercios 282
    información 278
genealógica, investigación 339
George Heriot's School...................72
George IV Bridge 67
George Street..................................99
Georgian House 101
Gladstone's Land 29
Glasgow 143-157
    Burrell Collection 152
    catedral 147
    centro de la ciudad............146-149

comida y bebida 157
ferrocarriles 144
Gallery of Modern Art...............149
George Square 147
Glasgow Green 148
Holmwood House 153
Hunterian Art Gallery 151
Kelvingrove Museum and Art
    Gallery 150
Mackintosh, Charles
    Rennie...........................154-155
Merchant City 147
necrópolis 148
oficina de información
    turística.............................144
People's Palace Museum..........148
transport Museum 151
transporte 145
universidad 150
vida nocturna y
    espectáculos 156
visitas guiadas 146
West End 149-151
golf 339
Gorgie City Farm............................288
Grassmarket.....................................65
Greyfriars Bobby...............................68
Greyfriars Kirk 71
Greyfriars Kirkyard............................69
Gullane 171

H

Heart of Midlothian 36
Hermitage of Braid, parque
    natural 125
High Street 39-46
Highlands (Tierras Altas) 162-164
Hillend Country, parque
    natural de 128
historia de Edimburgo,
    breve 343-354
Hogmanay (Nochevieja)...........329-331
Holyrood 50-61
Holyrood Abbey 55
Holyrood Park..................................57

Holyroodhouse 52-55
Hopetoun House 139
hospitales 339
hoteles 189-194
Hub, The..28
Huntly House 48

I

Inchcolm, abadía de 138
Inchcolm, isla de...........................138
International Festival 308

J

Jacobo VI de Escocia
    (I de Inglaterra)........19, 72, 76, 160
James Court 29
Jazz and Blues Festival.................325
Jedburgh Abbey 180
John Knox's House 44-46
John Muir House 174
John Muyr, parque
    natural de 175

K

Knox, John 44, 45-46

L

Lady Stair's House 31
Lamb's House................................120
Lauriston Castle 134
lavanderías 339
Law Courts 35
Lawnmarket 29-34
Leith 118-122
Leith Links 120
Leith Waterworld............................288
Lennoxlove House 175
libros sobre Edimburgo 357-360
líneas aéras 339
Linlithgow Palace 169

Loch Lomond 163
Lothian Road................................67-68

M

MacMorran's Close.........................32
Magdalen Chapel 64
Makars' Court................................32
Mansfield Place Church 107
María I Estuardo............18, 19, 52, 54,
        76, 81, 160, 183
Marlin's Wynd 42
Mary King's Close..........................41
Meadows 68
Mela 327
Melrose Abbey 176
Mercat Cross 36
Midlothian 129-133
Military Tattoo 326
Milla Real (Royal Mile) 24-49
Milne's Court 29
Morningside 68
Mound 89
Museum of Childhood....................43
Museum of Fire..............................68
música clásica, auditorios 263
música en vivo, locales
        con (clubes) 264-266

N

National Gallery of Scotland........92-99
National Library of Scotland 67
National Monument......................106
National Museum of
        Scotland........................72-79, 289
Nelson, monumento 105
New Town, véase Ciudad
        Nueva
Newhaven.....................................122
Newhaven Heritage Museum 123
Newtongrange 130
niños, actividades con 284-292
Nochevieja, véase Hogmanay
North Berwick..............................172

North British (Balmoral)
        Hotel 87

O

objetos perdidos 339
odontólogos 339
oficina de información turística 7
Old Calton Burial Ground 104
Old College...................................81
Old Observatory 106
Old Royal High School 104
Old Town Information Centre...........42
Our Dynamic Earth 56
Outlook Tower 27

P

Paisley Close 42
Palacio de Holyroodhouse..........52-55
Panmure House 49
Parlamento escocés 27, 28,
        29, 30-31, 55
Parliament House 35
Parliament Square 34-39
Pentland, colinas 126, 127-128
People's Story, The, ...47
Piedra del Destino (Stone
        of Destiny) 20-21
piscinas 288, 289, 340
Pitlochry 163
policía 337
Portobello 123
prensa 340
Princes Mall 88
Princes Street 86-88
pubes 243-258
        Ciudad Nueva 249-254
        Ciudad Vieja 246-249
        Leith 255
        Newhaven 256
        periferia 256-259
        Southside 254
        Tollcross 254-255
        visita guiada a los 244

Q

Queen Mary's Bath House 52

R

Ramsay Gardens 25
Register House 87
restaurantes 209-242
   Ciudad Nueva 219-230
   Ciudad Vieja 210-219
   Leith.................................231-235
   Southside........................235-242
Riddle's Court 32
Roslin 130-133
Rosslyn Chapel............................131
Royal Botanic Garden 114
Royal Commonwealth
   Pool...289
Royal Mile, *véase* Milla Real
Royal Museum of Scotland 79-80
Royal Observatory 125
Royal Scottish Academy 89
Royal Yacht Britannia..............120-122
rugby 340

S

salas de concierto 259-263
Scott, monumento a 88-89
Scott, sir Walter..............21, 31, 88-92
   179, 180, 181
Scottish Mining Museum...............130
Scottish National Gallery
   of Modern Art....................110-112
Scottish National Portrait
   Gallery................................110-114
Scottish Poetry Library 48
senderos para bicicletas 11
Shoemaker's Land 47
Signet Library 35
South Queensferry 136
Southside 82-83
St Andrew and St George
   Church 100

St Andrew's House 104
St Andrew's Square 100
St Andrews 165-168
   British Golf Museum 168
   castillo 167
   catedral 166
   golf....................................168-169
   oficina de información
      turística 165
   Old Course 168
   universidad 167
St Bernard's Well 108
St Cecilia's Hall 63
St Cuthbert's Church 87
St Cuthbert's Kirk
   (Dalmeny)................................136
St Giles, High Kirk of......................37
St James Centre............................87
St Margaret's Chapel 17
St Mary's Episcopal
   Cathedral.................................110
Stevenson, Robert Louis 32, 34,
   39, 40-41, 105, 128
Stirling 157-162
   Bannockburn............................162
   castillo 159
   oficina de información
      turística..............................158
   Old Bridge 161
   Old Town Jail 160
   Smith Art Gallery and
      Museum 161
   Wallace, monumento a, ...161
Stockbridge 109
Stockbridge Colonies 109
Stone of Destiny, *véase* Piedra
   del Destino
Surgeon's Hall...............................82
Swanston 126

T

Talbot Rice Art Gallery....................82
Tantallon Castle............................173
taxis 10
teatros...................................268-271

Television Festival 323
estación de autobuses 6
Thistle Chapel.................................39
Tierras Altas, *véase*
     Highlands
Tolbooth Kirk...................................28
Trapain Law 175
Traquair House 182
Trinity Apse 43
Tron Kirk 42
Trossachs 163

U

Universidad de Edimburgo 01

V

Victoria Street 66-67
visitas guiadas por la ciudad 9

W

Water of Leith 108, 113
Waterloo Place 104
Waverley Station 6
Weaving Centre 25
West End 109
West Register House 101
Whisky Heritage Centre 26
Whitehorse Close 49

NOTAS